实践取向小学教师职前培养研究

关文信　等／著

首都师范大学出版社
CAPITAL NORMAL UNIVERSITY PRESS

图书在版编目（CIP）数据

实践取向小学教师职前培养研究 / 关文信等著. —北京：首都师范大学出版社，2008.9

ISBN 978-7-81119-376-3

Ⅰ. 实... Ⅱ. 关... Ⅲ. 小学教师－师资培养－研究 Ⅳ. G625.1

中国版本图书馆 CIP 数据核字（2008）第 140249 号

实践取向小学教师职前培养研究

关文信　等 / 著

策划编辑　侯　亮
文字编辑　衣方杰
封面设计　苏　敏

出版发行　首都师范大学出版社
地　　址　北京西三环北路 105 号 (100048)
电　　话　68418523（总编室）
网　　址　cnuph.com.cn
邮　　箱　shidaoshuxi@ hotmail.com
市场发行　010-68418521　010-68903049（传真）
系统发行　010-58802818　010-58802839（传真）

印　　刷　北京中科印刷有限公司
版　　次　2009 年 1 月第 1 版
印　　次　2009 年 1 月第 1 次印刷
开　　本　640 mm×940 mm　1/16
印　　张　19
字　　数　215 千字
定　　价　38.00 元

目　录

写在前面的话

《实践取向小学教师职前培养研究》的写作历时两载，终于付梓。就像母亲听到婴儿的第一声啼哭一样，我的心里充满了喜悦与感激。往事如烟，故事如歌，一切历历在目，仿佛就在昨天。

2003 年 5 月，正是 SARS 肆虐中国大地之时。我奉学校党委之命，担任初等教育系主任，组建海南师范大学初等教育系，创办小学教育专业。也算得上“受命于危难之际”。从那时起，到本书问世，已经整整五年了。五年来，“应该培养什么样的小学教师”、“应该怎样培养”这两个问题始终萦绕在我的心头。这种对事物“应然”状态的追问远比对事物“实然”状态的描述要艰难得多，困苦得多。因为在中国大陆，小学教师本科层次的培养至今才十个年头，还处在一个行而后知的自在阶段。没有人会为你准备好这一切，正如鲁迅先生所说，地上本没有路，走的人多了便成了路。况且，毕竟有先行者，于是我们踏上了北上东行的取经之路，先后到首都师范大学、天津师范大学、南京晓庄学院、上海师范大学考察学习。当我们在深圳机场转机时，看到许多人戴着口罩登机，心里也生出一些不安，但我们的脚步并没有停下来。

一路走，一路看，一路想。渐渐地，在我的头脑中，有三个判断形成，就像三个路标。

我们是培养教师。中小学教师应该以“教育”为其专业领域，而不是以任教“学科”为其专业领域。学术性与师范性的统一是教师培养的基本规格。

我们是培养小学教师。热爱孩子，读懂儿童，是小学教师最基本的专业性向。

我们是在大学文化土壤上培养小学教师。大学的学理性与人文性应该成为新一代小学教师的心理底色。

培养什么样的人明确了，怎么培养呢？我们一方面从兄弟院校的经验中汲取营养，一方面深入进行理论研究，先后在中国教育学会和海南省教育厅申请立项两个课题：《小学教师实践性知识职前培养研究》、《实践取向小学教师职前培养理论与实践研究》。在理论研究与实践探索中，我们逐渐形成了基本前提假设和方法论视角。我们的基本前提假设有两个：①教师是一种实践性职业，教师实践性知识是教师安身立命之本；②学习是一种实践，是一种参与，也是对一种文化的适应。我们的方法论视角是：人才培养是一个系统工程，找出系统的要素与关系，以整体、联系的思想为指导，保持相关要素间的张力，培养合格的小学教师。于是我们在旗帜上写上了“实践取向”四个大字。教育在本质上是一种培养人的实践活动。在教师培养中要把实践放在核心价值地位，充分发挥实践在教师专业发展中的根本性作用。为了实践、基于实践、在实践中同样是未来教师的专业成长之路。我们的专业建设走过了一条由“行而后知”、由“知而后行”、进而“知行合一”的路径，秉持实践取向的理念，我和我的同事、弟子一路风尘一路歌地走到了今天。这本书是我们实践的结晶，也是这两个课题的研究成果之一。

2007 年海南省教育厅专家组对我们的小学教育专业进行新办专业评估，评估专家组对我们的专业建设、尤其是教育实践给予了很高的评价，称赞我们创立了“独具特色的教育实践教学模式”。同年，我们的小学教育专业被海南省教育厅评为海南省高校特色专业。2007 年，我们有了 76 名首届毕业生。其中有 12 名同学选择了到同一所乡镇小学任教，他们要把自己的青春与才智奉献给那里的孩子们。这所小学有史以来有了本科学历的教师，而且一下子来了 12 个人，镇上的老百姓奔走相告，挂出了横幅欢迎他们，因为他们给小镇带来了美好的希望。他们富有理想，勇于担当。一年后，我再次与他们见面时得知，有两名同学在参加省级教学大赛时分别获得一等奖和三等奖。我知道对他们来说，这仅仅是“小荷才露尖尖角”。

本科层次的小学教师培养在中国大陆尚处于初始阶段。呈现在读者面前的这本书仅仅是我们对实践取向小学教师职前培养研究的起点，书中所述也只是我们对实践的梳理和一些肤浅的、零散的体会。

全书的核心理念是实践取向，分八章展开。

第一章介绍了实践取向小学教师职前培养的理论基础。主要包括教师专业发展理论、缄默知识理论和情境认知与学习理论，这些理论为我们的实践与研究提供了分析框架与行动指南。

第二章介绍了实践取向小学教师职前培养的内涵。界定了实践取向的内涵，提出“为了实践、基于实践、在实践中”同样是未来教师专业成长的主线的观点，阐述了实践取向小学教师职前培养的基本含义与基本定位，分析了“实践”、“大学文化”这两个元素在实践取向小学教师职前培养中的特殊地位与作用。

第三章介绍了实践取向小学教师职前培养目标体系。具体阐述了从领域建构和时序建构两个维度所确立的实践取向小学教师职前培养目标的内涵及特点。

第四章介绍了实践取向小学教师职前培养的教育实践课程模式。具体阐述了教育实践课程模式的主题、功能结构、支持系统与适用环境。

第五章介绍了教师实践性知识在小学教师职前培养中的地位与作用。重点探讨了未来教师获取教师实践性知识的途径与方式。

第六章介绍了实践取向小学教师职前培养的基本原则、运行模式和机制。重点分析了理论学习、实践训练、交流反思在小学教师职前培养中相互影响、相互作用的内在机制。

第七章介绍了实践取向小学教师职前培养的教师队伍建设。具体阐述了实践取向小学教师职前培养对教师队伍的总体诉求，提出了大学教师、小学兼职教师、同伴为师三位一体、专兼结合的教师队伍建设方向与具体措施。

第八章介绍了实践取向小学教师职前培养环境的建设。具体阐述了环境建设的内涵、对象及价值，提出了环境建设的具体措施。

附录部分感性地展现了我们沿着这条路所走过的足迹。

本书是作者合作的成果。关文信负责全书的框架设计，提出具体的写作与修改建议，并负责全书统稿。第一章、第二章第一节、第四章、第五章由关文信执笔，第二章第二、三节、第三章由李伟诗执笔，第六章、第七章、第八章由王标执笔，附录部分由李伟诗负责辑录整理。

“路曼曼其修远兮，吾将上下而求索”。书中肯定会有许多纰漏之处，衷心期待各位同行和读者的指正！

本书的写作与出版得到了侯亮先生的鼎力相助，正是他的理解与支持使我有决心完成本书的写作。研究生杨雪、冯燕华、李娟为本书的校对做出了贡献，在此一并表示谢意。

关文信

2008 年 7 月 2 日于海口

第一章

实践取向小学教师职前培养的理论基础

没有理论指导的实践是盲目的实践，实践取向小学教师职前培养作为一种培养人的实践活动必须以一定的理论为指导。实践取向小学教师职前培养的培养目标、培养规格、培养路径的确定，实际上是对教师专业发展规律及其特殊性的研究，教师专业发展、实践性知识、情境认知与学习等理论是实践取向小学教师职前培养的理论基础。

第一节　教师专业发展理论

一、教师专业化与教师专业发展

（一）教师专业化

1. 专业的一般理解

对专业（profession）的理解可以有不同的角度。从教育学的角度来看，专业是指高等学校或中等学校根据社会分工需要所分成的学业门类；从社会学的角度来看，专业是指专门性的职业，它是"在社会分工、职业分化中形成的一类特殊的职业，是指一群人通过特殊的教育或训练掌握了科学或高深的知识技能，并以此进行专门化的处理活动，从而解决人生和社会问题，促进社会进步的专门职业"。[①] 本研究是从社会学角度使用专业这个概念。《国际教育社会科学百科全书》认为专业有三个标准："第一个标准是要有正式的技能培训，这种培训是通过采取某种制度化的模式确保培训的充分性和受训者的能力的有效性；第二个标准是不仅要从能被理解的意义上掌握文化传统，而且某种文化传统的使用技能要能得到发展；第三和最后一个核心标准是，作为一个成熟的专业必须采取某种制

① 刘捷．专业化：挑战21世纪的教师．北京：教育科学出版社，2002.42

度化的措施以确保这种技能在承担社会责任中起到一定的作用。"[①]利伯曼（M. Lieberman）对专业的界定得到了比较普遍的认同。他提出专业必须具备以下基本条件：①范围明确，垄断地从事于社会不可缺少的工作；②运用高度的理智性技术；③需要长期的专业教育；④从事者无论个人、集体，均具有广泛的自律性；⑤专业的自律性范围内，直接负有做出判断、采取行为的责任；⑥非营利，以服务为动机；⑦形成了综合性的自治组织；⑧拥有应用方式具体化了的伦理纲领。[②]

专业具有自己的特征。国内外学者对专业特征作了较为详尽的研究。见表1－1。

表1－1　国内外学者关于专业特征的观点[③]

学者	主要观点
金钟哲（1965）	①要求高智商的精神活动；②严格的资格标准；③学术理论及其应用；④利他性的服务活动优先；⑤高度的自主和社会责任感；⑥伦理纲领；⑦自主的组织权。
曾荣光（1984）	①为社会提供不可或缺的服务；②享有专业服务的专业权；③接受长时间训练和入职辅导；④具有一套"圈内知识"；⑤有专业自主权；⑥组成对成员有制约力的专业团体；⑦确立一套专业守则；⑧获得社会当事人信任；⑨享有相当社会地位和职业报酬；⑩不断接受在职培训和从事科研活动。
刘捷（2001）	①运用专门的知识与技能；②经过长期的培养与训练；③强调服务的理念和职业道德；④享有有效的专业自治；⑤形成坚强的专业团体组织；⑥需要不断学习进修。
叶澜（2003）	①教育信念；②知识；③能力；④专业态度和动机；⑤自我专业发展需要和意识。
宋吉缮（2003）	①高度的知识和专业技术；②长期的专业教育；③社会服务；④使命感；⑤自主性；⑥专业化教育。
美国教育学会（1948）	①基本的心智活动；②专业化的知识体系；③需要长时间的专门训练；④需要持续的在职成长；⑤提供终身从事的职业生涯和永久的成员资格；⑥置服务于个人利益之上；⑦拥有强大、严格的专业团体；⑧建立自身的专业标准。

① David L. SILLS. International Encyclopedia of the Social Sciences, Volume12. New York: The Macmillan Company & the Free Press. 1968. 536

② 筑波大学教育学研究会编．现代教育学基础．钟启泉译．上海：上海教育出版社，1986. 442～443

③ 参阅叶澜主编．教师角色与教师发展新探．北京：教育科学出版社，2001. 229～239 http://vevo321. web160. hezuwang. net/html/22/91/212/704599033913. html

（续表）

学者	主要观点
利伯曼 M. Lieber-man (1958)	①范围明确，垄断地从事于社会不可缺少的工作；②运用高度的理智性技术；③需要长期的专业教育；④从事者无论个人、集体，均具有广泛的自律性；⑤在专业的自律性范围内，直接负有做出判断、采取行为的责任；⑥非营利，以服务为动机；⑦形成了综合性的自治组织；⑧拥有应用方式具体化了的伦理纲领。
卡尔·戴维 Carr. David (2000)	①提供重要的社会服务；②具有专业理论知识；③个体在本领域的实践活动中具有高度的自主权；④进入该领域需要经过组织化和程序化过程；⑤对从事该项活动有典型的伦理规范。
威斯特比·吉布森	①为社会公众提供重要的服务；②具有系统的科学知识和独特的专门技术；③必须经过正式的专门训练；④有专业人员制订的进入其工作领域的专业标准；⑤由从业人员组成专业团体，维护较高的行为标准，遵守其伦理纲领。
班克斯 Banks	①长期的专门训练；②明确的知识体系；③系统的伦理纲领；④进入专业团体的条件；⑤相当程度的自主权。
Albraham Flexnen	①有知识并且有社会责任感；②把重点放在非常识的学习上；③实用性；④通过专业教育获得专业技术；⑤组织权；⑥优先为社会服务。
舒尔曼 Lee S. Shulman	①对学术与理论知识有充分的掌握；②服务的理念和职业道德；③能在一定的专业范围内进行熟练操作和实践；④运用理论对实际情况做出判断；⑤从经验中学习；⑥形成一个专业学习和人员管理的团体。

从表中我们可以看出，尽管学者们研究的角度不同，对专业的认识各有差异，但其中也有共识。例如，严格的资质标准，较高的职业道德规范，较强的专业组织，其服务的不可替代性，需要长期、持续的专门训练，高度的知识和专业技术，专业服务的自主权等。

2. 教师专业

教师作为一种职业自古有之，在19世纪前，教师是一种自由的职业，没有职业标准及其要求，只要有知识和兴趣，就可以开馆设学。孔子教书办学就是凭着自己的志向和兴趣。即使是朝廷的太学里的教师也没有一人是经过专门的职业训练的。伴随着工业革命的到来，社会需要一大批具有适应工业革命要求素质的劳动者。西方一些国家开始实行义务教育，以此来满足社会的需求。要实现这一教育的变革，就需要有一批受过专门训练的素质精良的教师。教师职业由无需专业训练的自由职业开始向专业转变。1681 年，法国“基督教兄弟会”神甫拉萨尔在兰斯创立了世界上第一所师资培训学校，成为人类师范教育的滥觞。其后各国逐渐形成了制度化的现代师范教育体系。从某种意义上说，“师范教育代表一个使教学专业真正成为专业的正式过程”。但是真正从专门的角度关注教师职业始于 20 世纪 50 年代。1955 年召开的世界教师专业组织会议率先研讨了教师专业问题，推动了教师专业组织的形成和发展。1966 年，联合国教科文组织（UNESCO）与国际劳工组织（ILO）在《关于教师地位的建议》中提出：应当把教师职业作为专门职业来看待。[①] 联合国教科文组织关于教师专业有三个基本判断：一是教师的工作是一种专业；二是教师工作是一种学习的专业；三是教师的工作是一种终身学习的专业。[②] 1986 年，美国的卡内基工作小组、霍姆斯小组先后发表《国家为培养 21 世纪的教师作准备》、《明天的教师》两份报告，强调要确立以教师专业性为教师教育改革和教师职业发展的目标。1989 年至 1992 年的短短的三年间，经济合作与发展组织（OECD）发表了《今日之教师》等一系列有关教师专业化的研究报告，提出了“在提高教师地位的整体政策中，专业化是最有前途的中长期策略”。日本在 1971 年中央教育审议会通过的《关于今后学校教育的综合扩充与调整的基本措施》中指出：“教师职业本来就需要极高的专门性”，强调要加强教师的专业化。英国在 20 世纪 80 年代末建立了校本培训模式，目的是促进教师专业化，1998 年教育与就业部颁布了新的教师教育专业性认可标准《教师教育课程要求》。[③]

我国从法律上确定教师的专业地位是在 20 世纪 90 年代。1994 年我国颁布的《教师法》明确规定：“教师是履行教育教学职业的

---

① 叶澜主编．教师角色与教师发展新探．北京：教育科学出版社，2001. 205

② 徐辉主编．教师教育研究与评论．杭州：浙江大学出版社，2006. 68

③ 鲍东明，高靓．我国教师专业化发展有了啥？还缺啥？．中国教育报，2007－4－28

专业人员。”这在中国教师教育史上具有划时代的意义。2000年，我国出版的《中华人民共和国职业分类大典》将教师归属到“专业技术人员”一类，定义为“从事各级各类教育教学工作的专业人员”。[①] 与学术性职业相比，教师的工作具有更强的情境在场性，具体表现为行动性、问题解决取向和条件制约。与其他专业化职业相比，教师工作的对象具有更多的不确定性，具体表现为生成性、模糊性和特殊性。[②]

教师成为一种专门职业，教师的发展是一个专业化的过程，是社会发展、职业分化的自然结果和必然要求。

3. 教师专业化

专业化（professionalization）最初是一个社会学概念，既指一个普通职业逐渐符合专业标准、成为专门职业并获得相应的专业地位的过程，又指一个职业的专业性质和发展状态处于何种水平。

教师专业化（teacher professionalization）是职业专业化的一种。从社会学角度来看，教师专业化是指教师职业具有自己独特的专业特性，具有其他职业不可替代的社会功能的过程。其基本含义有四点：①教师专业既包括学科专业性，也包括教育专业性，国家对教师任职既有规定的学历标准，也有必要的教育知识、教育能力和职业道德的要求；②国家有教师教育的专门机构、专门教育内容和措施；③国家有对教师资格和教师教育机构的认定制度和管理制度；④教师专业发展是一个持续不断的过程，教师专业化也是一个发展的概念，既是一种状态，又是一个不断深化的过程。[③] 从教育学的角度，教师专业化是指教师在整个专业生涯中，依托专业组织，通

---

① 参阅教育部师范司编．教师专业化的理论与实践．北京：人民教育出版社，2001.12

② 参阅陈向明．教师专业发展需要什么“理论”的指导．中国教育报，2008-5-3

③ 刘微．我国教师专业化的现状．中国教育报，2002-1-4

过终身专业训练，习得教育专业知识技能，实施专业自主，表现专业道德，逐步提高自身从教素质，成为一个良好的教育专业工作者的专业成长过程。①

（二）教师专业发展

教师专业发展（teacher professional development）是指“教师的专业成长或教师内在结构不断更新、演进和丰富的过程”。② 教师专业发展贯穿教师的整个职业生涯，包括职前培养、入职培训和在职提高三个彼此相联的阶段。教师专业发展的过程就是教师专业化的过程。

1. 教师内在专业结构

教师专业发展是教师的内在专业结构不断更新、演进和丰富的过程。教师内在专业结构是指教师专业素质的构成。这种专业内在结构有两个特点：一是稳定性。这种稳定性是指教师内在专业结构中必须具备从事教师这个专业所必备的素质，这些素质体现了教师专业质的规定性。比如，热爱学生的专业情意，这是古今中外的教师都要具备的基本素质。二是发展性。这种发展性反映了时代进步与社会发展对教师的要求以及适应这种要求的新的素质。它反映了教师专业的与时俱进和不断的超越。比如，21 世纪的教师要拥有一定的信息技术能力，要有创新意识。

对教师内在专业结构，不同的学者从不同的角度进行研究，形成了不同的认识。表 1 - 2 就是对国内外几个比较典型的研究成果的梳理。

---

① 刘捷．专业化：挑战 21 世纪的教师．北京：教育科学出版社，2002. 42 ~ 43

② 叶澜主编．教师角色与教师发展新探．北京：教育科学出版社，2001. 231 ~ 241

表1－2 关于教师专业结构的几种不同观点①

研究者	教师专业结构
叶 澜	1. 专业理念；2. 知识结构；3. 能力结构。
艾 伦	1. 学科知识；2. 行为技能；3. 人格技能。
林瑞钦	1. 所教学科的知识（能教）；2. 教育专业知能（会教）；3. 教育专业精神（愿教）。
曾荣光	1. 专业知识；2. 服务理想。
林崇德	1. 教师的职业理想；2. 教师的知识结构；3. 教师的教育观念；4. 教师的自我监控能力；5. 教师的教学行为。
田慧生	1. 教育理念与专业精神；2. 专业与非专业知识；3. 教育智慧。
达琳翰蒙德	1. 关于学习者和学习的知识；2. 学科专业知识及其教学法知识；3. 情境与课程知识。

2. 教师专业发展的核心内涵

不同的研究者所提出的教师内在专业结构是不一样的。综合现有研究成果，我们认为教师专业内在结构所包含的元素是比较复杂的，但其中一些是核心要素，正是这些核心要素构成了教师专业发展的核心内涵。它应该包括以下几个方面：

（1）专业情意。教师的专业情意是指教师对教育教学的态度和情感。国际教育大会第4号建议提出，在教师培训中不仅应传授一般知识和教育教学知识，而且要重视道德价值观的培养，要求年轻教师在着手履行其教师职责前，应在道德方面达到充分的成熟，并深切地认识到教师职责的重要性。“学生和整个社会有权期待教师以献身精神和敏锐的责任感来完成他们的职责。”②

教师的专业情意包括以下几方面：①专业理想。专业理想是教师专业素质的灵魂，是教师献身教育工作的原动力。国际21世纪教育委员会向联合国教科文组织提交的报告《学习——内在的财富》

① 参阅叶澜，白益民，王丹，陶志琼．教师角色与教师发展新探．北京：教育科学出版社，2001.230；林崇德．教育的智慧——写给中小学教师．北京：开明出版社，1999.29～50；鲍东明，高靓．我国教师专业化发展有了啥？还缺啥？．中国教育报，2007－4－28；周钧，李小薇．关于高质量教师教育的阐释——评《有效教师教育》．高等教育研究，2008（1）

② 何齐宗．全球视野的教师理念——联合国教科文组织教育文献研究之一．高等教育研究，2008（1）

中指出："人们要求教师既要有技能，又要有职业精神和献身精神。"这里所说的职业精神和献身精神就是一个教师的专业理想。教师的专业理想由事业心、责任感和积极性构成。②专业情操。专业情操是教师对教育教学工作带有理智性的价值评价的情感倾向，专业情操是理智与情感的结合，是构成教师价值观的基础，专业情操一旦形成，就会成为一个教师信守的"底线"。因此，它是一个优秀教师必备的个性品质，也是教师专业情意发展成熟的标志。③专业性向。美国教育学院质量认证理事会将性向定义为"对学生及家庭、同事、社区产生影响的一套价值观、奉献和专业伦理规范"。性向也就是专业性向，包括教师的公平和正义意识、爱生之心和专业责任感。在我国专业性向的定义是，"教学工作的专业性向是指教师成功从事教学工作所应具有的人格特征，或者说适合教学工作的个性倾向"。[①] 吴秋芬认为，教师专业性向是适合教育工作的人格特征和成功从事教育工作的基本能力，包括心灵的敏感性、爱的品质、交流沟通的意愿、对教育工作的兴趣等人格特征和语言表达能力、交流沟通能力、逻辑思维能力等基本能力在内的职业品质。[②] ④专业自我。专业自我是教师个体对自我从事教学工作的感受、接纳和肯定的心理倾向，这种倾向将显著地影响到教师的教学行为和教学效果。具体包括自我意向、自我尊重、工作动机、工作满意感、任务知觉、未来前景。最早用"专业自我"概念来说明教师的专业素质的是凯尔·科特曼，他认为，自我是一个复杂、多维、动态的表现体系，是人和环境之间长期相互作用的结果，它不仅影响着人们感受具体情景的方式，也影响着人们日常行为的方式。

（2）专业知识。教学活动是一种认知活动，教师的专业知识是教师认知活动的一个重要基础。因此，对教师应该具有哪些专业知

---

① 教育部师范教育司组织编．教师专业化的理论与实践．北京：人民教育出版社，2001

② 吴秋芬．教师专业性向与教师专业发展．教育研究，2008（5）

识的研究，一直是学者们所关注的。吴卫东总结了几种有代表性的教师专业知识分类。见表1－3。

表1－3　教师专业知识分类①

研究者	教师知识分类
舒尔曼 1986	1. 教材内容知识；2. 学科教学法知识；3. 课程知识；4. 一般教学法知识；5. 有关学习者的知识；6. 有关教育情境的知识；7. 其他课程知识。
伯利纳 1989	1. 学科内容知识；2. 学科教学法知识；3. 一般教学法知识。
格罗斯曼 1994	1. 学科内容知识；2. 学习者和学习的知识；3. 一般教学法知识；4. 课程知识；5. 情境知识；6. 自我知识。
考尔德黑德 1996	1. 学科知识；2. 机智性知识；3. 个人实践知识；4. 个案知识；5. 理论性知识；6. 隐喻和映象。
李秉德 1991	1. 专业知识；2. 文化知识；3. 教育科学知识。
申继亮 1996	1. 本体性知识（学科知识）；2. 条件性知识（教育学、心理学知识）；3. 一般文化知识；4. 实践性知识。
陈向明 2003	1. 理论性知识（学科内容、学科教学法、课程、教育学、心理学和一般文化）；2. 实践性知识（教育信念、自我知识、人际知识、情境知识、策略性知识、批判反思知识）。

上述教师知识分类尽管各不相同，但其中也包含共识，教师专业知识主要应该包括四个方面：

①文化基础知识。教师的文化基础知识关系到他的科学人文素养，一个教师的文化基础知识是他的文化底蕴，这是为师之基础，也是满足教育对象强烈的好奇心与求知欲所必需的。教育说到底是以文化人，是一个生命影响另外一个生命的活动，教师首先要成为一个文化人，教师不能有知识没文化。教师的文化基础知识包括基本的科学知识和广博的人文社会学科知识。

②本体性知识。本体性知识是教师所教学科知识。作为小学教师要掌握2门学科的知识与技能。对学科知识的掌握，教师要有别

① 吴卫东．教师专业发展与培训．杭州：浙江大学出版社，2005.9；李秉德主编．教学论．北京：人民教育出版社，1991.138

于其他专业人员。一是教师应该对学科的基础性知识、技能有广泛而准确的理解，熟练掌握相关技能、技巧。二是教师要对与该学科相关的知识尤其是相关点、相关性质、逻辑关系有基本了解。三是教师需要了解该学科发展历史和趋势，了解推动其发展的因素，了解该学科对社会、人类发展的价值以及在人类生活实践中的多种表现形式。四是教师需要掌握每一门学科所提供的独特的认识世界的视角、域界、层次及思维的工具与方法，熟悉学科内科学家创造发现过程和成功原因，在他们身上展现的科学精神和人格力量。[①] 研究表明，当教师本体性知识达到一定水准，教师的本体性知识与学生成绩之间几乎不存在统计上的关系。关键是教师对自己所教的学科知识是否具有足够的概括能力，是否能运用高观点来分析、解释所教学科知识。

③条件性知识。条件性知识是指教师所具有的教育学与心理学方面知识。条件性知识是一个合格教师所必须具备的。教学必须是合规律的，既要合教学之规律，又要合青少年身心发展之规律。教学是对学科做出教育学的解释，正如杜威所说的那样，科学家的学科知识与教师的学科知识是不一样的，教师必须把学科知识“心理化”。因此，一个教师必须具有理解学生的知识与技能、开展教育活动的知识与技能、发展教师自我的知识与技能。

④实践性知识。教师实践性知识是教师真正信奉的，并在其教育教学实践中实际使用和表现出来的对教育教学的认识。教师的实践性知识是教师专业发展的主要知识基础，在教师的工作中发挥着不可替代的作用。[②] 与实践性知识相对应的不是理论知识，因为实践性知识也包含一定的理论知识，但这种理论知识主要是教师个体所使用的理论，它支配着教师实际的教学行为，并且通过教师的教

---

① 叶澜主编．教师角色与教师发展新探．北京：教育科学出版社，2001. 23 ~ 24

② 陈向明．实践性知识：教师专业发展的知识基础．北京大学教育评论，2003（1）

学行为体现出来。

（3）专业能力。教师专业能力是教师顺利完成教育教学活动所必须具备的心理特征。教师专业能力是学者们关注的又一个重要内容。《从现在到2000年教育内容发展的全球展望》一书对教师教育中忽视教育才能的培养的现象提出了批评，认为在教师的培养培训中科学培训和教育培训不成比例。“科学培训部分在有些国家约占90%，在另一些国家则占90%或更多一些。未来的教师与其说是在被训练成为负有组织创造性、参与性和训练性学习使命的教育家，不如说在被训练为学科的研究者。”① 表1－4是部分有代表性的研究结果。②

表1－4 教师专业能力分类

研究者	教师的能力结构
李秉德	1. 理解和运用教材的能力；2. 语言表达能力；3. 观察了解学生的能力；4. 组织、管理和调控教学活动的能力；5. 初步的教育科学研究能力。
邵瑞珍	1. 思维条理性、逻辑性；2. 口头表达能力；3. 组织教学能力。
曾庆捷	1. 信息的组织与转化能力；2. 信息的传递能力（语言表达能力、非语言表达能力）；3. 运用多种教学手段的能力；4. 接受信息的能力。
陈顺理	1. 对教学对象——学生的调节、控制和改造的能力（了解学生的能力、因材施教能力、启发引导能力、教会学生学习的能力、组织管理学生的能力）；2. 对教学影响的调节、控制和改造的能力（对教学内容加工处理的能力、对教学方法手段的选择运用能力、对教学组织形式合理利用的能力、言语表达能力、检查教学效果的能力）；3. 教师自我调节控制能力（较强的自学能力、较强的自我修养能力、敏感地接受反馈信息的能力）。
孟育群	1. 认识能力（思维的逻辑性、思维的创造性）；2. 设计能力；3. 传播能力（语言表达能力、非语言表达能力、运用现代教育技术的能力）；4. 组织能力；5. 交往能力。
罗树华 李洪珍	1. 基础能力（智慧能力、表达能力、审美能力）；2. 职业能力（教育能力、班级管理能力、教学能力）；3. 自我完善能力；4. 自学能力（扩展能力、处理人际关系能力）。

① 何齐宗．全球视野的教师理念——联合国教科文组织教育文献研究之一．高等教育研究，2008（1）

② 参阅叶澜主编．教师角色与教师发展新探．北京：教育科学出版社，2001. 238；李秉德主编．教学论．北京：人民教育出版社，1991. 139～142

我们认为，教师专业能力应该包括一般能力和特殊能力两个方面。所谓一般能力是指教师所具有的基础能力，包括智慧能力、表达能力、交往能力等。所谓特殊能力则是与教育教学实践和教师自我发展紧密联系的能力，包括班主任工作能力、教学能力、教育科研能力。

二、教师专业发展阶段及教师教育一体化

（一）教师专业发展阶段

对教师专业发展阶段的研究具有两方面的价值：一是为教师教育提供确定培养目标与内容的基础依据；二是为教师个体专业发展指明路径，引导教师个体形成职业发展规划。

教师专业发展阶段的研究成为教师教育研究的重要课题。这一研究的开拓者是美国学者富勒（Fuller）。早在 20 世纪 60 年代，他就依据教师所关注的事物的变化次序，把教师专业发展分为四个阶段，形成了所谓的教师“关注”研究。富勒的教师专业发展四个阶段包括：①职前关注阶段。这个阶段是职前培养时期，师范生对教师只是想象和憧憬，没有教学经验，只关注自己。师范生在这一阶段所接触的中小学实际和教师生活都带有一定的虚拟性。因此，这一阶段也称作“虚拟关注”阶段。②早期求生存阶段。初入职教师刚踏上讲坛，会面临许多问题，心中存在诸多忧虑与担心。他们花费大量的时间去备课，去找参考材料，反复地演练，面对每一节课都有战战兢兢、如履薄冰的感觉。他们在关注自己的生存，因此，这一阶段也称为“生存关注”阶段。③关注教学阶段。这一阶段的教师关注点往往是如何完成教学任务，而不是学生的学习。因此，他们努力钻研教法，用心揣摩优秀教师的教学方法。④关注学生阶段。如果说前三个阶段教师的关注是自己，那么，第四个阶段教师

关注的是学生。关注对象的转变是教师在专业上进步成长的标志。进入20世纪70年代以后，以美国学者卡茨（katz）为代表，研究者们开始关注教师发展历程的研究，强调教师的年龄或任教时间的增长影响教师的专业发展，并以此为依据，将教师专业发展阶段划分为求生存时期、巩固时期、更新时期、成熟时期。80年代初，美国俄亥俄州立大学以伯顿（Burden）为代表的一批学者对处于不同教学生涯发展阶段的教师组织有序的调查，在此基础上，吸收并借鉴前人的研究成果，提出了教师生涯循环发展的理论框架，将教师专业发展分为三个阶段：求生存阶段、调整阶段、成熟阶段。80年代中期，美国杰出学者费斯勒（Fessler）通过对教师日常教学的观察了解，进一步完善了教师生涯循环发展理论，提出了教师达到成熟后进一步发展会经历类似低落、停滞的发展阶段，将教师的发展分为八个阶段，即：职前教育阶段、引导阶段、能力建立阶段、热心和成长阶段、生涯挫折阶段、稳定和停滞阶段、生涯低落阶段、生涯退出阶段。80年代末期，美国学者司德菲（Steffy）在吸收费斯勒等学者先期研究成果的基础上，对他们的研究成果又有所超越，司德菲认为，当教师处于发展的低潮期时，如果给予适时、适当的帮助与支持，教师就可能越过低潮期，进入新的专业发展阶段。司德菲将教师专业发展阶段归结为五个阶段：预备生涯阶段、专家生涯阶段、退缩生涯阶段、更新生涯阶段、退出生涯阶段。

（二）教师教育一体化

上述研究虽然认识角度不同，观点各有差异，但有一点是相同的，教师专业发展贯穿于教师整个职业生涯，而不是某一阶段。因此，教师是一种终身学习的专业，教师教育也应该是伴随教师职业生涯始终的。1975年在联合国教科文组织国际教育局召开的第35届国际教育会议上，英国巴尔默谢教育学院院长詹姆士·波特

(James Porter) 提出了“师资培养三段制”的主张。[①] 他认为教师教育包括三个基本环节：即个人教育环节，是指高中毕业后在大学或教育学院接受以专门学科为主，兼修一些教育科学知识的高等教育的阶段；教师初步训练环节，是指在前一环节基础上进行的实习和试用阶段，这个阶段结束合格者成为正式的合格教师；在职继续教育环节，是贯穿于教师一生的、根据专业发展需要而安排的各种各样的进修和补充。教师教育的这三个环节是一个完整的、缺一不可的过程。

波特的主张反映了教师教育的内在规律，得到了各国的普遍认同，并成为各国教师教育的重要依据。1996 年，以教师教育为主题的第 45 届世界教育大会明确提出，教师教育职前和在职应该是一个整体，应该一体化。教师教育一体化是教师教育有别于传统的师范教育的一个重要特征。按照教师教育的思想，必须把教师的专业发展看作是一个连续的、不可分割的过程。从这一认识出发，职前教育就必须打破原有封闭的、孤立的培养模式，要为教师整个职业生涯奠基。

我们认为教师教育一体化的本质是以大学为本的教师教育资源整合，其基本含义包括三个维度：一是职前培养与职后培训一体化，这种一体化不仅仅是办学体制的转变，更主要的体现了教师教育对教师职业生涯的整体观照；二是中学、小学、幼儿教师培养的一体化，强调把中学、小学、幼儿的教师培养纳入高等教育之中，作为不同的学科专业加以培养；三是教学研究与教学实践一体化，确立高师院校与中小学的伙伴关系。

---

① 杨之岭，林冰．詹姆士·波特论“师资培训三段法”．外国教育动态，1980 (4)

三、教师专业发展的理论取向

所谓教师专业发展的理论取向是指研究者在开展教师专业发展研究时所秉持的理论基础与论说的立场。理论取向不同导致了对教师专业发展内涵、过程与结果的认识存在相当大的差异，而这种认识上的差异，导致了教师教育实践样态与路径的不同。哈格里夫斯和富兰（Hagreaves & Fullan）将教师发展作了三种归结：一是教师发展即知识和技能的发展，强调的是内容知识、课堂管理和新的教学策略的学习；二是教师发展即自我理解，认为教师发展关键是变革教师的观念，让教师懂得“自我理解”；三是教师发展即生态变革，关注教师发展的背景，强调促进教师发展的校园内外文化建设。王建军等人据此将教师专业发展分成三类取向来考查，即理智取向（intellectual perspectives）、实践—反思取向（practical-reflective perspectives）以及生态取向（ecological perspectives）。

（一）理智取向

20世纪80年代，教师专业发展研究形成了一个假定：教学专业的“知识基础”已可确立，教师要进行有效教学，最重要的是要拥有学科知识和教育知识。从这一假定出发，提高教师专业水准的重点在于明确教师专业的知识基础。这就是所谓的教师专业发展的理智取向。教师专业发展的理智取向强调知识基础对教育专业的重要性，主张教师通过掌握、学习这些知识提高其专业性。这种理论取向坚信“知识就是力量”。教师专业水平的提高，在于教师不断学习关于学科与教育的知识。理智取向确立的前提假设有两个：一是知识是确定的；二是课程就是学科。教师获取知识的主要途径有四个：一是学科领域的研究；二是教育材料和结构；三是正规的教育学术研究；四是教育实践。其中最重要的是向专家与书本学习，这是走向成功的捷径。

（二）实践—反思取向

教师专业发展的实践—反思取向强调通过多种多样的反思，促使教师对自己、自己的专业活动直至相关的物、事有更为深入的理解，发现其中的意义，以促成所谓的反思性实践为追求，进而实现自我专业发展。[①] 研究表明，在教育实践中教师的“个人理论”对教师的专业活动具有更直接的意义，教师的专业发展必须与其所从事的专业活动结合起来。教师专业发展的实践—反思取向强调教师个人生活与其专业生活的关联，强调实践在教师专业发展中的根本作用，强调教师专业发展主要不是依靠公共知识，而在于对自己教学实践的反思，通过感悟实践而获得意义。正如美国学者波斯纳（G. J. Posner）所指出的，没有反思的经验是狭隘的经验，至多只能形成肤浅的知识。如果教师仅仅满足于获得经验而不对经验进行深入思考，那么他的发展将是非常有限的。为此，他提出了教师成长公式：经验 + 反思 = 成长。[②]

（三）生态取向

生态是指有机体与环境之间的关系，生态强调的是整体性与关联性。教师专业发展的生态取向强调教师专业发展与环境的关系，关注教师专业活动中的群体的、关系性的因素，如文化、合作等。秉持生态取向的学者认为，无论是理智取向还是实践—反思取向，都是着眼于教师的个体，而教师专业发展首先是每个教师的专业追求，但在其实现的过程中，影响最大的客观因素是文化与管理体制，专业发展不仅仅是个体行为，它更是一种群体行为，教师专业发展

① 参阅教育部师范司编．教师专业化的理论与实践．北京：人民教育出版社，2001. 10 ~ 11

② 皮连生主编．学与教的心理学．第三版．上海：华东师范大学出版社，2003. 12 ~ 28

依赖于“教师文化”（teacher cultures）。这种教师文化的核心应该是合作。生态取向的教师专业发展最理想的方式，是一种合作的发展方式，即由小组的教师相互合作，确定自己的发展方式。[①] 在这一点上，生态取向符合建构主义思想。理想的教师专业发展，是将教师的个人努力建立在以合作为特征的教师文化的基础上。

四、教师专业发展的基本理念

随着教师教育的理论研究与实践的不断深化，我国教师专业发展逐渐形成了一些新的理念，并且越来越为更多的学者所认同。[②]

（一）教师是儿童学习的促进者

教育的根本目的是促进儿童的发展。“儿童”一词在联合国《儿童权利公约》中指的是“18 岁以下的任何人，除非对其适用之法律规定成年年龄低于 18 岁”。我国是《儿童权利公约》的签署国，《儿童权利公约》中所指的儿童与我国的未成年人的概念是一致的，因此，儿童是指未满 18 周岁的人。《儿童权利公约》中规定了儿童的四大基本权利：生存权、发展权、参与权、受保护权。其中的发展权的核心是要让所有儿童能够接受一切形式的教育（正规的和非正规的），向儿童提供良好的道德和社会环境，以满足儿童发展过程中的身体、心理、精神的需要。儿童发展不仅仅是儿童自身的事情，他们权利的实现在很大程度上依赖于他们的责任人。这些责任人包括家庭、学校、政府、社会，其中起主导作用的是学校。而这种主导作用是通过教师体现出来的。

人本主义心理学认为教师是儿童学习的促进者。美国人本主义

① 参阅教育部师范司编．教师专业化的理论与实践．北京：人民教育出版社，2001.12

② 参阅《教师教育课程标准（送审稿）》

教育家罗杰斯在对传统教育进行深刻批判的基础上，提出了“非指导性教学”，明确了教师必须是促进学生自主学习的促进者，教师要做一个“方便学习的人”，是学生的促进者、鼓励者、帮助者、辅导者、合作者和朋友。教师通过“构建真实的问题情境，创设一种滋育学习过程的良好的心理气氛，并提供学习的资源，帮助学生安排适宜的学习活动；帮助学生发现他们所学的东西的个人意义”。罗杰斯认为，教师作为促进者在教学过程中的作用表现在四个方面：一是帮助学生澄清自己想要学习什么；二是帮助学生安排适宜的学习活动与材料；三是帮助学生发现他们所学的东西的个人意义；四是维持着某种促进学习过程的心理气氛。[①] 依据儿童认知发展阶段理论，皮亚杰认为，儿童获取知识主要不是由教师传授，而是儿童主动发现、自发学习的结果。他指出：理智“发展实质上依赖于主体的活动，而它的主要动力，从纯粹的感知运动活动一直到最完全的内化运算，乃是一种最根本的和自发的可运算性”。皮亚杰强调，在教学活动中教师只是儿童学习的促进者，教师的作用是间接的。从认识论的角度讲，教师只能是儿童学习的促进者。建构主义认为世界是客观存在的，但是对世界的理解和赋予意义却是主观与客观相互作用的结果。人是以自己的经验为基础来建构现实的。儿童是知识建构的主体，教师不应成为知识的灌输者，而只能是儿童学习的促进者。

因此，教师教育课程应反映不同学科儿童研究的最新成果，密切联系儿童的经验和生活，使教师既能理解不同发展阶段儿童文化的特殊性，又能理解每位儿童个性发展的独特性；引导教师在学习和工作中通过多种途径亲近、观察、倾听、研究儿童，学会尊重儿童、理解儿童、热爱儿童。[②]

---

① 施良方，崔允漷主编．教学理论：课堂教学的原理、策略与研究．上海：华东师范大学出版社，1999. 69

② 参阅《教师教育课程标准（送审稿）》

（二）教师是反思性实践者

在教师专业化的进程中，教师的角色经历了由“技术熟练者”向“反思性实践者”的转化。正如佐藤学所说，“教师是以经验的反思为基础，面向儿童创造有价值的某种经验的‘反思性实践家’（reflective practitioner），其专业成长的性质是，在复杂情境的问题解决过程中所形成的‘实践性认识’（practical epistemology）的发展”。[①]

教师的专业实践融入了教师个人的经验与生活，是一种反思性实践。因此，教师是反思性实践者。作为反思性实践者，一方面，教师是教学“实践者”；一方面，教师又是自身教学行为的“反思者”。与作为“技术熟练者”的教师相比，作为“反思性实践者”的教师要具有批判、质疑精神，关注对自身“活动过程的反思”。而且这种反思不仅仅是对自己的教学方法、教育内容进行反思，而且也包含对教育理念、价值观的反思。作为“反思性实践者”的教师必须具有实践智慧（practical wisdom）。实践智慧是指教师“在教学实践活动中形成的，有关教学整体的真理性的直觉认识”。[②] 教师通过对个体的教学情境和教学事件的关注和反思，可以将理性原则的普遍性与经验感觉的特殊性有机结合，在历史传承与个人理解中达到“视界融合”，从而建构生成智慧。[③]

高师院校的教师教育课程应该体现问题意识和实践意识，使理论学习和实践操作紧密结合，让教师通过独立反思与合作研讨解决真实、复杂的实践问题，主动建构教育知识、发展创新意识和实践能力；引导未来教师在学习中学会反思自己的成长经历，积极参与和研究教育实践；帮助教师立足真实的教育情境，学会反思，在问

---

① 慕君．教师如何成为反思性实践者．http：//hist. cersp. com/

② 吴德芳．论教师的实践智慧．教育理论与实践，2003（4）

③ 黄继玲，李森．新课标．反思性实践家：新课程情境中的教师形象．现代中小学教育，2005（8）

题解决中发展自己的教学风格和实践智慧。[①]

（三）教师是终身学习者

教师是终身学习者。首届世界终身学习会议对终身学习做出了定义："终身学习是通过一个不断的支持过程来发挥人类的潜能，它激励并使人们有权力去获得他们终身所需的全部知识、价值、技能与理解，并在任何任务、情况和环境中有信心、有创造性、愉快地应用它们。"[②] 教师专业发展具有未完成性，需要终身学习。进入21世纪，教师角色最重要的变化就是教师是终身学习者。终身学习是21世纪的生存概念，没有终身学习的意识与能力，就难以立足于21世纪。终身学习不仅是一种教育概念，更是一种生存方式、生活方式。终身学习对教师来讲具有特殊重要的意义，一个教师要永远与时代同呼吸，要时刻关注科学的发展，时代的变化，社会的进步。因此，教师应成为终身学习的实践者和学习化社会的促进者。

高师院校的教师教育课程应该引导未来教师把对教师专业的想象、期待与今日的学习生活结合起来，理解今日的学习是终身学习的重要组成部分，自觉形成探究学习的良好习惯，培养自主学习的意识和能力；帮助教师理解教学工作与专业学习的关系，结合自身的专业实践，不断更新自己的知识结构；实现培养与培训课程的一体化，增强课程的灵活性、开放性和生成性，培养教师终身学习的愿望和能力，使教师成为终身学习者和学习型社会的促进者。[③]

---

① 参阅《教师教育课程标准（送审稿）》

② 吴咏诗．终身学习——教育面向21世纪的重大发展．教育研究，1995（12）

③ 参阅《教师教育课程标准（送审稿）》

第二节 缄默知识理论

一、缄默知识的内涵

（一）缄默知识的含义

1. 缄默知识的定义

最早提出缄默知识概念的是英国的哲学家迈克尔·波兰尼（Michael Polanyi）。1958年，波兰尼在《人的研究》一书中提出："人类有两种知识。通常所说的知识是用书面方案或地图、数学公式来表达的，这只是知识的一种形式。还有一种知识是不能系统表述的，例如我们有关自己行为的某种知识。如果我们将前一种知识称为显性知识的话，那么我们就可以将后一种知识称为缄默知识。我们可以说，我们一直隐隐约约地知道我们确实拥有缄默知识。"① 波兰尼从一个全新的角度对知识进行研究，给后来的学者以极大的启发。

美国著名心理学家斯腾伯格（Robert J. Sternberg）从心理学的角度研究缄默知识。他认为，所谓缄默知识指的是以行动为导向的知识，是程序性的，它的获得一般不需要他人的帮助，它能促使个人实现自己所追求的价值目标。这类知识的获得与运用，对现实生

① Michael Polanyi. Study of Man［M］. Chicago：The University of Chicago Press，1958

活是很重要的。[①]

德鲁克（P. F. Durcker）从管理学、组织行为学的角度研究缄默知识。他认为，缄默知识，像某种技能，是不可用语言来解释的，它只能被演示证明它是存在的，学习这种技能的唯一方法是领悟和练习。[②]

从知识经济的角度，野中郁次郎（Nonaka）和科诺（Konno）对缄默知识进行了界定，认为缄默知识是高度个体化、难以形式化或沟通、而且难以与他人共享的知识。[③]

综合学者们的研究，我们认为缄默知识是指存在于个人头脑中的、在特定情境下的、难以明确表述的、根据经验总结又被实践证明有效的知识。首先，缄默知识是人类知识的一种，对应于显性知识；其次，缄默知识带有鲜明的个性化色彩，又与一定的情境相联；第三，缄默知识难以表述，但是能够表述，其表述的方式可以有多种；第四，缄默知识的有效性受实践检验。

2. 缄默知识的特点

波兰尼认为缄默知识有三个特点。一是不能通过语言进行逻辑的说明，在这个意义上，波兰尼称缄默知识为“前语言的知识”。二是不能以规则的形式加以传递，不能明确陈述的知识自然不能在人与人之间以明确的规则形式加以传递，因此缺乏显性知识的公共性、主体际性等。需要说明的是，不能以规则的形式传递并不是说不能传递，采用适当的形式缄默知识是可以传递的，如学徒制。三是不能加以批判的反思，这个特点有两层含义：①缄默知识是“非批判性的知识”；②这种非批判的知识本身是不能被理性加以分析和批判的。

---

① Robert J. Sternberg et. Practical Intelligence in Everyday Life［M］. New York：Cambridge University Press，2000

② 张普庆，李志超．企业隐性知识的特征与管理．经济理论与经济管理，2002（11）

③ Nonaka，I. and Konno，N.，The Concept of Ba′：Building a Foundation for Knowledge Creation，California Management Review，1998，40，3：40～55

（二）缄默知识的结构

波兰尼认为，人类的意识总体上可以划分为集中意识与辅助意识两种。这种发生在辅助意识中的认识活动就是缄默认知（tacit knowledge），这种缄默认知参与下对目标问题的认识结果就产生了显性知识。认知者、辅助意识与集中意识构成了缄默知识的三元结构，三者之间形成了一个系统的连续体。认知者与辅助意识是一种内化的关系，对某事物有辅助意识，就是将其内化为自己的一部分；认知者与集中意识之间是经验建构的关系，就是个体通过缄默知识将主体与客体结合起来，形成意义建构。①

瓦格纳（Wagner）在实证研究的基础上，提出了一个三维的缄默知识结构模型。见图 1－1 缄默知识三维结构图。

- 缄默知识
  - 内容
    - 管理自己：在工作情境中，自我激励和自我组织的知识
    - 管理任务：如何做好与具体工作任务相关的知识
    - 管理他人：关于管理不同下属与同事交往方面的知识
  - 情景
    - 局部情景：集中注意目前具体任务的完成
    - 整体情景：注重长远目标以及如何将现状和远期规划相匹配
  - 取向
    - 理想取向：一个解决方案在多大程度上符合理想的标准
    - 实用取向：一个方案的可实施性

图 1－1　缄默知识三维结构图

（三）缄默知识的分类

由于研究的角度不同，学者们对缄默知识的分类也不同。

---

① 参阅赖晓杰．国内对隐性知识及其教育的研究进展．中小学教师培训，2006（8）

野中郁次郎从技能和认知的角度，将缄默知识分为技能方面的和认知方面的。技能方面的缄默知识包括那些难以表述的技能、经验、技巧和诀窍等；认知方面的缄默知识包括信仰、观点、思维模式、感悟、价值观以及组织文化等。

斯腾伯格从缄默知识的结构角度，将缄默知识分为三类：一是自我管理，是关于取得管理绩效的自我激发和自我组织的知识；二是他人管理，是如何管理下属和同事交流的知识；三是任务管理，是关于管理和完成任务的正确方法的知识。

而英国的艾略特（Eraut）则依据缄默知识的来源将其分为人们对情境的缄默理解、行动中的缄默知识、支持直觉性地制订决策的缄默规则三类。

综合国内外的研究成果，我们认为从缄默知识表现的主体角度，可以将缄默知识分为个体缄默知识和群体缄默知识。个体缄默知识是依附于个人的、很难或不易被其他个体掌握的技能和技术诀窍。它与个人经验、行为和工作内容密切相关，是个体长期积累和创造的结果。群体缄默知识是群体中的个体通过紧密的互动和沟通、感悟和领会而形成的组织内的具有独特风格的解决问题的方法和能力。

从内容的角度，可以将缄默知识分为世界图景、准则、信念和科学思维方式。世界图景是某一时代形成的客观实在的整体模型；准则是指某一时代所遵循的元方法和元逻辑；信念是在特定社会文化背景下形成的，它用于衡量科学中什么是合理的标准，包括本体论信念、认识论信念、文化信念；思维方式是某一历史时代各种具体科学方法相互联系和转换的特定的思想规定，是认识的调节系统。

（四）缄默知识与显性知识的关系

所谓显性知识是指能够以一种系统的方法来表达的正式而规范的知识，是客观的、有形的知识，也就是波兰尼所说的“用书面方案或地图、数学公式来表达”的知识。一般说来，显性知识是一种陈述性知识，是关于事实和原理的知识；显性知识是通过逻辑工作得以清晰表达的；是具有层次性的。

缄默知识与程序性知识关系较为复杂。程序性知识是关于“如何做”的知识，它有两种形态：一种是技术形态，表现为一套明确的技术规则，可以言传，可以检测。这种形态的程序性知识实际上是一种陈述性知识。一种是实践形态的，不能用一套明确的规则阐述出来，往往是不可言传，但却可以演示的。这种形态的程序性知识实际上是一种缄默知识。前者只是知道怎么做，而后者则是能做。

缄默知识与显性知识是人类的两种知识形态，两者之间是可以相互转化的。一方面，显性知识的获得需要缄默知识的引导；另一方面，缄默知识可以在一定条件下转化为显性知识。

二、缄默知识的获得

（一）缄默知识获得的阶段

学者们关于缄默知识获得的研究有许多观点，其中比较有代表性的有艾拉特（M. Eraut）的两阶段理论和哈耶克（Hayek）的缄默知识获得阶段理论。

艾拉特认为缄默知识获得的第一阶段是经验学习。所谓经验学习是从对个人所获得的直接经验进行外显描述的情节记忆中或从对特殊环境下行为理论的一般性理解中获得知识。经验学习既可从自己的经验中学习，又可以向别人学习，还可以向书本或媒体学习。缄默知识获得的第二阶段是日常化。所谓日常化是通过不断的重复，将外显知识转变成缄默知识。①

哈耶克提出了关于“知与无知”的知识观的转换理论。哈耶克

---

① M. Eraut Non ~ formal learning and tacit knowledge in professional work British Joural of Educational Psychology. 2000，70

认为，缄默知识是“知”向“无知”转换的中介。这个过程包括两个阶段：一是从“知”到“缄默知识”，在这个阶段，人们形成许多规则，而这些规则并非完全能用语言表述清楚的；二是认识者用这些规则来指导自己的行动，使缄默知识显性化。

（二）缄默知识获得的途径①

缄默知识获得的过程实际上是缄默知识与显性知识相互转化的过程。1995 年日本著名学者野中郁次郎（Nonaka）和竹内光隆（Tadeuchi）在《知识创造公司》一书中提出了缄默知识与显性知识相互转化的四种模式，简称为 SECI 模型。

1. 社会化（socialization）。是指个人的缄默知识在不同主体之间的共享过程，是个体间的经验分享、讲故事、师徒式观察体会与模仿，是一个从缄默知识到缄默知识的转化过程。社会化主要强调缄默知识的交流是通过社会或团体成员的共同活动来进行的。学徒制的方式是社会化的最有效的方式。作为未来教师社会化的主要形式有同学间直接经验的分享、拜有经验的教师为师、直接观摩他人特别是优秀教师的课堂教学等。

2. 外化（externalization）。是指选择适当的形式表述缄默知识，使其便于交流和共享，并能通过信息手段进行传递，或者说借助描述、类比、隐喻和假设、倾听和深度访谈等方式，将个人的经验表达出来，是一个由缄默知识向显性知识转化的过程。外化是知识创造的关键，知识发展的过程就是缄默知识不断向显性知识转化的过程。外化的形式有许多，诸如教师教学经验总结、论文公开发表、交流研讨等，其中集体备课是一种非常重要的形式。

3. 组合（combination）。是指将零散的显性知识进一步系统化，是一个由显性知识到显性知识的过程。其实质就是将零散、分散、

① 参阅郭秀艳．内隐学习和缄默知识．教育研究，2003（12）

杂乱的知识进行组合，并用专业语言表述出来，使之成为系统化的知识。实现知识组合的形式主要是构建教师知识库、知识地图、知识文献索引手册等，通过这些形式将教师的教案、计划、方法、科研论文等显性知识加以系统整理，存入知识库。

4. 内化（internalization）是指借助做中学、团队工作等方式将新的显性知识转化为个体的缄默知识的过程，这是由显性知识到缄默知识的转化过程，它与活动式学习密切相关。内化的条件有两个：一是具体化到行动和实践中，使显性知识逐渐变得内在化；二是通过做的过程体现显性知识，从而实现其内在化。其基本形式有三种：做中学、团队工作、在职培训。

四种模式之间相互作用，具体关系见图 1－2。

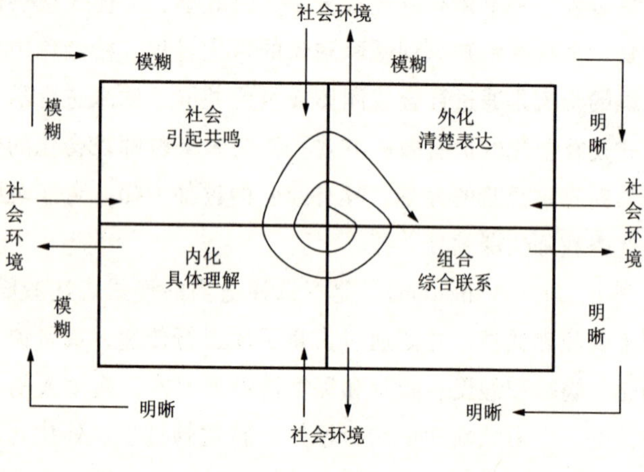

图 1－2　SECI 模型

上图显示的是 SECI 模式相互转换和作用的完整过程，其螺旋线条代表实践知识的积累呈螺旋式上升，同样说明了实践知识的获取是无止境的。

第三节　情境认知与学习理论

一、情境认知与学习内涵

从20世纪初至今，人类学习理论研究经历了从行为主义到认知心理学，再到情境认知与学习的三次范型转变。行为主义倾向于从技能的获得来看学习，认知理论倾向于从概念的理解和一般策略的增长来看学习，而情境认知与学习理论则倾向于从更有效的参与探究和对话的实践来看学习。[①] 20世纪80年代以来，情境认知与学习（situated cognition and learning）成了西方学习理论研究的热点。

（一）情境认知的含义

1. 情境及在学习中的作用

情境是情境认知与学习理论的核心概念。何谓情境？罗格夫（Rogoff）认为，情境既是问题的物理结构与概念结构，也是活动的意向与问题融入其中的社会环境。而韦伯斯特词典则将情境解释为“与某一事件相关的整个情景、背景或环境”。一般地说，情境是指一个人在进行某种活动时所处的社会环境，是人们社会行为产生的

---

① 参阅 James G Greeno & Allan M. Collins，Cognition and Learning. David C. Berliner Robert C，Calfee Handbook of Educational Psychology，1994

具体条件。《MIT 认知科学百科全书》中将情境分为：物理的或基于任务的（包括人工智能或信息的外部表征）；环境的或生态的（如工作坊或商业中心）；社会的或互动的（教育、教学或临床背景中）。

情境尤其是日常生活情境在人的学习中起着重要的作用。美国《教育研究》1987 年第 16 期发表了美国教育研究协会会长瑞兹尼克（Resnik，L. B）的就职演说《学校内外的学习》。她指出了学习情境与日常生活情境的三个主要区别，说明了情境，特别是日常生活情境在人的学习中的作用。她认为，学校情境是有目的、有计划、有意义的，强调学习者的个体工作，而在日常生活情境则强调学习者相互的合作；在学校情境中，更关注知识与技能的获得，而在日常生活中更偏重于运用工具解决问题；在学校情境中，强调抽象推理，强调学习的必然性，而在日常生活中则是情境化推理，强调学习的偶然性。总之，学校学习是个体的、抽象的，而日常生活情境的学习则是合作化、情境化、具体化的。格里诺和穆尔（Greeno，J. G. & Moore，J. L.）认为情境性在所有认知活动中都是根本性的。[①]

2. 情境认知内涵

布伦特·G·威尔逊和卡伦·马德森·迈尔斯（Brent G. Wilson & Karen Madsen Myers）等在论文《理论与实践中的情境认知》指出，情境认知是不同于信息加工理论的另一种学习理论。它试图纠正认知的符号运算方法的失误，特别是完全依靠对规则与信息描述的认知，仅仅关注有意识的推理和思考的认知，而忽视了文化和物理背景的认知。诺曼认为，人类的知识和互动不能与这个世界分割开来。情境和人们从事的活动是真正重要的，我们不能只看到情境，

① 参阅吴晓义，杜晓颖．关于学习的情境性的心理学研究．吉林工程技术师范学院学院（社会科学版），2005（10）

或是环境，也不能只看到个人。

一般认为，情境认知是一种研究方法，它集中于世界的结构以及它是如何约束和引导行为的，强调人和环境的相互协调。情境认知强调把个人认知放在更大的物理和社会的情境脉络中，并且与之互动。①

3. 情境学习内涵

情境学习（situated learning）是人类学家习惯使用的术语。克兰西（Clancey，W. J.）认为，情境学习是有关人类知识本质的一种理论。它是研究人类知识如何在活动过程中发展的。知识是一种动态的建构与组织，是个体与环境交互过程中建构的一种交互状态。情境学习理论认为，学习的本质，是个体参与真实情境，与实践、与他人及环境相互作用的过程；是培养参与实践活动能力，提高社会化水平的过程；是一种文化适应及获得特定实践共同体成员身份的过程，真正的、完整的知识是在真实的学习情境中获得的。学习是通过与共同体内其他成员的相互对话，彼此互动而发生于真实的实践活动之中的。所谓真实的问题情境就是日常生活的问题情境。

4. 情境认知与学习

部分学者认为，情境认知与情境学习这两个概念没有严格的区别，《MIT 认知科学百科全书》将情境认知与情境学习作为一个概念，认为情境认知和情境学习是在自然情境下对认知进行的研究。强调个体心理产生于构成、指导和支持认知过程的环境之中，认知过程实质是由情境决定的，情境是一切认知活动的基础。

目前西方对情境认知与学习的研究，主要集中在教育心理学和人类学两个领域，并且由教育心理学领域向人类学领域转变。这种

---

① 张彦英．情境认知与学习的理论评介．淮南师范学院学报，2006（1）

转变被萨莎·A·巴拉布和托马斯·M·达菲称作是“从实践场到实践共同体”(from practice field to comraunities of practice)。所谓的实践场是指为了达到某一学习目标而设置、创设的功能性学习情境或环境。而所谓实践共同体则是指有着共同的关注点、同一个问题或者对同一个话题感兴趣的一群人，通过在不断发展的基础上相互影响，从而加深在这一领域的知识和专业技术的特殊人群组织形态。实践共同体的特性是具有共同体成员介入的共同任务，具有相关的实践和资源，具有没有异议的背景假设，共同认可一些常识和实际理由。

二、情境认知与学习的学习观

作为一种学习理论，情境认知与学习理论形成了自己独特的学习观。“学习是一种实践”、“学习是一种参与”、“学习是一种文化适应”是这种学习观的核心观点。[①]

(一) 学习是一种实践

情境认知与学习理论认为，学习是一种普遍存在的、正在进行的情境化活动，在这个世界上，一切活动都离不开人，而活动中的每一个人也都熟练地运用不断变化的方式、方法去做事，帮助其他人去适应这个不断变化的世界。学习并不是一个孤立的过程，也不是一个自生自灭的过程。学习失败不仅有主观因素，而且有其深刻的社会文化因素，因为，当同一项任务镶嵌在不同的情境性活动和结构框架中时，学生就会建构不同的含义。学习就是对不断变化的实践的理解与参与。

① 参阅王文静．情境认知与学习．重庆：西南师范大学出版社，2005.4，20~24

（二）学习是一种参与

学习是一种实践，也一定是一种参与。参与指的是学习的过程，它有多种层次和方式，而“合法的边缘性参与”（legitimate peripheral participation）是分析这种学习观的重要概念。边缘性参与包含多重的、各种各样的、或多或少的参与。通过参与进行学习有三个层面。一是针对个体。个体的学习意味着在实践共同体中的参与。在这个层面的参与中，个体的身份是变化的。由此形成了五种学习形态：边缘的、确定方向的、内部人员、边界的和脱离共同体的。二是针对共同体。各类共同体中的学习是要延续共同体内的实践并确保不断有新成员加入。三是针对组织。在组织的层面的学习是维持实践共同体彼此互相联结或依存的结果，通过这种方式，一个组织能够了解到它所知道的并因此而使得组织变得更加有效和有价值。

（三）学习是对某种文化的适应

1989年，布朗、科林斯与杜吉穗（Brown，Collins & Duguid）在《教育研究者》杂志发表了论文《情境认知与学习文化》，提出了学习的文化适应观点。学习的文化适应观点认为，人们在学习过程中，不管学习是有意识的还是无意识的，他们自己的行为、信仰体系都要适应新的社会群体或文化。如果给学习者以机会，到现实的情境中去观察和实践某个文化实践共同体中成员的行为，他们很快了解到这一共同体中一些独特的术语、行话，并在学习过程中，模仿共同体成员的行为并慢慢开始按照这种文化群体的相关标准去规范自己的行为。

三、情境认知与学习的基本特征

研究人员对情境认知与学习的基本特征形成了三点共识。

（一）基于情境的行动

情境认知与学习理论认为，人们不是根据内心关于世界的符号表征行动的，而是直接通过与环境直接接触与互动来决定自身的行动的。在这种行动中，隐性知识将在人与情境的互动中发挥重要作用。实践者经常对情境进行反思，通过对行动中的反思建构设计与解决问题的新方法，以便使情境行动得以继续。行动与反思是相互交替的。

（二）合法的边缘参与

合法的边缘参与（legitimate peripheral participation）是情境认知与学习理论的核心概念之一。1991 年莱夫（Lave）在她的代表作《情境学习：合法的边缘性参与》提出了这一概念。合法的边缘性参与概念的提出在很大程度上增强了情境学习的非中心化观点。莱夫认为“合法的边缘性参与”本身不是一种教育形式，更不是一种教育策略或教学技术。它是一种分析学习的观点和理解学习的方式。基于情境的学习者必须是共同体中的“合法”参与者，而不是被动的观察者，同时他们的活动也应该在共同体工作的情境中进行。“边缘性参与”是指这样一个事实，即作为新手的学习者部分地、不充分地参与共同体的活动，从处理次要任务逐渐走向核心任务。“参与”意味着学徒（或新手）应该在知识产生的真实情境中，通过与专家、同伴的互动，学习他们为建构知识而应该做的事情。参与是一种学习方式。

（三）实践共同体的建构

"实践共同体"（community of practice）这一概念由莱夫在《情境学习：合法的边缘性参与》一书中首先提出。实践共同体是人、活动和世界之间的一整套关系，是知识存在的一个内在条件。共同体意味着对一个活动系统的参与，参与者共享理解，知道他们在干什么以及他们的所作所为在他们的生活中意味着什么，对共同体的意义是什么。实践共同体强调学习是通过参与有目的模仿活动而构建的，同时它也同样地强调实践与共同体的重要性。①

四、情境认知与学习的实践

（一）情境认知与学习理论的教学论意蕴

情境认知与学习理论对教学的启示主要集中在以下五个方面：②

1. 创建以学习者为中心的学习环境

学习环境是学习者充分利用环境提供的丰富资源和工具，建立自己的认识和理解过程，是学习者进行自由探索和自主学习的场所。情境认知与学习理论强调的学习环境的基本特征是以学习者为中心。学习者已有的知识经验与背景是有意义学习的基础，学习者进行意义的自我建构，并始终处于学习环境的中心。以学习者为中心的学习环境的创设是情境认知与学习实践的主要任务。

2. 建构多元的实践共同体

实践共同体的建构不仅是促进社会性知识建构的主要途径，而且是人类学家所创建的情境认知与学习实践范型的本质追求。实践

① 吴晓义．职业能力开发的人类学思考．职业技术教育（教科版），2006（22）

② 参阅王文静．情境认知与学习．重庆：西南师范大学出版社，2005.4，95～108

共同体应该有两个基本特点：一是多重角色与观点；二是合作与反思。一般说来，创建立足学校的实践共同体的基本策略有五点：①确定共同体的核心主题；②搭建共同体成员之间社会协商与理解的平台；③提供丰富的共同体再生产资源；④运用多种互动、协商的策略；⑤加强对实践共同体的调节与监控。

3. 在真实的活动与任务中学习

活动与任务的真实性为理解与经验的互动创造机会。真实的活动任务使学习者能够获得不同于学校情境中的知识与经验。真实的活动为活动中学习者的行动提供帮助。动态的真实任务能使学生在活动中不断地获得成就感，学生的真实兴趣得到保持。真实的活动和任务是与现实生活密切相联的，是结构不良领域的学习活动。

4. 教师要发挥“支架”作用

所谓“支架”是指教师的帮助作用。情境认知与学习理论认为教师是学生学习的指导者、促进者和帮助者，要为学习者的学习提供各种各样的支持与帮助。在教学中，“支架”的作用就是帮助学习者完成一个又一个的使能目标，最终达成终点目标，穿越最近发展区，获得进一步的发展。在实践共同体中，能够发挥“支架”作用的不仅仅是老师，实践共同体中的每一个成员都是独特的，彼此之间存在着各种各样的差异，拥有不同的最近发展区，都可以成为彼此发展的“支架”。

5. 注重真实性评价

在真实性活动与任务的学习中，注重真实性评价，即学习者学习过程真实的表现，强调评价的真实性和情境性，不仅要重视学生解决问题的结论，更要注重学生得出结论的过程。真实性评价要与课程紧密结合，而不是脱离课程的；真实性评价关注结果，同时也关注过程；真实性评价与真实生活中的实际应用相联系；学习者也是真实性评价的主体。

（二）认知学徒模式

认知学徒模式是一种基于情境的有效学习模式。认知学徒模式从传统的师徒传技授艺模式中得到启发，认为采取类似的方法，非常有助于培养学生的认知技能即解决问题能力。认知学徒模式是基于情境认知与学习理论建立起来的，比较典型的教学活动进程的稳定结构形式。[①] 认知学徒模式通过允许学生获取、开发和利用真实领域中的活动工具的方法，来支持学生在某一领域中的学习。"学徒制"概念强调经验活动在学习中的重要性，并突出学习内在固有的依存于背景的、情境的和文化适应的本质。在传统的学徒制中，完成所学任务的步骤通常易于观察。然而，在认知学徒制中，必须使思考过程变得更加明显。当师傅的思维更接近于学徒而师傅对学徒的思维则一目了然时，学习才有可能逐渐地成为既完善行动又改进潜在的过程。一般认为，认知学徒模式是由柯林斯、布朗和纽曼（Collins，Brown & Newman）首先提出的，并且确定了认知学徒模式四个构件：内容、方法、序列和社会性。[②]

1. 内容

学校通常特别关注某门学科的概念、事实和程序。然而，为了能在任何场景中都能有效地活动，学生还需要另外三种其他类型的内容，即认知管理策略、学习策略和专家从经验中精选出的问题解决策略。

2. 方法

要给学生提供大量系统的激励学生进行探索和独立活动的方法。

---

① 王文静．情境认知与学习．重庆：西南师范大学出版社，2005.4，153

② 参阅高文．认知学徒制：一种基于情境的有效学习模式．外国教育资料，1998（5）

3. 序列

学习是分阶段进行的，学习者需不断构建专家在实际操作中所必需的多项技能并发现技能应用的条件。这需要一种逐渐复杂的任务序列和不断变化的问题解决情境的序列以及对学习进行分级，以便让学生在注意细节以前，发展一种对全局的知觉。

4. 社会性

认知学徒模式要求学生共同工作，通过协作解决问题，完成任务。社会性交互是认知学徒模式的重要组成成分。学习者处于“实践的共同体”之中，随着学生作为一个初学者或新手逐渐从该共同体的边缘向中心移动，他们会变得比较积极，更多地接触其中的文化，因而就会逐渐进入专家或熟手的角色。

第二章

实践取向小学教师职前培养的内涵

实践取向是一种价值取向，实践取向坚持小学教师职前培养要“为了实践、基于实践、在实践中”，实践取向小学教师职前培养是一种育人活动，其过程充满了张力。

第一节　实践取向的概念界定

一、实践的内涵

实践观点是马克思主义哲学的首要的基本观点。马克思将实践与人这两个范畴紧紧地联系在一起，认为实践是主观见之于客观的能动的活动，是人类有目的地改造世界的活动。就实践与人及其发展的关系而言，应该有四方面的含义：

一是实践是人的生命存在的最高本质，即实践是人的存在，也是人的本质。首先，从人类生存的前提看，实践是人类赖以生存的前提，正是这种实践活动不断地创造着人类生存和发展的根本条件；其次，实践创造了人的基本特征，“有意识的生命活动把人同动物的生命活动直接区别开来”。人的意识是在实践中生成、实现和确证的，从而使人的生命活动成为有意识的生命活动，人成为“有意识的类存在物”；第三，人的本质是社会关系的总和，而社会关系是在实践中生成的，这种社会关系又制约和规定着人的本质，从而使人成为“社会存在物”；第四，人在实践活动中把自己从动物界提升出来，创造了人之为人的一切特征，构成了人类的特殊生命形式，即构成了人类的存在方式。[①]

二是实践是人所特有的对象性活动，实践把人的目的、理想、

① http：//jpk. hlju. edu. cn/jpsystem/view. asp・lessonid = 345&parentlanmuid = 0&lanmuid = 30

知识、能力等本质力量对象化为客观实在，创造出一个属人的对象性世界，这是实践区别于自然物质形态运动和动物本能活动的特殊本质。

三是实践活动表现出观念物化性和现实创造性。首先，实践活动的这种观念物化性，动物的活动不具有，人的认识活动也不具有。动物无论是对自身还是对环境，都只有本能式的感觉，其活动只能是一种无意识、无目的的本能活动，根本不存在观念物化的问题。而认识活动是主体观念地把握客体的活动，其活动的过程是物质变精神，也不存在观念物化的问题，因此说，观念物化性是实践活动特有的属性，是区别于动物活动和人的认识活动的特性。其次，实践活动作为一种现实感性的物质活动，不是现成地占有对象物，而是包含着新的物质对象的创造，即实践活动在本质上是一种现实的创造性活动。[①]

四是实践是一种革命的批判的活动，在实践过程中，人以一种主体性方式来批判性地理解、处理并建设自身同自然、社会、他人以及自我的关系，不断地选择价值、确立理想，能动地创造社会、历史及日常生活，自觉地改造和发展自身。人的主体性，尤其是集中反映人的主体性的创造性本质正是通过实践才不断地得以确证、表现、发展和实现的。在这种意义上，实践对人具有重要的教育功能和发展功能，即实践使人走向人。

当然人与世界不仅仅是实践关系，还有价值关系和认识关系。而在这三种关系中，实践是更根本的，居于核心地位的。实践的首要的、终极的目的不是认识性的而是价值性的。一切实践都有一定的价值内容和价值目标。人类的一切实践活动都是价值活动，都充满了价值性的内容。[②]

---

① 龚振黔．实践特性新探．贵州社会科学，1997（1）

② 参阅黄海澄．价值哲学三题．西北师大学报（社会科学版），1991（5）

二、价值取向的含义

价值是客体与主体需要之间的关系。正如马克思所说，“‘价值’这个普遍的概念是从人们对待满足他们需要的外界物的关系中产生的”。[①] 价值是具体事物具有的一般规定、本质和性能。人和具体事物、主体和客体、事情和事情、运动和运动、物体和物体的相互作用、相互影响、相互联系、相互统一是价值的存在和表现形式。价值是主客体相互作用的产物。主体、客体都是客观存在的，主体与客体的相互作用也是客观存在的，主客体相互作用中客体对主体的作用和影响，即客体对主体的效应必然也是客观存在的。客体对主体的效应就是价值，所以，价值是客观存在的。这里所说的效应“主要是客体对主体发展、完善的效应”。[②]

价值取向（value orientation）是价值哲学的重要范畴，它指的是一定主体基于自己的价值观，在面对或处理各种矛盾、冲突、关系时所持的基本价值立场、价值态度以及所表现出来的基本价值倾向。简言之，某种价值观一旦对人们认知与行为具有经常的导向性，它就称为价值取向。从本体论的角度看，我们把价值取向叫做价值的指向性；从价值观的角度看，价值的指向性就是价值取向。无论是取向还是指向，其实质是以谁为价值主体，并对价值主体的需要、目标和理想作何理解的问题。价值取向具有实践品格，它的突出作用是决定、支配主体的价值选择，因而对主体自身、主体间关系、其他主体均有重大的影响。价值取向的合理化是进步人类的信念。正如美国学者密尔顿·罗克西曾指出，一种价值观就是一个坚定的信念，他确信某种行为模式和理想社会状况比那些与之相反的模式

---

① 马克思，恩格斯．马克思恩格斯全集（19卷）．人民出版社，1963. 406

② 王玉樑．价值哲学新探．西安：陕西人民教育出版社，1993

和状况更有利于个人和社会。

三、实践取向的界定

关于教师专业发展取向有研究者归纳为三种，即理智取向（intellectual approach）、实践—反思取向（practical—reflective approach）、生态取向（ecological approach）。理智取向强调知识基础对教学专业的重要性，主张教师通过掌握、学习这些知识提高其专业性；实践—反思取向强调教师作为一个“人”的独特性，强调教师个人生活与其专业生活的关联，更为注重教师“个人的”、“实践的”专业知识在专业活动中的作用，教师主要是通过反思来理解自己和自己的实践，从而实现专业发展；生态取向则更为关注教师专业活动中群体的、关系性的因素，教师专业发展更大程度上依赖于“教学文化”。[①] 教师专业发展的这三种取向在具体的学校情境中，很难绝对地说哪一种取向对教师专业发展有价值或无价值，实际上它们是从不同的角度揭示了教师专业发展的基本属性。综合上述分析，我们将小学教师职前培养的取向确定为实践取向。

实践取向是一种价值取向。所谓实践取向是指在教师培养中要把实践放在核心价值地位，充分发挥实践在教师专业发展中的根本性作用。实践取向是教育的本质要求，因为教育本身是一种培养人的实践性活动。我们确信实践的包容品格，认为实践取向可以整合上述三种取向。一是坚持实践取向绝不是排斥或轻视知识的作用，实践本身就是知与行的统一。二是坚持反思是实践取向的题中应有之义，因为实践具有批判的品格。在实践过程中，人以一种主体性方式来批判性地理解、处理并建设自身同自然、社会、他人以及自我的关系，不断地选择价值、确立理想，能动地创造社会、历史及

---

① 参阅王建军．课程变革与教师专业发展．成都：四川教育出版社，2004

日常生活，自觉地改造和发展自身。三是实践取向同样重视文化背景。实践不仅仅是人与自然的关系，也是人与人的关系，这种人与人的关系，使实践具有了一定主体适应某种文化的特性。

实践取向的具体内涵可概括为三个方面：为了实践、基于实践、在实践中。

“为了实践”是实践取向的目的性，具体是指在职前小学教师培养中，实践具有目的性。实践不仅是手段，也是目的。正如亚里士多德所言，实践是包括了完成目的在内的活动。首先，教师教育的职前阶段是培养教师的，未来教师所从事的是一种以实践性为根本特征的职业，实践性知识将是他们的安身立命之本。教师教育职前培养就是为未来教师的职业生活作准备。其次，小学教师职前培养中的一个重要目标就是未来教师的实践能力。这是新世纪人才素质的内在要求，在国务院批转的教育部《国家教育事业发展“十一五”规划纲要》中明确提出：“以培养学生创新精神和实践能力为重点，着力提高高等教育质量，积极推进高水平大学和重点学科建设，提高高校人才培养、科技创新与服务能力，培养和造就一批杰出人才。”培养职前教师实践能力是实践中自然包含的目的。

“基于实践”是实践取向的基础性，有三方面含义：一是指职前教师培养从目标到过程都要建立在实践基础上。职前教师培养要充分考虑实践对教师素质的诉求，要依据实践的规定性展开。要把实践作为未来教师专业发展的根本条件。未来教师所投身的是教育实践，教育实践是一种社会实践活动，这种社会实践活动对人的发展具有根本性作用。“因为在个体的实践中包含了人的内在需求与条件、外部影响与条件，也包含着发展主体的能动认识与选择，实践是内、外因作用于个体发展的聚集点，也是推动人发展的直接与现实力量。”① 二是指职前教师培养要充分重视个人经验的价值。教

① 叶澜．教育概论．北京：人民教育出版社，1991．197

师专业发展具有明显的个体特征，要把理论知识转化为教育教学行为，要把培养未来教师的创造性放在突出位置。公共知识只有变成个人知识才是有用的，同时，实践活动又不是未来教师对所学理论知识的简单印证，实践是一种开放性、动态性、生成性的活动，它有着无限的创造空间。而要把公共知识转化为个人知识，经验是必不可少的。这里的经验既包括在职教师经验的范例作用，也包括未来教师经验的自我体验作用。只有通过未来教师的自我体验，才能实现公共知识与个人知识的整合。三是要重视在实践中反思。实践是一种革命的批判的活动。反思既是实践的内在要求，也是未来教师专业发展的必由之路，没有反思就没有未来教师真正意义的专业成长，而这种反思是与实践紧密相连的。

“在实践中”是实践取向的场域性，是指未来教师专业发展的主场域是实践。具体地说，学校真实的教育情境是未来教师专业发展的现实土壤。首先，实践是教师专业成长的主场域。场域理论是社会心理学的主要理论之一，是关于人类行为的一种概念模式，它起源于19世纪中叶的物理学概念，是指人的每一个行动均被行动发生的场域影响，而场域并非单指物理环境而言，也包括他人的行为以及与此相关联的许多因素。布迪厄指出，任何一个社会场域都有隶属于自己的正统文化。它是区分场域内各行动者处于有利或不利地位的基本原则，是一种分类标准，置身于教学场域之中，实际上是对某种文化的适应。学校真实教学情境是教师专业发展的现实土壤。教师专业素养中最为核心的专业情意和实践性知识必须在真实的教育情境中才能形成，必须在充满情感、智慧的特定文化环境中才能发展，这种特定的文化环境就是真实的教学情境。其次，实践也是一种学习。认知心理学认为，学习是主体与环境相互作用所引起的能力或行为倾向的相对于持久的变化。[①] 实践中能够引起的能

① 皮连生主编. 学与教的心理学. 第四版. 上海：华东师范大学出版社，2006. 76

力或行为倾向相对于持久的变化经验就是学习。情感认知理论认为，真正的学习是“嵌入式”的，是发生在情境中、实践中的。在这种学习中，学习者彼此间的交往互动是最为重要的。

“为了实践”、“基于实践”和“在实践中”构成了未来小学教师专业成长的一条主线。

第二节　实践取向小学教师职前培养的基本含义

实践取向小学教师职前培养是指基于实践这个小学教师专业发展的生长点，借助大学与小学的深层协作，在大学学校教育状态下实施的培养合格小学教师的育人活动。其基本含义可以从四个维度加以理解：一是实践取向小学教师职前培养是育人活动；二是实践取向小学教师职前培养以培养合格小学教师为基本定位；三是实践取向小学教师职前培养把实践作为小学教师专业发展的生长点；四是实践取向小学教师职前培养是在大学学校教育状态下实施的。

一、实践取向小学教师职前培养是育人活动

我们之所以明确指出实践取向小学教师职前培养是一种育人活动，就是要防止把它当作一种单纯的职业训练。实践取向小学教师职前培养立基于未来小学教师的现有身心发展水平，把促进未来小学教师的发展作为自己的教育目标。这里的发展包括两个层面：一是未来小学教师作为常人的发展，一是未来小学教师作为专业人的发展。

在常人发展层面，实践取向小学教师职前培养将未来小学教师视做完整的人，并将促进其全面发展视为基本目标，努力培育其健康的身体心理素质、良好的思想道德素质和广博的科学文化素质，

使之学会认知、学会做事、学会生存、学会关心，具有丰富的知识、健康的个性、积极的情感和高尚的人格。尤其值得强调的是，实践取向小学教师职前培养充分观照当今时代对人才素质的基本要求，把养成未来小学教师良好的思想道德修养放在首要位置，把培养未来小学教师的学习能力、实践能力和创造精神放在突出位置[①]。其一，教师作为社会文化的传承人和未来新人的培育者，理应成为思想道德修养的典范。这是确保未来小学教师能让那些成长中的孩子“亲其师，信其道”的根本所在。其二，未来小学教师在应对21世纪知识经济、生存困境、生态失衡种种挑战、努力实现自身终身发展的同时，更肩负着教育未来儿童的艰巨使命，所以尤需良好的学习能力、实践能力和创造精神作为支持。

在专业发展层面，实践取向小学教师职前培养顺应国际教师教育的趋势，着眼我国教师教育理念的新发展，深层把握小学教师的专业特点，把促进职前小学教师的专业成长视为核心目标。

首先，实践取向小学教师职前培养把养成未来小学教师良好的专业情意放在培养的首要地位。教师的专业情意作为教师对教育、教学专业的一种深厚的感情，是教师业务素质的首要成分，是师德修养的灵魂所在。教师的专业情意对教师专业发展起着重要的定向、引导和推动作用。因此，实践取向小学教师职前培养力求在短暂的四年之内逐步养成未来小学教师的专业情意，具体包括不断激发积极的专业发展需要和动机，养成稳定的职业认同感和归属感、树立起明确而远大的专业理想，培育出教师所应具有的教师良心，养成鲜明的师爱和鲜明的童心等诸多方面。

其次，实践取向小学教师职前培养把养成未来小学教师合理的

① 《中共中央国务院关于深化教育改革全面推进素质教育的决定》：“实施素质教育，就是全面贯彻党的教育方针，以提高国民素质为根本宗旨，以培养学生的创新精神和实践能力为重点，造就‘有理想、有道德、有文化、有纪律’的、德智体美等全面发展的社会主义事业建设者和接班人。”在党的十七大报告中，“提高自主创新能力，建创新型国家”成为会议主题，报告共有56处使用到“创新”的用语；同时提出要建设全民学习、终身学习的学习型社会。

知识结构和良好的专业能力放在培养的基础地位。合理的知识结构和良好的专业能力是有效教学的重要保障，更是教师专业可持续发展的根基所在。因此，实践取向小学教师职前培养注重在理论教育与实践培养的相互促进中，引领未来小学教师充分地汲取小学学科专业知识、教育理论知识、一般文化知识和劳动与艺体技能知识，初步获得并积累较为丰富的实践性知识，逐步养成其小学教育能力、教学能力和教育研究能力。

第三，实践取向小学教师职前培养把养成未来小学教师的反思性实践品质放在培养的核心地位。在实践取向视域中，教师是反思性实践者。反思性实践不仅是教师专业发展所必须依赖的最基本方式，而且理应内化为其专业素养，成为一种现实的心理品质和行为品质，即反思的心理品质与实践能力、研究能力的统一。这种专业素养的现实养成，标明了实践取向本科层次培养的专业品质与专业特色。为此，实践取向小学教师职前培养把养成未来小学教师的反思性实践品质放在培养的高端地位，要求几乎所有的教育实践都必须具有反思性，并作为教师教育的一条主线贯穿起整个专业课程体系。

综上所述，未来小学教师的发展是实践取向小学教师职前培养所选择的最高教师教育价值。但值得强调的是，为实现这一价值，实践取向职前培养必须处理好未来教师全面发展与专业发展的关系。高等教育的本质属性是专业教育，但这种专业教育或许有使人的全面发展受限的趋势。诚如西方著名高等教育学家约翰·S·布鲁贝克在解释亚里士多德对吹笛子的看法时所说："要学会吹笛子的技能需要花费如此多的精力时间，以致有可能忽视了其他有价值的活动的危险"。[①] 有鉴于此，我们认为到任何时候广博的教育都不应低于某种专业教育，同样全面发展也不能受限于专业发展，两者只能

① ［美］约翰·S·布鲁贝克．高等教育哲学．杭州：浙江教育出版社，1987. 88

互促并进。事实上，越是趋近于全面发展的教师，越有可能是专业发展快、发展好的教师，越有可能是受学生欢迎的教师。进言之，真正的教师专业发展必须以其常人的全面发展为依托，真正的教师个体生命的全面发展必须以其充分的专业发展为标志。现实的问题在于需要找到能够支持其双重发展的教师教育土壤。在这方面，我们主张借助于专业教育的实践场域，为其生命的双重发展提供契机，开辟道路。

二、实践取向小学教师职前培养以培养合格小学教师为基本定位

（一）以培养合格小学教师为基本定位的依据

1. 促进教师专业发展是当前国际教师教育的趋势

自20世纪80年代初以来，促进教师专业发展逐渐成为国际教师教育的趋势。欧、美、日各主要发达国家均把促进教师专业发展，培养高质量的教师当做国家建设与发展的首要大事来抓。相应的，国际学界在如下四个方面达成了共识：其一，教师专业发展的最根本课题是教师专业素质及其实际教育教学水平的可持续提高，因为只有做到了这一点，才能切实保障教师队伍的专业性，才能为各国经济、社会发展源源不断地培养出高素质的人才；其二，教师专业发展的专业基础是基于日常教育教学经验的实践性知识，因此，促进教师专业发展应注重引领教师扎根并反思日常工作实践；其三，促进教师专业发展的有效途径是教师教育的一体化与专业化，不断改善教师的专业教育是培养培训高素质教师的可靠保证；其四，职前教师培养在教师教育一体化的总体教师教育格局中，应为教师专业发展承担更多责任，并与中小学校联合起来发挥作用。正是在这

一背景下，从20世纪90年代后半期起，我国教师专业发展及相关教师教育的理论研究与实践探索方兴未艾。相对于而言，小学教育在我国基础教育体系中处于最基础的地位，因而，促进小学教师的专业发展，培养高素质的小学教师，对保证21世纪整个教育系统的人才培养质量，具有非常重要的现实意义。由此，对小学教师职前教育进行相应的研究与变革理应是题中应有之义。

2. 小学教师专业发展必须达到相应的专业水准

小学教师是专业人员，小学教师是以其所从事的职业活动为自己的专业领域，而不是以其所任学科为其专业领域[①]，教育所关切的是如何涵养完整的人，而不是以传授某一学科领域的知识和技能为满足。[②] 这一专业定位从根本上决定了小学教师专业发展的向度，即小学教师必须达到相应的专业水准，具体体现在：①小学教育的基础性要求小学教师在为儿童提供思想启蒙与奠基方面理应具有高度的专业性；②小学教育职业活动的长期性、复杂性、艰巨性要求小学教师理应达成相应的胜任力；③小学生的年龄特点决定了小学教师教学行为必须符合小学生心理发展水平，其教学活动也更应讲究教育教学技能。这就进一步要求小学教师在专业素质上理应体现出有别于中学教师的独特性，主要表现在：①专业情意的鲜明性，即小学教师必须具有鲜明的师爱和鲜明的童心；②专业知识的综合性；③专业能力的复合性。[③] 使小学教师具备上述独特的专业素质从而使之成为真正意义的专业人员，应是小学教师的专业发展方向，同时也应是职前小学教师教育的核心目标。

3. 基础教育新课程改革对未来小学教师的诉求

小学教师的专业发展作为小学教师持续发展、自主更新的生

---

① 刘捷．专业化：挑战21世纪的教师．北京：教育科学出版社，2002.65

② 吴秋芬．教师专业性向与教师专业发展．教育研究，2008（5）

③ 关文信．小学教师专业特点及本科小学教师培养思路研究．海南师范学院学报（社会科学版），2005（5）

命历程，应与当前我国新课程改革的深入推进相配套。新课程改革视野下，课程与教学是一种变革，这种变革的过程就是课程与教学的调适过程，教师就是这种变革的操作者。要很好地推进这种变革，小学教师需要及时地扩充角色范畴，做文化人、知识人、学习者、研究者、合作者、促进者、课程开发者，不仅要立足前所未有的道德高度恪守专业伦理，不断完善自身人格，更要具备合理的知识结构和良好的专业能力，尤其是反思能力、实践能力和研究能力。显然，新课程改革对小学教师专业发展提出了更高的素质要求，无疑，这意味着职前小学教师教育质量与培养规格必须相应提高。

4. 本科层次职前小学教师培养是植根于大学文化的

建国以后，我国小学教师的培养使命在相当长的历史时期内由中等师范学校承担。从其培养功效看，中等师范学校也确实为我国小学教育的发展提供了大批合格师资。但是，从上世纪 80 年代初开始，教师专业化及教师专业发展渐趋成为世界教师教育的潮流，对小学教师的学历要求越来越高，同时，国内经济、社会发展也对此逐步形成了明显的社会需求，中等师范学校由此退出历史舞台，高学历小学教师培养的理论与实践探索也由此开始。在经历了 1984 年到 1997 年间的专科学历小学教师培养试验期以后，本科层次小学教师的培养得以快速发展。小学教师本科层次培养探索的快速发展，一方面使人欣喜地看到了本科层次的专业优势，另一方面也使人忧虑地看到了它的突出问题。

小学教师本科层次培养在大学文化、优势师资、培养年限乃至整体培养环境等诸多方面确实存在着明显的专业优势[①]，这也是它

① 国内一般认为这种专业优势主要体现在本科教师教育的理论教育方面。我们认为，专业优势的实质是本科教师教育自身所具有的优势条件或资源的总和。本科培养年限是为教育实践提供更为充足时间资源的重要条件。专业优势有可能转化为人才成果整体素质或素质某一方面的优势，但并非必然如此。

区别于中师和师专的独特之处。大学文化充满学术理性，大学师资队伍的整体科研素质相对较高，大学四年培养年限可以为小学教师深入学习专业知识并亲历小学教学实践、汲取实践性知识提供更为有利的条件，大学培养环境的学术气质和开放性特征是中师和师专所不能企及的。可以说，本科层次培养的专业优势既有学术性的方面，也有师范性的方面，是两方面的有机统一。因此，本科层次培养理当相应提高培养规格并优化自身的人才培养功能。这就意味着其不仅要提高未来小学教师的学历，因为这只是专业发展的外在形式而已，更主要的是要相应提高其专业素质，使之能够达成合格小学教师的基本专业水准，入职即能胜任其所面临的小学教师的工作任务。显然，仅仅满足于自身具有专业优势是远远不够的，本科层次培养只有将上述专业优势充分地发挥出来，才能真正实现目的。

但事实并非如此，其中主要是高师院校在师范性方面的专业优势发挥不足，这一点突出表现在本科层次培养没有从长达四年的培养年限中规划出足够多的时间及相应的人力、物力，来专业引领未来的小学教师投身教育实践。其原因有四点：一是 20 世纪 90 年代国内教师教育研究相对于滞后，小学教育专业建设也缺乏必要的理论支持；二是新办本科小学教育专业在起步之初没有现成的培养模式可供借鉴；三是伴随三级师范教育向两级师范教育转轨，小学教育专业逐步升格，中师消失，中师优良的实践育人传统随之消失；四是实践育人本身其实就是一个至难的课题，单单在校内搞一点实践教学都很不容易，更不必说走出校外深入开展实践。

综上所述，实践取向小学教师职前培养明确提出以培养合格小学教师为基本定位，正是在科学理解小学教师的专业性的基础上，为有效解决本科层次培养存在的上述问题，满足现实的紧迫需要，实现自身的培养功能而作的重要努力。

（二）以培养合格小学教师为基本定位的内涵

在实践取向小学教师职前培养的视域中，“合格小学教师”具体是指经历四年本科培养[①]，在学业成就上达到本科毕业所规定的学业水准，在素质上全面发展，一专多能，特色鲜明的小学教师。

我们认为学习经历及学业成就达标是“合格”的基本条件，但学习经历、学业成就达标在专业意义上并不一定等于一名教师在素质上合格，尤其是他的专业素质合格。其实，合格主要是对未来小学教师的专业素质而言的，是对其专业素质结构提出的基本要求。

这里面有三个问题需要认真思考一下：（1）教师需要具备什么样的素质结构尤其是专业素质结构；（2）小学教师专业素质结构具有怎样的特殊性；（3）小学教师的专业素质结构需要达到什么样的专业水准。其中第一个问题，我们已在第一章论及，这里不再赘述。

1. 小学教师专业素质结构的特殊性

（1）专业情意具有鲜明性。与中学教师相比，小学教师专业情意除了具有教师专业情意的一般性以外，还具有自身的特殊性。当我们把小学教师与儿童身心发展特点、发展需要联系起来，发现小学教师必须在专业情意上满足儿童强烈的向师性，适应儿童的思维方式和行为方式。因此，小学教师必须具有鲜明的师爱和鲜明的童心。具有鲜明的师爱和鲜明的童心，应是一个专业情意健全的小学教师的最基本的特征。鲜明的师爱是小学教师专业情意的核心，鲜明的童心是小学教师所特有的一种专业性格，也是展现或表达其鲜明的师爱所必须依赖的形式。与中学教师相比，小学教师在专业情意上不但要有爱心，而且必须鲜明，因为只有一下子就让孩子感觉到教师的关爱，才能打开孩子的心灵之门。鲜明的师爱与鲜明的童

---

① 含跨年级选修，经考评合格，三年期准许毕业。

心是对儿童思想进行启蒙的先决条件，同时也是最好的启蒙。

（2）专业知识具有广域性与综合性。一是总体知识结构的综合性。小学教师应该具有小学学科专业知识、教育理论知识、一般文化知识和艺体与劳动技能知识。更重要的还不是简单拥有这些知识，或者将这些知识条块分割式地堆放在未来教师的脑海中，而是要经过实践，真正建立起不同类型知识之间的互补与转化关系。只有知识之间实现互补与转化，才能达成实质意义的综合。

教师总体知识结构的互补与转化关系包括：教育类各学科基础知识与心理类各学科基础知识之间的互补；一般科学文化知识和学科专业知识的互补；小学学科知识、学科课程与教学论知识之间的必然关联与转化；艺体知识、学科课程与教学论知识之间的互补关系；教育心理学类知识、学科知识与教学法知识之间的总体关联。

二是学科知识的综合性。做教师就要求学科知识的综合性，但小学教师需要达成的综合性要求更高。目前国际课程改革在课程结构的变革方面突出强调综合性，已成为一种趋势。这就要求小学教师在学科知识要达成综合，至少要能教两门学科，并向能教多门学科发展。由于本体性知识难度较低，事实上使很多小学教育管理者在实际分配工作任务时，在主观意愿上有要求未来小学教师跨学科教学的管理趋势。这意味着小学教师在学科专业知识方面必须达成综合性。

三是专业知识的广域性。在综合的基础上，小学教师在专业知识总体结构的外延方面要具有广域性，主要体现在一般科学文化知识的广域性、向艺体与劳动技能知识适度延伸等两个方面。

一般科学文化知识的广域性是任何学段的教师都要具备的素质条件，但由于小学儿童具有近乎本能的、天然的好奇心和求知欲，更要求教师能够在“知”而不是“解”的层面具有广域性，并且需要他们以一种快速的、形象的、通俗易懂的方式表达出来。

向艺体与劳动技能知识适度延伸，既是小学教师自身发展的需要，也是小学儿童身心发展的需要。小学教师不但要使自身发展成为健康的人、审美的人、爱劳动会创造的人，更要在立德启智、健体审美、劳动创造等多个方面为儿童的生命发展奠基。这就要求小学教师必须具备一定的艺体与劳动技能知识。此外，掌握一定的艺体与劳动技能知识，也将有助于达成教学心理化。在某种程度上，小学教学更需要、更适合以直观形象、艺体结合、贴近生活的方式进行。当然向艺体与劳动技能知识的延伸不是无止境的，本科层次培养不能像过去个别中师那样，过于重视艺体技能，甚至就把未来小学教师的专长窄化为艺体技能专项特长，这显然是不合适的。

（3）专业能力具有全面性与特长性。专业能力的全面性是指小学教师的角色范畴比之中学教师往往更大，一身多职是常见的现象，在很多小学，由于人力资源的匮乏和人事制度的制约，班主任、后勤人员、任课教师、心理辅导人员，常常就是一个人，这个人或许还要同时任教多门课程。这也就要求小学教师的专业能力应具有全面性。

专业能力的特长性，比之中学教师，小学教师在基本功、艺体和劳动技能方面要具有更突出的能力表现。例如，小学儿童的表达习惯、书写习惯直接受到教师很大的影响。小学教师的板书，那就是小学儿童的写字范本。此外，信息化、全球化的趋势，要求小学教师在信息技术使用、双语教学方面要迎头赶上教育形势。

2. 小学教师专业素质结构的专业水准

小学教师必须达到相应的专业水准：高专业性。其原因在于：一是小学教育的基础性要求小学教师在为儿童提供思想启蒙与奠基方面理应具有高度的专业性；二是小学教育职业活动的长期性、复杂性、艰巨性要求小学教师理应达成相应的胜任力；三是小学生的年龄特点决定了小学教师的教学行为必须符合小学生的心理发展水平，其教学活动也应更讲究教育教学技能。

从专业知识的角度看，这种高专业性应集中体现在小学教师所拥有的实践性知识的丰富程度和机智程度上。这是因为小学教育教学对小学教师的知识结构有一个比较特别的规定性，这就是马鞍形的知识结构[①]。因为小学学科知识在结构上比较简单，难度上也不大，但在为什么教、教的是什么人、怎么教等一系列教育心理类问题上存在着高难度。因而要求教师必须具有相当复合程度、相当专业高度的条件性知识；但值得注意的是，对条件性知识的利用是不能脱离具体情境的，条件性知识也只有在具体的实践情境中才能发挥功效。这就转而在实践性知识这一极上提出了较高的要求。尤其在面对具体的课堂教育教学情境时，需要小学教师具有相比中学教师更为丰富的实践性知识并呈现出相应的灵活性，这是由小学儿童的身心发展水平及其特点决定的。教学心理化或许只是一个需要解决的基本课题，小学儿童形象思维的跳跃性、有意注意时间短、行为易动等特征，决定一名优秀的小学教师必须具备教育机智。

综上所述，我们提出了如下专业标准：全面发展、一专多能、特色鲜明。我们认为有了这三条，就具备了基本的入职胜任力，就是一名合格的小学教师。衡量一名新教师是否合格，最终还是要看他的入职胜任力，既看他能否胜任小学多门学科的教育、教学任务，又看他是否能胜任小学各年级的教育、教学任务。这个要求一方面规定了在专业水平上的最低限度，这个限度就是要能适应实际教育教学，另一方面又规定了在职业活动上的适用范畴，那就是入职初期，只要能达到顺利、有效教学即可，所谓顺利，就是能适应一线工作；所谓有效就是符合教育教学行为基本规范，能保证教育教学的正常开展，能有效达成最基本的教育教学目标。

全面发展、一专多能、特色鲜明就是实践取向小学教师职前培

① 马鞍形知识结构是指对小学教师而言，教学本体性知识的难度较低，处于两侧、用以支持本体性知识教学的条件性知识和实践性知识，难度较高。这样，由三类知识形成的总体知识结构就呈现出两侧难度高、中间难度低的特点，有些类似于马鞍，故名之“马鞍形知识结构”。

养的人才培养规格。

（三）以“培养合格小学教师”为基本定位的要求

“培养合格小学教师”的基本定位一经确立，对实践取向小学教师职前培养（本科层次）提出了不同以往的要求。

1. 实践取向小学教师职前培养应确保培养质量

要使未来小学教师的专业素质达成相应的专业水准，真正具备鲜明的专业情意、综合的专业知识和复合的专业能力，也能确保未来小学教师的入职胜任能力，使之能够切实满足未来工作需要，胜任小学日常教学与管理工作。

2. 实践取向小学教师职前培养应凸显出自身的培养优势

实践取向小学教师职前培养在未来小学教师素质养成方面与中师或大专层次有所区别。这种区别，首先，体现在未来小学教师专业发展的自主意识和成就动机上；其次，体现在文化知识、本体性知识、条件性知识的掌握广度、理解深度和运用的灵活性上；第三，体现在教育实践经历及其所获得的实践性知识的丰富程度上；第四，体现在反思性实践能力的养成上。本科层次小学教师培养在专业引领未来小学教师形成并运用反思性实践所需的学术意识、研究意识、理论框架、科研方法和常态化、自主化的教育实践方面，显然具有自己的优势，这种优势的发挥将为未来小学教师的专业发展提供重要的推动力。简言之，实践取向小学职前教师培养应该专业化。

三、实践是未来小学教师专业发展的生长点

实践是未来小学教师专业发展的生长点有两重含义：首先，实践是促进未来小学教师专业发展的根本动力；其次，实践在促进未

来小学教师专业发展方面具有至为根本的教育功能。

（一）实践是未来小学教师专业发展的根本动力

发展必有动因。准确地说，是既有内因也有外因，是内、外因交互作用的结果，但内因是发展的根据，外因是发展的条件，外因只能通过内因起作用。这是事物发展的规律。教师专业发展也是如此。然而，关于教师专业发展的动因究竟是源于内还是源于外的问题，却至今众说纷纭。有人主张教师的才能是天赋的。如美国学者哈里·道（Dawet H. a.）认为，教学是由有特殊天赋的人所做的表演，能做这种表演的人并不多。这样的才能是天生的，单靠聪明、意志力量的专门训练达不到中等以上的水平。因此，他主张，把那些具有教师天赋并希望成为教师的人，集中在“教学工作室”(studio)，在那里，他们的教学天赋可以得到评价和训练[①]。这种看法或许自有其道理，在民间文化和常识层面，也确实有很多人是这样看待教师才能的。但是从总体上看，完全指望“天生”、“内发”是不现实的，也从根本上抹杀了外部环境的影响，尤其是必要的专业教育对尽早尽快发展教师素质及为教师的专业性提供基础保障方面的重要作用。

“内发论”行不通，于是，人们走上了另一个极端，主张教师的发展主要甚至只能依靠外在力量，即主要依靠理论化的教育和培训。这种看法的背后隐藏着这样一种假设：教育教学是一种技术性的工作，解决这种技术性问题必须依靠理论，因而，教师的发展需要更多地依赖于理论化教育和培训。这种假设反映在教师专业发展的理论取向上就是理智取向。现在看来，这是一种典型的“外发论”观点，这种观点曾长期主导着国内外的教师教育，更深刻地影响着我国师范院校的教师教育制度和培养实践，主要表现在如下几

① 参阅赵昌木．论教师成长．高等师范教育研究，2002（5）

个方面：（1）理论性知识及理论教育在职前教师教育的观念结构、制度系统与实践逻辑中占支配地位，师范生在职前阶段的学习几乎等同于理论学习；（2）教育实践退居二线，成了理论教育可有可无的助手，因为所谓实践只不过是对所学理论的印证，与此相一致，一线教育教学对经验的强烈需求以及经验在确保有效教学、教师专业发展方面的重要功能未能进入职前教师教育者的视野。

内发论或者外发论的失误是将各自的立场极端化了，但这还只是问题的表面，深入地看，是因为他们都没有搞清楚内因、外因对教师发展是怎样起作用的。事实上，内因固然是发展的根本条件，但它起作用时只能借助于实践；而外因要想依靠内因起作用，也必须依靠实践；内、外因要想达成彼此之间的相互作用进而两相结合、共促发展，更是离不开实践。从根本上看，无论内因还是外因，都只是为发展提供了某些可能，要想使发展由潜在状态转化为实现状态，唯有借助实践。进言之，实践本身是一个关于内因与外因、主观与客观、人与环境如何结合并如何互动的综合范畴。这个范畴使各种因子、各种条件紧密关联从而对发展起到根本性的推动作用。相对于未来小学教师的专业发展而言，正是实践使未来小学教师所受的教育及其他外部影响，与其业已达成的主观条件紧密地联系起来，使之共同作用于他自身的发展。实践是内、外因作用于未来小学教师专业发展的聚集点，也是推动未来小学教师专业发展的直接而现实的决定性力量，实践是未来小学教师专业发展的根本动力。

在推动未来小学教师专业发展的具体的“发展效应”方面，实践一方面为未来小学教师的专业发展提供外部动力，因为实践内在地包含着社会进步、教育发展对未来小学教师提出的角色期待、行为规范以及小学教育教学实践对其提出的专业要求；一方面为未来小学教师的专业发展提供内部动力，使其在参与一线教育教学实践的过程中，逐渐形成对教育教学的丰富的情感体验和专业上的自我认知，真正激活了他们对自身专业发展的内在需求。正是在实践的推动下，未来小学教师与外部教育环境之间不断实现深层的互动，他们的主体性因此得到了不断的发展、完善和确证，其生命状态也逐渐由自在走向自为，由自为走向自觉。

（二）实践在促进未来小学教师专业发展上具有根本性的教育功能

在实践取向视域中，小学教师专业发展应是这样一个过程，即小学教师在自身与小学教育环境的积极互动中，借助于一定的生存、工作与发展方式，不断认知、拓展自身专业领域，从而不断提升自身专业素质的生命历程。相对未来小学教师而言，其专业成长其实就是未来小学教师专业领域、专业素质、专业方式的统一发展、共同发展的过程，宏观地看，它们几乎是同期开始的。和工作几年的普通教师、工作多年的专家教师相比，这也是未来小学教师在教师专业发展境域上的特殊性。

这里的专业领域不仅需要在理论上打开，更需要在实践上走进。相对未来小学教师个体而言，专业领域不仅需要在理论上得到全面的认知，更需要通过实践实现个性化的创生。否则，在实现专业发展的现实性方面将是远远不够的；至于这里的专业发展方式，更不是现成地摆在那里，让他拿过来就用的，而是必须经历一个必然的学习和形成过程。他实践了，就走进了，在大学专任教师与小学一线指导教师的协助和指导下，他将慢慢地学会反思，慢慢地学会了改进自己的教学实践，他所熟悉的职业活动自然也就开阔了，他自身的专业成长也就逐渐呈现出了良好的发展势头。如果不是这样，光是将他们拘束在大学理论课堂里，老是在理论的圈子里转来转去，同时又一心期盼着其专业素质的提高，又有什么用呢？因而，职业活动、专业素质、专业方式处于统一发展、共同发展的生长状态中，即理解“实践是未来小学教师专业发展的生长点”的现实语境。这一点主要体现在其创生未来小学教师的专业领域、培育其专业素质以及养成其专业发展方式等三方面。

1. 创生未来小学教师的专业领域

小学教师的专业领域就是其所从事的职业活动，具体而言，是由其所从事的教育、教学、管理及科学研究等系列活动构成的职业活动范畴。这个领域的形成，显然得益于小学教师的“从事”，也就是他们的实践。离开了实践及其具体的过程，一个人就没有办法真正认知、拓展并拥有他作为小学教师的专业领域。就未来小学教师而言，实践就是创生其专业领域的“犁铧”。

实践使未来小学教师现场参与并逐步学会了如何面对、开展自己的职业活动。伴随这些活动的深化、熟练化、系统化，未来小学教师与小学教育教学实践场域中的各种要素、各种情境以及系列丰富的教学经验建立起紧密的联系，小学教育的本相由此慢慢地在未来小学教师的心灵深处突显出来，进而形成其专业领域的雏形。其一，实践使他们真正接触并不断认识了小学儿童。他们很快发现，儿童远不是心理学教材中所描述的抽象的观察、实验对象，而是一个个真实的、鲜活的生命，同时也是一道道棘手的难题，更是一曲曲爱的感召。其二，实践使他们真正接触并熟悉了小学教材，从而使他们真切感受到：看似简单的小学学科知识一旦提升到课程与教学层面，仍然存在着诸如目标确立、知识选择、知识呈现以及确保知识体系性等方面的难题。要想克服这些难题，一般性地了解教育教学专业知识还是远远不够的，还必须做到学以致用、活学活用、学用结合。其三，实践使他们置身于课程与教学的“低湿之地”①，从而真切感受到小学教育教学实践的复杂性和难度。教学工作的“回归性”、“不确定性”和“无边界性”② 是未来小学教师必须面对的，尤其是儿童自身的生命复杂性以及由此带来的对儿童身心发

---

① ［日］佐藤学．课程与教师．北京：教育科学出版社，2003. 240

② ［日］佐藤学．课程与教师．北京：教育科学出版社，2003. 213

展的适应问题、教材心理化问题，更在无形中砥砺未来小学教师不断认识和把握自身与小学生、与外界环境的内在联系，并根据教学实践之需，沿着专业发展的方向，进一步地去学习理论、汲取经验。其四，实践使他们不断开展自我内对话，从而有机会认识自身的主体性。实践使他们苦恼、失落，但同时也使他们兴奋、欢喜，因为正是实践使他们真切地感到自己不是被简单地“投放”到此境中，而是主动地甚至创造性地“行动”在此境中：破解教学的遗憾，最终还要依靠自己。这种体验本身，就是在形塑其专业自我。其五，实践使他们与一线教师积极互动，从而认识到了教育教学实践经验的巨大价值。一线指导教师手到病除，这让他们惊讶，更让他们感到经验是一名合格小学教师必须具备的无形的精神财富。

简言之，实践最终使未来小学教师获得了一份宝贵的从教经历。正是这份经历，将未来小学教师与小学儿童、三尺讲台、教学事件、小学学校、教育理论、学科知识等要素及其价值紧密地联系在一起，为其终身专业发展提供了一个早期的精神家园。从根本上说，经历的过程正是未来小学教师专业领域的创生过程。

2. 培育未来小学教师的专业素质

（1）实践是养成未来小学教师良好专业情意的现实途径。鲜明的专业情意对未来小学教师而言，既非与生俱来，也非入学之始就已经具备，更非封闭在大学校园内，单凭空洞的道德说教所能奏效的产物。师爱的培养与童心的回归显然需要走过一段切实的培养历程。这里面似乎有这样一个很感性但很实用的规律：感情的养成不能靠灌输，只能靠接触、习染与感动。因此，对小学教师专业情意的培养，只能借助于丰富的、常态化、自主化的实践。因为只有实践才能使未来小学教师更多地接触儿童，接触工作，接触名师，接触生动鲜活的小学教材。接触就是认同教书育人巨大价值的过程，也是爱心与童心潜滋暗长的过程。实践多了，接触多了，“万世师表”的真义也就在他们的心灵深处浮现出来，他们这才发现：孩子的微笑才是世界上最美好的、最宝贵的，也是最值得用自己的整个生命去珍惜的。

（2）实践是未来小学教师获取实践性知识进而形成合理知识结构的最根本途径。实践性知识的来源有三：一是教师对教育基础理论知识和学科专业知识的个体化理解、吸收与重组；二是教师基于对教育教学实践问题的思考与总结以及对实践情境的机智应对，从而不断提升个体经验；三是教师之间的交流与学习①。这三个来源的契合点就是实践。事实上，教育教学理论、学科专业知识、自我及他人实践经验都不能直接地、简单地被划归为实践性知识的，而务必经过实践对它们的转化，实践是最好的消化系统，否则，就像人吃了很多面包但并不果腹一样，因为面包没有转化，吃得再多都不会获得营养。

此外，实践本身也是检验未来小学教师专业知识结构是否完备、是否合理的标尺。具备了一定的理论知识，对教育教学有了初步了解的未来小学教师，尽管他们在一定程度上对教育教学及自己的相关能力持有乐观和激情，但一旦到了实践面前大多会遭遇意想不到的冲击，这里的根本原因就在于他们缺乏一定的实践性知识。与此同时，很多人也会深感理论知识及一般文化知识的匮乏。实践的这种检验，促使未来小学教师更为自觉地投身实践、学习理论、汲取一般文化知识，从而使自身的专业知识结构在知识经验的多向建构中趋于完备、走向合理。

（3）实践是养成未来小学教师专业能力的最根本途径。教师的专业能力不是在书斋中生成的，而主要是在实际从事教师工作的过程中形成、发展并表现出来的；越是具体的教师专业能力，越是需要与具体的教师专业活动联系起来。从教师专业能力的养成过程看，实践发

① 关文信，李伟诗．职前教师教育新模式：教师成长协作团．东北师范大学学报（哲学社会科学版），2007（1）

挥着不可或缺、不可替代的重要作用，主要表现在以下四个方面：①激活未来小学教师潜能的发展趋向。未来小学教师在面对真实而复杂的实践问题时，自身潜能的发展趋向具有更多被准确体认和有效激活的可能。②激发未来小学教师具备某种专业能力的意愿。实践往往使未来小学教师一方面感到自身业务能力的不成熟和欠缺，另一方面能从一线小学教师身上看到得心应手的妙处，这在一定程度上激发起未来小学教师想要具备某种专业能力的意愿。③促进专业知识向专业能力的转化。专业知识是形成专业能力的必要条件，但有了一定程度的专业知识不等于就有了某种现实的专业能力。要想发展出专业能力，一个重要途径是依靠实践来转化专业知识。④促进能力结构的完善。实践使人长短毕现，也使人在自我反思、请教专家与同伴交流中取长补短，实现多元能力指标均衡发展。

3. 养成未来小学教师的专业发展方式

"反思性实践"是教师的基本专业发展方式，这已是当前学界的共识。之所以说它是基本的，是因为：①它对教师整体素质的提高起支持性作用。它促进教师不断地回过头来学习理论性知识，更为深入地实践以汲取实践性知识，它更促进教师不懈地追求教育实践的合理性、有效性。正是在这一过程中，教师的专业情意、专业知识、专业能力得到了全方位的滋养。②它切中了促进教师专业发展的高层目标。因为它更关注教师行为的改善，这就把关注学习和行为变化的思想和行动整合起来，以实现比知识获得与技能养成层次更高的专业发展目标。观念的改善只不过是个前提，行为的改善才是真发展，因此，它在促进教师专业成长方面，发挥着比单向的理论学习更为根本的作用。③它通过提高教师个体水平进而提高组织水平。这种方式的特殊性在于交流与合作。教师们不仅作为实践个体而且作为研究个体介入组织内部的多边民主对话，在组织背景内承担研讨责任，表达自己的信仰、问题、经验和教训，从而以个人的有效行为提升组织行为的水平。

之所以说它是专业的，是因为首先它将教师从对公共知识的盲从中解放出来，让他们既做台上的演员又反身来做自己的评论者，通过公共知识与个人知识的综合利用来审视自身行为背后的自我意识。其次，它有独特的运行机制：联动循环机制。这种联动循环机制来自其独特的组织结构，即“经验 + 反思 + 经验”。经验与反思之间是联动、循环推进的，经验了不反思，教师不会发展，反思了不再次经验，教师还是不会发展，经验了就使反思有了最生动的对象，反思了就使经验获得了更高的理性认识。正是这种联动循环机制，确保了教师距离教育实践的合理性、有效性越来越切近了。

这样基本的、专业的发展方式，显然并非与生俱来，而是首先需要未来小学教师去学习、去慢慢地养成。实践是他们学习、养成这种方式的最基本途径。带有行动气质的反思性实践就像教小学生写作文一样，不论理论上对机制、方法讲解得多么好，但最终只能在未来小学教师的躬身实践中学会。

四、实践取向小学教师职前培养植根于大学文化土壤之中

实践取向小学教师职前培养主要是在大学学校教育状态下实施的小学教师教育形态，它植根于大学文化的土壤中。这种大学学校教育是一种特殊的育人环境。

（一）大学学校教育是未来小学教师成长最好的人文环境

1. 大学学校教育具有鲜明的学术性

大学是社会主要的学术机构，是开展学术活动的主要场所，大

学的根本属性就在于学术性。学术是人类对自然、社会及人自身真谛的求知活动过程及求知活动结果。沿着忠实于真理的方向探求高深的知识，是学术活动作为一种高级理性认识活动不证自明的目的。由此出发，大学的根本属性在于学术性的要义，包括如下两个方面：

一方面，以追求真理为宏志的学术事业是大学的重心。真理永远不是先行完成的；历史地看，追求真理始终是社会对大学的瞩望。尤其在知识生产、技术变革与大学关系越来越紧密的今天，如果大学不能在追求真理的道路上有所创新、有所前进，那么，大学就将丧失其存在的最根本理由。在这个意义上，追求真理不仅是大学的崇高使命，更是大学生命的真谛。这就要求大学应坚持不懈地致力于高深学问的研究，即要求大学坚持以理性为主导，借助自由、自主、创新的学术活动，对世界的未知领域，尤其是对存在于自然、社会及人本身的那些最令人困扰的问题不断进行尽可能深入的思考与探究，从而不断形成并获得深刻而系统的真理性认识。大学这种致力于高深学问的学术研究，“本质上是超越国界的、人类探求真理的普遍的创新活动”①。这种创新活动不但有助于不断促进大学向未知开放、向真理迈进，也有助于大学不断提升自身的学术声望与社会地位，不断打磨自身开放、自主、超越的学术文化，从而使大学在承载求真、批判与启蒙等基本责任方面发挥出更大的效能。

另一方面，学术是大学功能得以全面实现的内在依据。大学具有人才培养、科学研究和服务社会三项功能，这已是学界共识。大学这三项功能的实现，无一不是以学术为内在依据的。人才培养要基于学术、传承学术，科学研究要继承学术、发展学术，服务社会要应用学术、推广学术。这一点诚如我国学者康翠萍所言，“学术性是贯穿大学组织活动的始终并决定和支配大学一切活动进程的根

---

① 韩延明．大学理念论纲．北京：人民教育出版社，2003. 235

本之所在”。[①]

单就人才培养而言，学术更是大学学校教育赖以植根的土壤和赖以发展的生命线。“没有学术性，大学的教育性也将因此变得毫无意义而不复存在”[②]。植根学术，依托学术，大学得以不断地充实知识的圣殿，不断地开创开放、自主、协作、创新的学术氛围，不断地开展科学有序、丰富多彩的学术训练，这就使大学在为高级人才的成长提供价值引导、奠定学术文化底蕴、打牢专业知识基础、养成创新精神与实践能力、打开研究视野等诸多方面，具备了有利的教育环境和条件。正像纽曼在其《大学的理想》一书中所指出的那样：“他们（指大学生）只要生活在那些代表全部知识的人群中间，并受到后者的指导，他们就会获益匪浅。……学者们云集大学，……这样，就形成了一种纯洁清澈的思想空气，学生也呼吸这种空气，虽然对学生来说，他们仅仅学习众多学科中的少数几门。学生得益于一种理智的传统，而这种传统并不依赖于特定教师……这也是大学对待学生的主要目的。”[③] 从某种角度看，大学能够为大学生提供的最好的教育，其实正是那种学术性的滋养与引领。

我们坚持实践取向小学教师职前培养在大学学校教育状态下实施，就是要使小学教育专业立基于大学学术，从而为未来小学教师的专业成长创造良好的教育环境和条件。21 世纪诉求的是研究型小学教师。勿论遥远的将来，即便在当前，人们也已认识到这样一个事实：一名教师能否结合自身工作实际，持久地、有效地开展教学反思与科学研究，将直接影响到小学教育教学质量的高低。这就要求实践取向小学教师职前培养必须为师范生打下良好的学术研究根基，即具有献身真理、勇于批判的学术精神，具有开阔的文化视野和精深的专业知识，具有独立思考和行动研究的专业能力。要达成

① 康翠萍．大学的根本属性在于学术性．中国高等教育，2007（20）：63

② 高军．大学学术性与大学制度建设．南通大学学报，2007（1）：27

③ ［英］纽曼．大学的理想．徐辉中译．杭州：浙江教育出版社，2001. 81

这一目的，实践取向小学教师职前培养就必须植根并依托于大学学术。显然，做到了这一点，实践取向小学教师培养也就有了得天独厚的教育优势。

2. 大学学校教育具有厚重的文化性

大学本身就是一种文化存在。大学是人类文化发展到一定历史时期的产物，同时又伴随人类文化的变迁而不断改造自己的精神面貌。非但如此，大学更在长期办学实践的基础上，积淀和创造了自身独有的文化即大学文化。大学文化是其精神文化、制度文化和物质文化的总和，这些文化的不断凝聚使大学拥有了深厚的文化底蕴，同时也使大学在人才培养、科学研究和服务社会等三个方面具备了其他社会组织难以替代的功能优势。大学文化的内核是它的精神文化，主要体现在大学的办学理念、群体意识、价值观念、思维方式、专业知识、行为习惯、精神环境和文化氛围等多个精神侧面、多种精神因素及其内在联系上。大学精神文化是大学在继承优良文化传统的同时对其不断进行批判和创新的产物，因而大学文化在整体的社会文化中具有独特性和先进性。发展到今天，以科学、民主、创新为基本特征的大学精神文化已经构成了大学教化育人、文化创新等核心能力的基石。

以文化人、使人文化是大学学校教育的独特育人机理。文化（culture）与培育、养育（cultivation）本是同源词，文化性本身就意味着教育性；以文化人、使人文化正是大学学校教育的独特育人机理。以文化人是说大学文化在实现育人这一本体功能时具有手段意义，大学只有借助大学文化，即以物质文化为依托，以制度文化为保障，以精神文化为核心，才能达成对人的熏陶、引导、规范、激励和塑造；使人文化是说大学学校教育使人“向文而化”，通过接受大学教育，走进大学文化，人逐渐获得了社会文化所认可的角色、知识、价值观念和行为方式，实现了充分的社会化，同时也发展起自己的精神世界和价值系统，成为受过教育的、有教养的、个性化的人。总之，在“以文化人、使人文化”这一机理的作用下，大学学校教育最终达成了教化，不仅提高了人的素质，而且传承并创新了文化。

我们坚持实践取向小学教师职前培养在大学学校教育状态下实施，就是要使小学教育专业深深地植根于大学文化。在21世纪，专业化是未来小学教师的必然走向，比之前专业化时代的小学教师，未来小学教师需要在教师“伦理”、“知识”、“自主权”及“责任”等专业化指标上达成更高的水准，这就迫切要求小学教师教育要首先自觉提升培养层次与培养规格，走上专业化教育之路。小学教师培养大学化从而使小学教育专业植根于大学文化，正是对这一诉求的及时因应。借助大学自身卓越的价值、先进的理念，专业的知识、科学的制度、批判的精神以及优美的环境、和谐的氛围，未来小学教师的专业成长获得了强有力的专业支持。这种支持对涵养和打造未来小学教师的高专业素质显然是不可或缺、不可替代的。坚持在大学学校教育状态下实施小学教师教育，就是要充分发挥大学文化卓越的育人功能，从而实现小学教师教育专业化，全面提升未来小学教师的专业素质。

（二）大学学校教育在促进未来小学教师专业发展上起主导作用

大学学校教育的这种主导作用具体体现在引导未来小学教师专业发展方向、为未来小学教师的专业可持续发展奠基两个方面。

1. 引导未来小学教师专业发展方向

大学学校教育具有开阔的国际视野、显著的学理优势和优良的教学传统，这就决定了它能够自觉顺应国际教师教育趋势，把促进未来小学教师专业发展、培养高素质小学教师始终作为自己的努力方向，并系统地构建起实践取向小学教师职前教育的目标体系，这一目标体系的科学确立和逐步落实，能够对未来小学教师的专业成长起到有力的定向、引导和激励作用。此外，它也能够通过实施切实、有效的理论教育和实践教育，在观念上对未来小学教师的专业成长进行全程、有序、有效的引导。

2. 为未来小学教师的专业可持续发展奠基

教师的专业可持续发展离不开一定的专业基础，即离不开一定的专业情意基础、专业知识基础和专业能力基础。大学学校教育能够在打造三大基础、促进教师专业可持续发展方面发挥充分的奠基作用。

（1）为专业可持续发展奠定专业情意基础。大学学校教育作为一种专业化的教育，能够为未来小学教师专业情意的初步养成奠定坚实的基础。具体而言，大学学校教育能够使未来小学教师逐渐认同小学教师专业的基本价值、比较全面地形成自己对小学教师专业的科学认知，能够使他们亲历一线、观摩名师、亲近儿童，从而使之萌发出温暖的师爱，爱上孩子，爱上小学教师这个职业。大学学校教育也能够使未来小学教师亲身见证优良教师文化传统的感人力量，逐渐适应变革中的课程与教学文化，并在崇尚科研、追求创新的学术文化影响下，欣然地选择对教育教学常态的批判与内省。正是独特而先进的大学文化，始终无声而有力地推动未来小学教师不断地走向爱，走向善，走向公正并坚定地承担起属于自己的那份责任。

更为根本的是大学学校教育能够有效促进未来小学教师自我专业发展意识的萌芽与发展。教师的自我专业发展意识，是教师为满足自身专业发展的社会需要与个体需要，在对教育、教学专业形成价值认同和职业承诺的前提下，由自我成就动机的推动因而得以形成的科学反思自身专业发展历程、理性认识专业发展现状、长远规划专业发展未来的意识，这种意识是教师专业情意走向成熟的标志。“其内容至少包括三个方面，对自己过去专业发展过程的意识，对自己现在专业发展状态、水平所处阶段的意识以及对自己未来专业发展的规划意识。”① “教师不仅是专业发展的对象，更是自身专业发展的主人。”② 教师的自我专业发展意识作为影响教师专业发展的内在因素，对教师的可持续发展起到重要的规划、引导和推动作用。一名教师只有具备了自我专业发展意识，他才能在专业发展上自觉承担专业发展的主要责任，主动选择和设定专业发展目标，他才能做到自我设计、自我实践、自我反思、自我调控，从而不断实现内在专业结构的自我改进与更新。实践取向小学教师职前培养的实践表明，大学学校教育借助目标引导、理论涵养、实践打磨和文化熏陶，尤其是通过创建常态化、自主化的教育实践体系，能够为教师自我专业发展意识的萌芽奠定良好的基础。“教师的自我专业发展意识在多大程度上被唤醒，与实习期的长短和所经历的过程有着密切的关系。如果实习期较长，而且经历全部时期，一般说来自我专业发展意识被唤醒的程度要高一些。”③ 显然，大学学校教育在研究并构建常态化、自主化的教育实践体系方面有着得天独厚的学理优势与实践空间。

（2）为专业可持续发展奠定专业知识基础。拥有一套完善的专业知识体系是一门专业的最基本特征之一，也是专业人员从业的基本依据。未来小学教师要想走向专业化、保持专业的可持续发展，就必须具备坚实的专业知识基础。问题在于这种专业知识基础赖以形成的最佳期在何时？最佳教育环境又在何处？我们认为，职前高

---

① 叶澜等著．教师角色与教师专业发展新探．北京：教育科学出版社，2001. 240

② 叶澜等著．教师角色与教师专业发展新探．北京：教育科学出版社，2001. 273

③ 叶澜等著．教师角色与教师专业发展新探．北京：教育科学出版社，2001. 286；参阅 Reven. F.，Cartwright，C.，et al. Developmental phases of pre ~ service secondary teachers. Journal of instructional psychology，1997，ol. 24，no. 4，p. 240 实习阶段，实习生大致经历预期期，预期幻灭期，对教师和教学工作进行重新解释期，将新认识落实到自身的转型期，决心献身教学专业的专业投入期，对教学能力进行重新估价并对今后专业活动进行再次预期的预期更新期。

师教育阶段是掌握这种专业知识体系的最好时机，大学学校教育能够为教师专业发展提供专业知识基础，诚如美国学者舒尔曼所言："一个专业既是一种高度复杂和熟练的工作，又是一种根植于知识的专业行为。而这些知识是在学院、大学、实验室和图书馆里产生、测试、丰富、被否定、转化并重建起来的。把某些事情称为专业即表示这些事情在一个学府里有被广泛运用的知识基础。"① 实践取向小学教师职前培养的具体实践也表明，基于并以大学学校教育为主导的、与一线小学携手合作的培养环境，确实能够在形成未来小学教师专业知识基础方面，发挥出积极、有效的作用。这一点主要表现在实践取向小学教师职前培养既能让未来小学教师打牢理论性知识基础，又能使他们汲取到丰富的、未来从教不可或缺的实践性知识上面。

（3）为可持续专业发展奠定专业能力基础。专业能力一定是现实的、具体的，因此，专业能力只能通过未来小学教师现实地从事系列专业活动获得并得到逐步提升。在这一点上，一方面大学学校教育可以充分利用大学之内的课程与教学空间，利用教学基本功比赛、微格教学等形式对师范生开展强化训练，另一方面由于大学学校教育处于整个学校教育体系的高端，又与基础教育具有千丝万缕的专业联系，因而便于其整合优势教师教育资源，从整体上为未来小学教师深入一线、全面参加专业活动打造良好的教师教育环境。

3. 大学学校教育主导未来小学教师专业发展的影响因素分析

培养目标、学习平台和文化氛围是大学学校教育主导未来小学教师专业发展的主要影响因素。

（1）培养目标。培养目标是大学学校教育对未来小学教师专业

① ［美］舒尔曼．理论、实践与教育的专业化．王幼真，刘捷编译．比较教育研究，1999（3）

发展预期的结果，是具体体现在实践取向小学教师职前培养过程中的教育价值。培养目标对未来小学教师的专业发展起到重要的定向、引导和激励作用。大学学校教育为未来小学教师构建的培养目标具有如下特征：一是针对性。目标体系及其具体的培养指标能够明确指向未来小学教师的发展，这种发展既包括作为常人的发展，又包括作为专业人的发展。二是科学性。培养目标能够准确把握小学教师自身专业发展需要、未来社会发展需要及儿童身心发展需要，能够客观反映教师、儿童、社会、文化及自然之间的内在联系。三是发展性。培养目标在内容上能够整体涵盖专业情意、专业知识、专业技能三个维度，在具体预期上既能确保达成专业水准，又能深切考虑到未来小学教师专业成长的可塑性与复杂性。培养目标具有针对性、科学性和发展性，是促进未来小学教师专业成长的客观要求，也是大学学校教育作为专业化教育的基本标志。

（2）学习平台。未来小学教师的专业成长离不开一定的学习平台。提供理论涵养与实践打磨双向建构的学习平台，是大学学校教育主导未来小学教师专业成长的重要方式之一。大学学校教育打造的学习平台主要有三种类型：一是植根学术背景、联结大学课堂、利于理论学习的校内课程与教学平台，二是基于精品课程和重点学科建成的、信息资源丰富、便于师生互动的网络平台，三是校内校外结合、职前职后沟通、利于实践性知识汲取的教育实践平台，如校外教育科研与实践合作单位、教师成长协作团等等。借助这三类平台，大学学校教育真正成为理论与经验的渊薮，时刻支持着未来小学教师专业结构的形成与完善。

（3）文化氛围。文化氛围本身就是一门潜在课程，能够为未来小学教师的专业成长提供全面、持久的滋养。努力建设科学、民主、创新的文化氛围，其主要目的就在于强化大学文化润德启智、引领发展的教育功能。大学学校教育有着追求真理、重视科研、崇尚创新的学术文化氛围，这种氛围有助于养成未来小学教师的研究意识、内省意识和创新意识；它也有着知行统一、支持变革、求真务实的教学文化氛围，这种氛围有助于教学实践的常态化和自主化，有助于未来小学教师实践感的培养。在这一点上，我们以教师指导为前提，以社团组织为载体，以寝室为基本单位，以“十·打实”活动为主要内容，以考核与竞赛为激励机制，努力营造教育实践常态化、自主化的教学环境，如今已经取得了良好的育人成效。大学还有着美丽宜人、崇德尚学、文明向上的校园文化氛围，这种氛围无疑有利于化育未来小学教师的品格。总之，只有具备了良好的文化氛围，大学学校教育才能为未来小学教师的专业成长提供长足的动力。

第三节 实践取向小学教师职前培养的特点

一、坚持理智取向和实践取向相结合，突出实践取向

20 世纪 90 年代学术界将教师专业发展的理论取向归结为三类：理智取向、实践—反思取向、生态取向。教师专业发展的三种理论取向关系到教师角色、教师工作性质以及教师专业发展基础的定位，也关系到教师教育培养形式与机制的选择，也反映出人们对理论性知识、实践性知识、教师教育生态环境在促进教师专业发展上所起的不同作用的认识。

20 世纪 80 年代后期，以美国为首的西方国家普遍认识到，秉持理智取向的传统教师教育机构几乎培养不出能胜任教学工作的新教师。其内在原因在于该取向的教师教育难以使新教师获得有效教育教学所必需的实践性知识。鉴于此，西方各国纷纷构建新的教师教育形式与组织机构，如美国的“教师专业发展学校”、法国的 IUFM 机构、英国“以学校为基地”的教师职前训练模式等。这些形式或机构的共同特点在于坚持“实践—反思”取向，借助大学与多所中小学建立双方或多方合作伙伴关系，为教师提供临床性的教学实践训练机会，从而促进职前教师建构实践性知识，最终达到提高职前教师培养水平这一目的。这些实践为我国提供了可资借鉴的成功范例，同时也提醒我们，实践取向的职前教师培养已经成为一种

国际化趋势。

但是，这依然不能得出“理论性知识”在促进教师专业发展方面毫无用处，或者促进教师专业发展只能单纯依靠教育实践的简单结论。事实上，理论性知识在促进教师专业发展方面仍然具有重要作用。这种作用表现在：（1）理论性知识一般是对前人的教育教学认识加以抽象化、概括化、文本化的成果，有助于未来教师尽快汲取丰富的间接经验；（2）理论性知识的本体功能在于揭示规律、确立价值以及优化技术，这一点决定了其在未来教师专业精神的养成、教育理论素养的养成、教学技能的形成、教学行为规范化等诸多方面足以发挥积极作用。（3）理论性知识在促进教学问题解决及促进未来教师开展反思性实践方面发挥着必要的积极作用。舍恩认为教学实践中遭遇的“坚固的高地”可以基于严谨的理论来解决，适应于具体情境的理论（theory in practice）活用是必要的。此外，基于马克思的实践性认识论，理性的反思也绝不是盲目的思考，而是需要理论性知识的框架观照。（4）理论性知识是实践性知识的重要来源之一。实践性知识是对不断积累的教师日常经验加以整合与提升的产物，本质特征在于它的经验性。显然，教师对普遍理论的理解、吸收、重组是实践性知识的重要来源，只不过这一过程应是以实践为背景、以实践为前导的。由此可见，理论性知识具有重要的教师教育功能和意义。

问题是不应把理论性知识的这种功能和意义推崇到极端的程度，就像不应把教育实践推崇到极端的程度上去一样。一味强调通过教育实习、见习机械地模仿指导教师，只能使教师教育倒退到 19 世纪初的“工匠模式[①]”中去，或者一味强调教育实践就是“理论”—“实践”的单向应用，也只能最终导致理论与实践的二元对立。这两者对养成未来教师的专业素质，显然都是不利的。正确做法只能

① 杨涤．教师专业教育模式：以理论与实践的关系为中心．外国教育研究，2000（6）：18

是坚持两者的有机联系，有机结合。这诚如学者陈向明所强调的，一个好的教育学术理论如果能够重心下移，更多地与教师的经验和常识建立联系，就可以指导和帮助改进教师的实践；教师自己的实践理论也需要更加明确的检验和深入的批判反思，而不仅仅停留在教育习俗的水平[①]。

基于所论，我们认为好的小学教师教育，应坚持理论取向与实践取向的两相结合，实践取向的真实内涵不应是取实践而弃理论，而应是在继承和超越理论取向培养思路的基础上更好地发挥教育实践的教师教育优势。教育实践在促进教师专业发展进而达成教师教育目的方面，确实发挥着比教育理论更为基本的作用，因此，实践取向坚持在理智取向和实践取向相结合的前提下，突出实践取向。这也是实践取向的根本特征。

二、坚持学科课程与经验课程相结合，适当突出经验课程

理论和经验是教师专业结构赖以生长和完善的根基，尤其“根植于经验与理论的知识基础，是所有专业的中心”。[②] 因此，建构何种结构的课程内容，成为实践取向小学教师职前培养必须解决的关键课题。我们的做法是坚持学科课程与经验课程相结合，突出经验课程。

基于对“理论性知识”重要价值的认识，我们认为，实践取向小学教师职前培养的课程结构中首先必须要有学科课程，这些学科课程应该有通识类（含人文与科学素养课程）、学科专业类和教育专业类。就教育专业类的学科课程来讲，主要是介绍有关教育、教

---

① 参阅李琼，袁丽．变革中的国际教师教育及其发展趋势：国际教师教育研讨会综述．比较教育研究，2006(11)：92

② 刘捷．建构与整合：论教师专业化的知识基础．课程·教材·教法，2003 (4)

学的一般理论，或者说公共知识。专业化需要的是一种强化的理论学习环境，这种环境的打造显然需要依托学科课程，否则职前教育这样一个掌握知识体系基础的最佳时机将被白白错过。如果从实践的视角看，依托学科课程来为未来小学教师的专业成长提供充足的理论性知识储备，更是十分必要的。因为实践并不排斥理论，实践本身就包含理论，一方面实践要以理论为指导，另一方面实践孕育理论。这些一般教育理论或者说公共知识内化为教师个体的教育知识，恰恰是教师教育实践性知识形成的路径之一。

但相对于而言，经验课程在职前教师培养中发挥着极其重要的作用，理应将其放在更为突出位置。专业情意和实践性知识是职前教师专业素质构成的两个核心成分。对小学教育专业的学生来说，首要的是培养他们热爱小学教育事业、热爱小学生的情意。这显然不是依托大学课堂所能完成的，而必须依靠不断的经验和实践。只有走入小学教育的现场，通过亲历小学教育教学实践及个中体验的沉淀、积累，在与一线小学教师的耳濡目染中，鲜明、博大的师爱才会逐渐浸入心灵深处。同样，实践性知识也只有在经验中、在实践中才能获得，因为实践性知识的根本特征就是实践性与个体性。离开了经验与活动，教育理论无法内化为个体知识，一线指导教师的宝贵经验无从汲取，自身亲历教育教学的经验也无从获得和提炼，更勿论新旧经验的结构化和系统化。因此，我们在坚持学科课程与经验课程有机结合的前提下，必须适当突出经验课程。

三、坚持大学与小学联合培养，突出协作性

实践取向小学教师职前培养在培养方式上的现实表现形态是大学与小学联合培养。大学与基础教育学校联合培养未来教师，已然是一种国际趋势。今天我们选择这种联合培养的方式，不是为了顺应趋势而顺应趋势，而是基于对大学与小学各自的培养优势及其合

作的必要性与现实可能性的整体审视。大学能为未来小学教师的专业成长提供教育理论、学科理论、模拟训练及学校文化，这种深具学术品质的专业教育使未来小学教师获得了观照一生发展的教育哲学、教育理念、理论知识以及反思的框架；小学能为未来小学教师的专业成长提供具体的教育教学情境、丰厚而宝贵的教育教学经验，能使他们爱上小学生，迷上小学教材，获得自己的实践性知识，形成专业技能并从灵魂深处树立起高尚的教育信念。没有植根大学的教育，教师教育将倒退到前教师专业化的蒙昧时代中去；没有深入小学的专业实践，未来小学教师的专业发展将无路可走。未来小学教师的专业发展，强烈地诉求大学与小学携起手来。

但最根本的困难来自于如何协作。师范大学长期以来封闭的教师教育文化和对实践一线长期以来的专业疏离，使它在小学教育面前显得高贵又不切实际；同样的，小学在升学指挥棒的指挥下，早已形成了私人的、保守的、缄默的学校文化，它常常在大学教育面前以实践经验丰富为由在自负中掩盖着自卑。如何协作，确实是一个难题。在这方面，我们的经验是：首先，大学要真正秉持先进的教师教育文化和课程与教学理念，放下架子，做到真正尊重小学及其广大教师的专业权益，在平等与双赢的原则下，向他们提供力所能及的服务，向他们恳请教师教育上的专业帮助；其次，需要双方协商合作找到现实的、可操作的专业互动平台，以将具体的专业协约落到实处；再次，大学应将承诺的专业服务现实实现，切实为基础小学及广大教师的专业发展带去实质性的专业利益，并对他们所给予的合作表示真诚的感谢。

目前，我们与小学的合作主要集中在10个方面：①定期了解小学的需求，为小学提供有效服务；②对双方感兴趣的项目与课题开展教育科研方面的合作；③不定期地为小学提供小学教育改革与发展信息；④向小学开放图书资料室；⑤办“小学名师讲坛”，为优秀小学教师、校长提供大学学术交流空间；⑥就小学教育专业培养方案听取小学的意见与建议，以使培养方案贴近小学教育发展实际、贴近小学教育的需求；⑦创造多种形式使小学优秀校长与教师实质性地参与小学教育专业的教育教学；⑧为大学生见习、实习提供良好的教育现场；⑨为大学生见习、实习选派优秀指导教师；⑩共同参与大学生教育见习、实习方案的制订。

第三章

实践取向小学教师职前培养目标体系

实践取向小学教师职前培养目标体系构建必须从小学教师专业特点出发，同时还要考虑时代的诉求、国际教育发展趋势。要把领域构建与时序构建结合起来。

第一节　实践取向小学教师职前培养目标体系构建的依据与原则

一、实践取向小学教师职前培养目标体系构建的依据

（一）小学教师专业特点[①]

小学教师专业特点应该从小学教师专业定位和小学教师专业素质构成两个方面来研究。

1．小学教师的专业定位

（1）小学教师是专业人员。专业定位问题实际上是专业的性质问题，它所揭示的是专业的本质特征。研究小学教师专业特点首先要解决小学教师的专业定位问题。

从理论上说，职业可分为一般职业和专业职业。专业职业有三个基本特征：一是需要专门技术和特殊智力；二是提供专门的社会服务，具有较高的职业道德和社会责任感；三是拥有专业性自主权或控制权。小学教师所从事的职业具有上述三个特征。因此，小学

① 参阅关文信．小学教师专业特点及本科小学教师培养思路研究．海南师范学院学报（社会科学版），2005（5）

教师是专业人员。1993 年颁布的《中华人民共和国教师法》第 3 条规定：教师“是履行教学职业的专业人员”。1996 年联合国教科文组织通过的《关于教师的建议》中明确提出，“教师的工作应被视为专业性职业”。毫无疑问，无论是《中华人民共和国教师法》，还是联合国教科文组织的《关于教师的建议》中所说的教师都包含小学教师。

（2）小学教师以其职业活动为其专业领域。专业划分大体上可以有两种划分标准，一是以其所受专业教育为其专业，一是以其所从事的职业活动为其专业。小学教师就是以所从事的职业活动为其专业，多数学者把它叫作小学教育专业。

刘捷认为从职业社会学的角度看，教师的“教育行动与教育活动”是教师职业水平与专业能力表现的主要领域，也就是说，中小学教师应该以“教育”（或称教师职业活动）作为其专业领域，而不是以其所教学科为其专业领域。这一认识符合中小学教师的专业实际。惠中教授的研究结果与此相同，他认为确定小学教育专业的依据不是学科分类，而主要是以社会职业需求为导向。

尽管到目前为止，小学教育专业还没有进入我国《普通高等学校本科专业目录》，但教育部早已对其专业定位进行过探讨，并于 2003 年下发了《三年制小学教育专业课程方案（试行）》。这个方案已明确提出了“小学教育专业”这个概念。

作为一种职业，小学教师是最具专业性的职业，这种专业性是由小学教育的性质和小学生的年龄特点决定的。

小学教育的性质决定了小学教师最具专业性。小学教育的基础性是小学教育的根本性质。而这种基础性不仅仅是因为小学教育是九年义务教育的第一阶段，是各级各类教育的基础，更重要的是小学教育是为生命奠基的教育。小学教育的这种性质要求从业人员要具有相当的专业水准。例如，教授小学生求圆柱体体积。我们可以借助教具，将圆柱体像切西瓜一样切成相连的很多瓣，然后打开，再对拼成长方体，由长方体的体积得到圆柱体的体积。我们也可以利用多媒体课件，依据分割的瓣数不同而依次展开，分的瓣数越多，长方体两边长越接近直线，我们可以不停地分下去。这两种方法都能帮助小学生获得有关圆柱体的体积的知识，所不同的是后一种方法渗透了极限的思想。这就是思想的奠基与启蒙。

小学生年龄特点决定了小学教师最具专业性。阮成武的研究认为："小学教师的专业性在于对儿童心理结构和发展水平的适应和对知识的心理学化。"小学教师对小学生年龄特点的认识与把握，集中体现了其专业性。具体表现为两方面：①小学教师教学行为必须符合小学生心理发展的规律和水平。例如，小学生刚入学时，学习汉字是一笔一笔地学，如"妈"字，在孩子头脑中是由六笔组成的。到一年级第一学期开始时，就出现了一个变化，同样一个"妈"字，在孩子们眼中这个字是由两部分组成的，"女"字旁加上一个"马"字。识字的单位由原来的六个变成了两个，这是因为他们已经学习了相当数量的偏旁部首，原来毫无联系的笔画已经成了部首，识记的单位发生了变化。这恰好是孩子们识字的关键期。如果我们的教师懂得这一点，就会适应孩子们的认知发展水平来加快识字速度，提前完成识字任务。②小学教师的教育活动更讲究教育教学技能。实践证明，教育对象越是低龄，教师的教育活动越讲究教育教学技巧。而这种技巧恰恰是一种专业素质的体现。就像一个外科医生为一个断肢患者缝合神经与微细血管一样，这种技巧折射出非同寻常的专业底蕴。

2. 小学教师的职业特点

正因为小学教师的专业是依据所从事的职业确定的，因此，小学教师在其专业素质构成上就体现出一定的独特性。

（1）专业情意的鲜明性。教师的专业情意是教师对教育、教学专业的一种深厚的感情，教师专业化的成熟境界意味着专业情意的健全。一个专业情意健全的小学教师有两个最基本的特征：鲜明的师爱与鲜明的童心。

①小学教师必须具有鲜明的师爱。师爱是专业情意的核心，它确证了教师纯正的专业良心和高尚的专业情操。对正在成长中的小学生来说，教师的爱是一种神奇而伟大，同时又是不可或缺的力量。小学生进入小学后，教师就成为他成长中的重要他人，他们把对父母的依恋迁移到教师身上。在小学生的心中，教师具有至高无上的地位。这就是小学生的向师性。教师对小学生的这种感情必须给予回应，这种回应就是让孩子们感受到一种师爱，这是小学生成长中最大的精神需求。教师给予小学生的这种爱不仅满足了他们的情感需求，走进他们的内心世界，引领成长，促进发展，而且也会影响他们对环境的认识，他们会感到世界充满爱，有助于他们形成健康向上的人格。

②小学教师必须具有鲜明的童心。童心是小学教师所特有的一种专业性格。教师与小学生属于两个世界：成人世界与儿童世界。儿童有自已的思维方式与表达方式，有独特的情感体验和行为方式。教师要走进儿童世界，一个重要的前提是小学教师要有童心。童心是连接成人世界与儿童世界的桥梁。教师具有童心并非指教师的言行都要表现出儿童状态。教师的童心主要表现在三方面：一是纯洁好奇之心；二是能够读懂儿童，对儿童的内心世界能够有透彻的了解与掌握；三是既能走进儿童内心世界，又能以成人的智慧引领成长，促进发展。

（2）专业知识的综合性。小学教师在专业知识方面不同于中学教师，更多地表现为一种综合性。小学教师专业知识的综合性主要体现在两方面：

一是总体知识结构的综合。小学教师应该具有小学学科专业知识、教育理论知识、一般文化知识和艺体与劳动技能知识。二是学科方向的综合。小学教师在学科专业知识方面，至少要能教两门学科，并向能教多门学科方向发展。

小学教师专业知识的综合性是在一定专业水准统领下的综合性。首先，小学教育不是单纯的知识教育，而是一种素质教育。小学教育要在知识教育的过程中，全面开发学生的各方面的素质潜能。小学教育必须高站位、低起点。而要做到这一点就必须保证小学教师具有相当的专业水准。其次，强调专业水准也是教师专业自我发展的需要。教师的专业自我发展是21世纪教师教育的趋势。只有“博”而没有“专”的知识结构是不可能建起知识的大厦的。因此，在强调专业知识综合性的同时，一点也不能忽略专业水准，尤其是主干学科。

（3）专业能力的全面性。小学教师专业能力的全面性是由其教育对象的生命复杂性、发展需求以及其所从事的职业活动的广域性决定的。因此，我们更多陈列了每一项能力所包含的职业活动，借以揭示所谓全面性的内在原因。

班主任工作能力。班主任工作能力培养主要包括：①班集体建设的实践，要求学会写班集体建设规划、班级学期工作计划与总结；②学生个案研究实践，要求学会帮助“学困生”，学会写儿童个案研究报告；③班队活动设计与组织实践，要求学会设计班队主题活动方案，组织班队主题活动，能较好体现设计方案；④课外活动设计与组织实践，要求学会制订班级课外活动规划，组织小学生课外活动，符合活动要求。

教学能力。教学能力培养主要包括教学基本功、教学基本技能和教学基本环节三个方面。①教学基本功。包括汉字书写（三笔字）、普通话与教师口语（含英语教育方向学生的英语语音语调）、即兴演讲、简笔画。②课堂教学技能。包括导入技能、讲解技能、提问技能、课堂组织技能、交往互动技能、创设情境技能、板书技能、结束技能。③教学基本环节。包括教学设计、上课、说课与评课、开放性、个性化作业设计、个别辅导等。

教育反思与科研能力。教育反思与科研能力培养主要包括：案例研究的撰写、教育故事撰写、教育行动研究。①案例研究的撰写。能够选定案例，围绕案例搜集资料，写出符合要求的案例描述；能够分析案例，能够写出符合规范的案例研究报告。②教育故事撰写。能够撰写出符合一定要求的教育故事。③教育行动研究。能够采取小组合作的形式，围绕教育见习中发现的问题进行行动研究，能够撰写出符合要求的行动研究报告。

（二）新世纪对小学教师专业素质的新要求

新世纪是一个万象纷杂、万象发展、万象联系的世纪。如今，哪怕从世界的任何一个点上切入，我们似乎都能看到新世纪与以往任何一个时代的不同；反过来，我们也能看到新世纪对这个点的发展走向所作的规约。因此，思考小学教师的专业素质问题，首先要求我们看清新世纪。

1. 新世纪的特点与趋势

（1）新世纪的基本面貌：发展与危机。在新世纪，发展成了永恒主题，当地球变得越来越小、人口越来越多时，发展成为任何一个国家主动的选择。发展的另一面就是危机。人口、环境、资源三者的失衡，几乎使全球所有的国家遭遇了空前的麻烦。此外，还有经济、宗教、政治的摩擦，战乱更是难以避免。中国在这场全球危机中，要以发展的姿态做一个负责任的大国，这就不能不找到应对危机的抓手，这个抓手首先就是教育。因此，教育必须优先发展、公平发展、创新发展，让每个人都拥有足够的知识和能力，这是教育为促进发展与化解危机所能提供的最大公益。

（2）新世纪的现实诉求：生态化与可持续、文化多元与和谐并存。这几乎是世界主要发达国家和主要发展中大国的共同追求。在当前纷乱的各种国际主题会议的背后，无时无刻不隐藏着这两个基本诉求。而这两个基本诉求的实现要依靠人的可持续发展。人在文化素质上的提升更是保持文化多元的核心动力；人的道德自律与尊重他者也将始终是实现和谐并存的最基本法则。然而中国在这个方面并非毫无隐忧，因为摆在整个社会面前的是巨大的贫富差别，这种发展的不平衡比以前任何一个时期都分外明显地呈现出来，这将使中国在响应新世纪的总体诉求方面受到很大的阻碍。为了从根本上振作人心，求得改善，实现公平、公正，我们确实不仅要着眼民生，更要把教育作为民生之首来加以面对。

（3）新世纪的生产要素：知识与信息。当知识与信息成为新世纪的生产要素时，世界竞争的格局和风貌为之一变，智力资本作为知识资本中最活跃的要素，也作为信息资本的内核，正在越来越多地被倚重和攫取。知识创新成了新世纪最重要的生产力。中国的知识创新能力到目前为止仍然处于令人担忧的位置。我国 GDP 增长虽快，但“中国创新的综合指数大约在世界上排名第28位，处在中等偏下的水平”①。近10余年来，我国学者发表的论文数量一直在增加，然而，国人在国际上发表的科学论文，被别人引用的次数普遍较低。② 所有这一切都表明：在科技进步、知识创新越来越取决于教育发展的今天，我国教育所承担的使命是十分艰巨的，可谓任重而道远。

（4）新世纪的宏观态势：开放与变革。开放与变革作为新世纪的总体态势，已经深刻地影响了几乎每一个人的生活和发展。开放与变革带来了多样化与复杂化，每个人都被要求具备应对的基本能力，这就是学习与学会。学会认知、学会做事、学会合作、学会生

---

① 徐冠华．中国必须选择走创新型国家的发展道路．湖州科技信息，2006（1）

② http：//www. costind. gov. cn/n435777/n435783/19612. html，中国人民共和国国家国防科技工业局，专家论坛：从论文引用率看我国科技创新力，2003年11月11日。按美国费城科学信息研究所（ISI）最近统计和分析，来自全世界151个国家和地区，自1992年1月至2002年6月30日（10年6个月），ISI所收录的所有自然科学领域中，所发表的所有论文总量，总被引用的次数以及每篇论文的平均被引用次数的前20位排名国家和地区，我国论文总量已进前10名，但每篇论文的平均被引用次数，我国排在120位以后。

存、学会关心。顺应趋势，中国正在努力地从基底上构筑学习化社会。因为对中国而言，最应该记住的教训应该是那段史无前例的文化灾难，没有了正规的教育和常态的学习，社会就会闭关自守，并且倒退几十年。如今，恢复理性的中国人，比以往任何时候都清醒地认识到，要想更好地深化改革，扩大开放，就必须将教育从社会的边缘推向社会的中心，让它为描画社会主义民主、构建社会主义文化、推动社会主义经济、实现祖国统一的美好蓝图发挥机杼作用。

透视新世纪的基本面貌、现实诉求、生产要素和宏观态势，我们看到的是教育所应承担的光荣重担。新世纪在传统、现实与未来的张力中，将教育与众多艰巨的课题紧密地关联起来。教育是被作为“以改善民生为重点的社会建设”首项写进党的十七大报告中来的，并且建国以来我们党第一次将其与社会公平紧密地联系起来。这意味着教育理应为国家发展、社会公平承担自己的历史使命。而教育为公平所能做的最具实质意义的贡献，就是能够为国家建设培养出有用之才，多出人才，出好人才。这就要求教育自身也要优先发展、公平发展、创新发展。而发展的前提就是教育能够拥有自身的丰富资源，这种资源，首先来自于全体国民的无私支持，几乎所有公民都应为教育的改革与发展担一份义务，尽一份责任。这种资源，更主要的是来自于教师。没有高素质的教师，就没有发展的教育。

2. 新世纪对小学教师的专业诉求

当把小学教师的发展问题建立在宏阔的世纪图景中，我们找到了发展的坐标。这个坐标就是小学教师的专业素质。新世纪对小学教师素质提出的新要求，小学教师要在发展问题上提供三个方面的支持。

一是支持社会发展。最根本的支持方式是选择做合格公民，教师不但要具备一名合格公民所应具备的一般素质，不但要尽到一名合格公民应尽到的责任和义务，而且理应对自己提出更高的要求。因为严格地讲，教师最终必须恪守社会对其职业角色在价值选择与行为模式上所作的规约。那么教师的职业角色为什么总是不可避免地带有一定的神圣性？教师是谁？教师就是人类文化发展中承前启后的中介和纽带，教师就是以对未来一代施加特定影响为其职责的人。因而，社会始终期待教师能够成为理性的典范和道德的楷模。这就要求教师要在知性与德性两个方面为社会做出自己应做的努力，即一方面要做知识人，一方面要做社会良心。做知识人就是做智者，做社会良心就是做仁者。智者的使命是追求真理，仁者的使命是追求正义，而真理和正义正是维系社会长久秩序的两大价值基石；要教师支持社会发展，就是要教师做社会这两大基石的忠诚的维护者和执著的实践者。唯有教师爱它们并愿意为它们献身时，整个社会才有望不断地走向真理的澄明和美德的永恒。

二是支持未来儿童的终身发展。未来儿童要在终身发展的意义上全面发展，至少要具备如下素质：(1) 要拥有国际视野和多元文化储备；(2) 要拥有良好的信息技术素养，为学习与发展提供最基本的技术支持；(3) 要拥有良好的生存能力、学习能力、合作能力和自我协调能力；(4) 要拥有精深的专业知识和综合的专业能力；(5) 要拥有正确的人生观和价值观，为自我实现提供指引等等。其中最根本的或许是如下三点：(1) 具有高尚的品格；(2) 具有良好的实践能力；(3) 具有创新能力。如果要给儿童一滴水，小学教师就应该成为流动的小溪；如果要给儿童一方世界，小学教师就应该遍览宇宙；如果要促进未来儿童的全面发展、终身发展，小学教师的发展就必须在上述所有指标上始终走在儿童发展的前面。尤为重要的，小学教师必须提前养成高水准的专业素质并在从教之路上时刻保持可持续发展。

三是支持自身发展。首先要投入地教学。投入即入迷，投入即忘我，投入即主观世界与客观世界走向融合。投入是抱有信念、拥有爱的表示，投入也是进一步达成和显现教育智慧所必需的一种生命状态。要实现自我超越，一名教师唯有投入，别无良途。只有将自身的整个生命与40分钟课堂、与孩子们神往的眼神紧紧地结合在一起，一名教师才能从“自然的世界”走向“文化的世界”，才能远离“谋生型教师”，成为“研究型教师”。如果说一名教师愿意将生活的意义与价值许给崇高，那么他就必须时刻把付出、奋斗作为条件。为孩子的明天投入地工作，这就是教师实现自身专业发展所必须遵循的辩证法。其次要不懈地学习、研究、合作。小学教师比之大学教师，应该更近于知识代言人的角色，不仅因为孩子们刚刚对世界有所发现，而且因为孩子的“信”，这就要求小学教师要不懈地学习。因为“没有学习就不可能有发展的能源——知识资本。学就是‘知’也是‘行’，是为‘知’而‘行’”[①]，更是为行而知。知识渊博本身就代表着儿童的尊敬与爱戴；小学教师比之大学教师，或许面临更多的教育教学困惑，儿童、教材、教学、教育、管理……为了花朵更美丽的开放，需要做的或许不是修剪，而是守护、观察、反思与理解。研究，将使未来小学教师获得知性之美。小学教师的发展离不开一种必要的组织文化的支持。为了更好地进行教育教学，小学教师必须在未来深深地嵌入一种开放、文明、民主的组织文化背景中，而这种组织文化本身也需要小学教师用温暖的同情、善意的微笑、理性的专业精神去建构，合作由此将是小学教师必须面对的一个最基本的生命课题。最后，这也是十分重要的一点，小学教师要坚持勇敢地、不懈地开展创造性的实践。创造性的教学，既是培养创新人才的内在要求，也是小学教师的生命意义不断得以实现的根本途径。“正是要求教师培养具有创造精神和能力的人和对教师工作中创造性的要求，让我们找到了教师职业对社会而言的外在价值与对从业者教师而言的‘内在生命价值’之间统一的基

① 金美福．教师自主发展论：教学研同期互动的教职生涯研究．北京：教育科学出版社，2005. 196

点，找到了教师可能从工作中获得‘外在’与‘内在’相统一的尊严与欢乐的源泉，那就是两个赫然的大字——创造！它预示了教师职业未来的重要品质。”① 小学教师不断地把自己的师爱、童心熔铸到创造性实践中去的同时，其实就是在锤炼自己的教师德行。这种德行将照耀孩子们的一生，也必将为他们终生铭记、终身效法。

（三）国际教师教育发展趋势的启示

当前国际教师教育的发展主要表现在两个方面：一是指向教师专业发展，培养高质量教师；一是转向实践取向。

1. 促进教师专业发展，培养高素质教师

进入21世纪，促进教师专业发展、培养高素质教师已成为教师教育的主流话语，这表明国际教师教育已经由注重教师专业地位、专业权利的提高转向注重教师专业的内涵发展，培养高素质教师正是这一内涵的真义。当前，主要发达国家为此所作的努力主要体现在两个方面：

（1）着眼新世纪国家建设的战略需要确立教师素质新指标，同时更加注重基本知识与基本技能。全美教师教育认证理事会（National Council for Accreditation of Teacher Education NCATE）指出：为了适应新世纪新理念，教师教育培养拥有基本知识和基本技能的负责任的公民，同时要注重培养其合作意识和终身学习能力。类似的，日本东京学艺大学是享有盛誉的教师培训基地，其小学教师教育的指导思想随时代发展而不断更新，具体体现在对教师素质要求的变化上。其1991年的指导思想为：培养学生能够适应社会变化的能力，促进其个性的自主的学习与研究；1995年以后，又明确提出“将本大学的毕业生培养成为具有自我判断能力、独立解决问题能

① 叶澜．论教师职业的内在尊严与欢乐．思想·理论·教育，2000（5）：6

力、活跃在教育界及其他领域中的有为人才”。[①]

（2）注重加强对新教师素质的考评，关注教学业绩。美国《不让一个孩子掉队法》（No Child Left behind Act，简称 NCLB 法案）又是这样定义高质量小学新教师（highly qualified teachers）的：高质量是指至少获得学士学位，通过州一级的教师考试而展示出其具有学科专业知识、具有教授阅读、写作、数学和其他小学基本科目的教学技能[②]。进入新世纪，美国的教师教育改革出现了“业绩为本”（performance—based）的重要转折，注重加强对新教师的业绩考评。“业绩为本”要求把改革的重点更多地放在教学能力的显示方面，而不是修习课程的数量方面；同时要求教师教育机构提供教师候选人教学能力的业绩证明[③]。

2. 转向实践取向

（1）高度注重教育实践，即重视养成师范生的教育实践能力。近十余年来，美国在教师教育改革中重视教师专业化和基本素养中的教学实践能力的培养。在教育政策、课程设置、在职培训、学制计划等方面，教学实践能力受到了高度的重视，显示出教师教育改革中的实践性导向，这成为美国教师教育改革中的一个重要特点。[④]值得注意的是学生教师（student—teacher）这个词汇，正是这种导向的生动注释。

延长并规范教育实习时间。欧洲主要发展国家以英、德为首，目前越来越认识到教育实践与教师的专业性之间的正相关，主要表现是延长并规范实习时间。英国每年至少有 1 次教育见习或实习，一般要求不少于 20 周，同时颁布了《入职教师培养课程批准准则》来对活动加以规范。规定新生入学的第一学期，要安排到中小学开

---

① 夏鹏翔．日本战后小学教师的培养——以东京学艺大学为例．外国教育研究，2003（5）：48～49
② 朱旭东，周钧．美国教师质量观及其保障的机制、管理和价值分析．比较教育研究，2006（5）
③ 洪明．美国教师教育变革与发展的主要趋势．比较教育研究，2003（7）
④ 李涤非．美国教师教育改革中的实践性导向．辽宁教育研究，2005（5）：69

展教学体验。三年制、四年制教育学士的专业课程，必须有 75—100 天的教学实习，在教学实践内要连续安排，最后一个学期集中开展 1 次上岗实习，实习要在整个学习时间内。德国的教育实践时间最长，要求更严格。其见习的时间安排在师范生通过国家第一次考试之后，足足长达两年。相比而言，美国的教学实习时间相对于较短。但这并不意味着美国不重视教育实践，恰恰相反，其大学教育学院毕业生在离校以后，要转到 PDS 学校做为期 1 年的实习教师，期间由大学教师与富有经验的在职教师进行双重指导[①]，这是一种较为完备的实践取向培养模式。

（2）注重实践与反思相结合。伴随反思性教学潮流的兴起与学理分化，美国越来越重视将实践与反思紧密结合，将反思性实践作为一种重要的教师教育方式。为进一步提高教师教育质量，全美教学和美国未来委员会重新设计了教师教育改革方案，确立真正优质的教学是理论与实践经验有机整合的教学理念，广泛地推行教学案例研究、行动研究和自我评价以确保理论学习与实际问题的解决有机联系起来[②]。

（3）注重大学与中小学合作。伴随对教师专业发展机制的确认，欧美国家更重视在教师教育中赋权中小学，他们将中小学视为未来教师专业成长的真正基地。英国 1992 年要求师范生在第一年的 36 周中有 24 周的时间在中小学接受有经验的中小学教师指导[③]。这表面上看仅是让师范生在学校实地花更多的时间，实质上它赋予中小学以教师教育的权责。更宝贵的是，欧美在发现实践养成作用的同时，并没有忘记发挥教育理论的基本功能，这为大学与中小学合作提供了真正的理论支撑。如 PDS 的假设包括：对教学的认识是在

---

① 陈永明主编．国际师范教育比较．北京：人民教育出版社，1999. 35 ~ 53

② 邓涛，单晶．近二十年来美国教师教育的改革与发展．外国教育研究，2003（5）：42

③ 王少非．校本教师教育的国际经验及其对我们的启示．全球教育展望，2001（7）

基础学校中形成的；教师的学习需要学院化，以吸收更多的知识等等①。在这里，大学与中小学就像理论与实践一样，在为支持教师学习这一点上，是并肩战斗的。

（4）重视教育实践效果评价。建立实习评价机制，是确保或提高实习质量的关键。在这方面，德国有针对性地举办两次国家考试。第一次主要考察学科知识的掌握情况，第二次主要考察见习成绩，在为期两年的见习期结束后举行，主要形式包括书面论文、演示课和口试三部分。成绩比例为：平时见习时间占30%，毕业论文占20%，演示课占30%，口试占20%。通过第二次国家级考试，师范生才能获得教师资格证书。在美国，全美教学和美国未来委员会也精心设计了实践成绩评价标准，作为全美学生教师的重要评价参照标准。

3. 给我们的启示

（1）要把促进未来小学教师专业发展，培养高素质小学教师作为职前小学教师教育的努力方向。结合国内形势看，我国小学教师队伍的业务素质总体上看还比较低，尤其老、少、边、贫地区，更是面临着发展的不平衡问题，这不仅在教师层面制约了新课程改革的深入推进，而且更影响了儿童的身心发展，也严重制约了教育公平的实现。因此，我们理应借鉴西方发达国家和主要发展中大国的做法，把促进未来小学教师专业发展、培养高素质小学教师作为职前小学教师教育的努力方向。

（2）要加强职前教师教育的目标定位和目标构建。这是解决问题的端点。我们应顺应国际潮流，充分考察校情、学情，充分考虑未来社会发展需要、儿童身心发展需求及小学教师自身专业发展需要，结合教书育人的崇高使命及其所从事的职业活动的特点，全面

---

① Lieberman，A.，& Miller. L. Teacher Development in Professional Practice Schools. Teachers College Record，1990. 105（92）. 21～34

地厘清未来小学教师的素质结构，合理地确定相应的专业标准，科学地将培养合格小学教师作为职前教师教育的基本定位；在此基础上，系统地建构目标体系的框架结构并恰当地确立具体的培养目标，并分项完成目标的细化，最终实质性地构建实践取向小学教师职前教育的目标体系。这个目标定位的过程以及这种目标体系的建构过程，将使职前教师教育真正找到方向、动力和突破口。

（3）要坚持培养的实践取向。一是要高度注重教育实践，把养成师范生的教育实践能力作为重要任务来抓；二是要结合国情、校情延长并规范教育实习时间，保证教育实践的常态化与自主化；三是要不断加强教育实践课程建设，将教育活动整合、提升到课程层面，为未来小学教师身心发展打造课程平台；四是要全程开展反思性实践，为学生现实养成实践能力、获得比较丰富的实践性知识提供实现的有效路径；五是注重加强大学与基础小学的合作，并找到符合国情、校情的合作形式，合力打造有利于小学教师专业发展的专业平台；六是要努力做好教育实践效果评价。事实上，这是保证人才培养质量的出口和非常必要的支持条件。在这个方面，我们还有一段路要走。继续建构并完善实践取向小学教师职前培养的教师评价体系，是今后一段时期的重要任务。

二、实践取向小学教师职前培养目标体系构建的原则

（一）发展性原则

建设目标体系不是最终目的，促进未来小学教师的发展才是目的。因此，构建实践取向小学教师职前培养目标体系时，应遵循发展性原则。所谓发展性原则是指教育教学活动不仅要适应学生的身心发展，更要在此基础上促进其身心发展。这一原则体现在实践取

向小学职前教师培养目标体系的构建上，主要是指培养目标应着眼未来小学教师专业素质的全面发展，在内容上能够整体涵盖专业情意、专业知识、专业技能三个维度，在具体预期上既能确保达成专业水准，又能深切考虑到未来小学教师专业成长的可塑性与复杂性。具体地说，遵循发展性原则，构建目标体系时要注意如下几点：第一，应把目标体系建构的着眼点和重心放在促进未来小学教师的发展上。第二，在具体的行为动词及其能级、程度的限定上，应充分考虑发展过程中的未来小学教师的可塑性与复杂性，既注意能够准确地表达具体的能级要求，又注意用词适中，为现实的考量留有余地。如“愿意在与儿童接触时以儿童化的方式设想问题或理解问题”，事实上能否以儿童化的方式设想问题或理解问题，直接关系到一名小学教师能否理解儿童的心理世界。这一点其实也是衡量一名未来小学教师是否具有鲜明童心的根本之所在，因为真正的、鲜明的童心，一定不是仅仅写在脸上，而是真的具有一颗纯洁好奇之心，心里生出一分天真、童趣和天然的奇思妙想。但由于未来小学教师的社会化程度大多已达成人水平，要想回归这种童心其实是万难的，因此，在表述这一能级水平时，我们只选择了“愿意”而不是“能够”。第三，在行为主体的称呼上，也要体现发展性，因为不同的称呼有其不同的文化内涵。因此，在教师专业发展意义上，我们将接受职前培养的师范生通称为“未来小学教师”，将小学生通称为“儿童”，因为儿童更切近小学生的生命本体。

（二）全面性原则

目标体系的构建应关注未来小学教师的全面发展：一是要保证目标体系维度的全面性，整体涵盖专业情意、专业知识、专业能力三个维度；二是在具体指标上尤其是关系到长远教师专业发展的重要指标上，如专业情意中鲜明的师爱与童心，知识与技能中的实践经历及其所形成的实践性知识等，不能忽视更不能遗漏；三是要考虑目标不仅涉及到专业知识与专业能力领域，更涉及到专业情意领域，因此，在目标上应注重结果性目标、体验性目标和表现性目标的兼用。如“能够感受到小学儿童的亲师性”就是体验性目标，“能够根据工作需要用各种手段绘制简笔画”就是表现性目标，再如，“在眼神、语言、行为或其他体态语中充满对儿童的热情和关切”，因其切实考虑到儿童的情感需要，并且人性化、形象化，因而具有一定的开放性，也属于表现性目标。

（三）适中性原则

坚持适中性，就是必须考虑未来小学教师所处的发展阶段和自身条件。对目标能级及具体发展程度的设计一定要与未来教师所处的发展阶段和自身条件相符。适中就不能太低，但也不能太高，对未来小学教师专业素质养成结果的预期高度应该是能够顺利地承担入职新教师的工作，基本胜任小学各学段、各学科的教学与管理工作，坚决不能按照专任教师的标准来考虑其发展水平。要想做到适中，一要注意构建目标体系时评价指标及其能级、程度的合理设计；二要注意科学保持总的高师教育目的与具体培养目标执行之间的张力，在总的教育目的上一定要高站位，但在具体目标上一定要量力而定。英国合格教师专业水准在这一点上做得就很适切，可以参照。当然，坚持适中性，不能放弃在核心指标上的高水准，比如教师的专业情意，就来不得半点马虎。

第二节　实践取向小学教师职前培养目标体系的构成及特点

一、实践取向小学教师职前培养目标体系的总体培养目标

实践取向小学教师职前培养目标体系的总体培养目标为：培养能适应21世纪我国社会发展、小学儿童身心健康发展、小学教育改革和发展需要的，具有理想、责任心和良好的社会适应性，具有创新精神，具有鲜明的专业情意、复合的专业知识和综合的专业能力，全面发展、一专多能、特色鲜明的合格小学教师。

（一）实践取向小学教师职前培养目标体系的领域建构①

从理论上，培养目标应该包含两个方面：一是作为常人的发展目标，二是作为专业人的发展目标。在实践上，这两方面的目标是融合在一起的。培养目标的建构有多种范式，领域建构是其中的一种。领域建构范式是一种平面认识视角，目标的形成方式表现为学习行为解剖，目标的关联性主要是领域与领域的差异。借鉴布鲁姆

① 参阅李保强．教学目标体系建构的理论反思．教育研究，2007（1）：54

的教育目标分类，从小学教师专业素质的构成出发，我们从专业情意、专业知识、专业能力三个领域来构建培养目标。

1. 具有鲜明的专业情意

（1）初步形成正确、稳定、积极的专业认同

初步认识小学教育，懂得小学教育的价值与意义；

清楚地意识到自己的专业责任和工作情境；

喜欢并愿意从事小学教育工作；

懂得与同事、家长合作的重要性。

（2）具有鲜明的师爱

对每一名儿童都充满爱心能够公平、公正地对待每一名儿童；

愿意并能够关注儿童的学习与发展；

具有一定的情感克制力，不在儿童面前表现自己的消极情绪；

能够耐心地倾听儿童讲话；

能够表达对儿童的热情和关切，努力确保发挥他们的全部才能。

（3）具有鲜明的童心

了解小学生的身心特点，比较熟悉小学生的思维方式、行为方式和表达方式；

能够感受到小学生的向师性，并对小学生的向师性以积极回应；

对儿童及其活动感兴趣，愿意观察或组织、参与儿童的游戏及活动；

愿意并能够以儿童化的方式与小学生交流。

（4）初步形成自我专业发展意识

初步形成适当水平的自我成就动机；

认识并满足自我专业发展需求并为此承担责任；

能够对自身未来专业发展形成初步的设想。

2. 具有复合的专业知识[①]

(1) 具有广博的科学文化知识基础

拥有一定的当代科学和人文两方面的基本知识；

拥有扎实的工具性学科基础知识与技能，并能熟练运用。

(2) 具有精深的专业知识

具备1~2门学科的专门性知识与技能；

对与所教学科相关的知识，尤其是相关点、相关性质、逻辑关系有基本了解；

了解所教学科的发展历史和趋势，了解该学科对人类社会的价值以及在人类生活中的表现形态；

掌握所教学科所蕴含的独特的认识世界的视角及方法；

熟悉和理解相关的国家课程标准和教学计划；

对所教学科的相关教学法知识有着深刻的理解；

懂得儿童心理发展的规律与特点，并能据此安排和进行教学；

具有一定的实践性知识。

3. 具有综合的专业能力

(1) 具有扎实的小学教师基本功

能够利用普通话正确、流利、有感情地进行口语表达；

能够笔顺正确、笔画规范地书写汉字；

能够根据需要进行及时、流畅、观点鲜明地书面表达；

具有基本的教学技能；

能够利用信息技术辅助教学。

(2) 具有良好的班主任工作能力

具有培育班集体能力；

具有个别教育能力；

---

① 参阅叶澜等著．教师角色与教师发展新探．北京：教育科学出版社，2001.24

能够协调各种教育力量参与班级管理、教学管理；

具有一定的心理辅导能力；

能够与儿童、家长进行有效沟通。

（3）具有良好的教学能力

能够设计出有效而连贯的教学方案；

能创建一个目的明确、舒适安全、有助于学习的环境；

能构建清晰的课堂纪律框架，建设性地管理课堂，提高学生的自律性；

在教学中能够考虑学生的差异性，保证每个学生的进步；

能根据教学需要开发与利用课程资源；

能够制作比较精美的多媒体课件，利用网络进行教学；

能对自己的教学进行修正和调整，以更符合学生的实际；

明确教学评价的要求，懂得教学评价的方法，具有发展性评价能力。

（4）具有基本的教育研究能力

具有基本的教学反思与研究能力；

具有基本的教育科研能力。

（5）具有较好的艺体、科技、劳动技能

会唱一定数量的儿歌，或会跳一定数量的儿童舞蹈，或初步掌握剪纸技能，或能够熟练地画粉笔画及黑板报；

具有一定的科普知识，能够指导儿童开展科学小制作方面的活动；

能够熟练操作校园劳动。

（6）具有鲜明的专业特色

具有良好的现代信息技术与教学整合能力；

具有一定的双语教学能力；

具有“双快作文”[①] 教学能力。

（二）实践取向小学教师职前培养目标体系的时序建构[②]

时序建构范式是最早的培养目标的建构范式，时序建构范式是一种横向的认识视角，目标形成方式表现为学习时间的安排，目标体系的构成包括阶段目标、年度目标、学期目标，目标的关联性主要是前期与后期目标的差异。这种时序建构范式的培养目标便于操作，易于考量。

1. 大学一年培养目标[③]

侧重培养专业情意、教学基本功。

（1）专业情意：了解小学及其教育环境，了解教师工作的基本形式和工作特点。

（2）教学基本功：以普通话和口语表达、书写规范汉字训练为重点。

2. 大学二年培养目标

侧重培养专业情意、教学基本功、班主任工作技能。

（1）专业情意：初步认识小学教育，懂得小学教育的价值与意义；清楚地意识到自己的专业责任和工作情境；愿意与小学生沟通交往。

（2）教学基本功：英语语音语调、即兴演讲、简笔画。

（3）班主任工作技能：了解小学班级、少先队管理及教育工作。除观摩各科课堂教学以外，以观摩班队工作为主，重点是班队工作的集体教育，包括了解建设班队集体的基本环节，掌握组建班

---

① “双快作文”即快乐作文、快速作文。

② 参阅李保强．教学目标体系建构的理论反思．教育研究，2007（11）

③ 参阅关文信．小学教育专业（本科）教育实践课程改革构想．沈阳师范大学学报（社会科学版）．2007（1）

队集体的主要方法；了解小学生日常行为规范的基本要求，掌握对其训练的一般方法；了解开展各种活动的形式和内容，协助或参与实际组织的各种活动等等。

3. 大学三年培养目标

侧重培养专业情意、课堂教学技能与教学基本环节。

(1) 专业情意：能清楚地认识小学教师的责任心的价值；体验爱是全部教育的基础；培养对儿童的同理心。

(2) 课堂教学技能：包括导入技能、讲解技能、提问技能、课堂组织技能、交往互动技能、创设情境技能、板书技能、结束技能。

(3) 教学基本环节：包括学会教学设计，学会上课，学会说课与评课，学会开放性、个性化作业的设计，学会个别辅导。

4. 大学四年培养目标

侧重培养专业情意[①]、基本的教育科研能力、自我专业特长。

(1) 专业情意：树立起从事小学教育的坚定信念；树立为小学生生命奠基的从教意识；对教师合作文化的重要性有清楚的认识，并且愿意与其他教师沟通交流。

(2) 教育科研能力：案例研究的撰写。能够选定案例，围绕案例搜集资料，写出符合要求的案例描述；能够分析案例，能够写出符合规范的案例研究报告。

教育故事撰写。能够采用自述与他述的形式撰写3～5篇教育故事，且符合教育故事要求。

教育行动研究。采取小组合作的形式，围绕教育见习中发现的问题，进行两次行动研究，能够撰写出符合要求的行动研究报告。

(3) 自我专业特长：具有信息技术与教学内容整合能力。具体

---

① 年段目标的设置要特别注意把专业情意培养贯穿始终。专业情意是其专业素质的核心成分，尤其是小学教师，鲜明的专业情意是优秀小学教师必备的素质。这种专业情意的培养主要不是靠说教，而是靠主体的观察与亲历。离开教育实践不可能真正培养出我们所期待的专业情意来。

包括制作多媒体课件能力、利用网络资源进行教学能力。

具有初步的双语教学能力，能在小学中高年级进行数学、品德与社会、科学等科目的双语教学。

二、实践取向小学教师职前培养目标体系的基本特点

（一）着眼“全面发展”

“全面发展”有三层含义：一是指身体、思想道德、认知、情感、社会适应性全面发展；二是指专业情意、专业知识、专业能力全面发展；三是指既能胜任多门学科的教学任务，又能胜任小学各年级的教学任务。

坚持全面发展要把专业情意的培养放在突出的位置，特别是师爱的培养。没有对小学教育的热爱，就永远不会成为一个合格的小学教师。坚持全面发展才能形成专业知识的综合性与专业能力的全面性，才能适应未来的小学教育工作。

（二）强调“学有专长”

“学有专长”包括两层含义：一是指要有明确具体的专业方向。目前，我们设置的专业方向有中文与社会方向和数学与科学方向。二是要达到本科专业水准。体现专业方向的主干课程、外语、计算机课程、教育研究能力都必须达到本科的专业水平，决不能降格以求。

学有专长是本科小学教师同中师、师专层次小学教师的重要区别。学有专长才能真正高站位、低起点地从事小学教育，才能实现那种高观点下的小学学科教学。学有专长才能有足够的研究能力，形成在“教学中研究，在研究中教学”的工作方式，才能适应不断

的教育改革，才有可持续发展的能力。

（三）突出“鲜明特色”

“鲜明特色”就个体学生而言，在专业能力方面要形成一技之长，就全体学生来说要形成群体特长。我们尝试在信息技术与学科内容整合、双语教学两方面打造群体特长。

在我国小学教师队伍由供求矛盾转变为结构性矛盾的背景下，我们培养出来的学生必须特色鲜明，这种特色就是一种质量的标志，就是一种独特性，一种不可替代性。有了这种特色就能适应小学教育发展的趋势，在未来的就业竞争中就有了自己的优势，一旦走上小学教师岗位，经过一段磨炼就会成为中坚与骨干力量。

第四章

实践取向小学教师职前培养的教育实践课程模式

小学教育专业教育实践课程模式是小学教育专业总课程模式的子系统之一，其围绕小学教育专业的教育实践而构建。为提高小学教育专业人才培养质量，我们以海南师范大学初等教育系为平台，历时四年，开展了“小学教育专业教育实践课程模式研究”，旨在构建具有小学教育专业特色的教育实践课程模式。

第一节 教育实践课程性质及课程模式的主题

一、教育实践课程的性质

（一）教育实践课程属于教育专业课程

在传统的师范教育课程体系中，教育实践往往独立于通识课程、学科专业课程和教育专业课程之外，一般地将其单独列为“毕业实习”，有的和毕业论文并列在一起，称为“教育实习与毕业论文”。这种编排模糊了教育实践课程的属性。必须明确教育实践课程属于教育专业课程。教师专业既包括学科专业性，也包括教育专业性，国家对教师任职既有规定的学历标准，也有必要的教育知识、教育能力和职业道德的要求。教育专业课程的功能在于赋予教师职业以教育专业性。而这种教育专业性不仅仅是教育知识，还包括教育能力和教育专业情意，教育实践课程就是旨在培养未来教师的教师专业情意与教育教学能力。离开了教育实践课程就无法培养未来教师教育能力与教育专业情意。

（二）教育实践课程是学术有效性与职业有效性的桥梁

传统教育实践的指向是职业技能，而教育专业理论指向的学生的理论素养，或者说学术，二者之间是相脱离的。教师专业化要求我们要实现学术有效性与职业有效性的融合。所谓学术有效性是指师范专业的学术水平是否具有与其他专业相应的学术资格；职业有效性是指师范毕业生的职业水准。[①] 实际上，这也就是争论已久的学术性与师范性问题。在教师专业中，学术性与师范性具有等价性，同等重要，二者之间应该是有机统一的，而实现二者之间融合的中介与桥梁就是教育实践课程。在教育实践中，学术性与师范性由对立走向统一。

（三）教育实践课程具有不可替代性

在教师专业素质的培养中，教育实践课程具有不可替代性。一是教师的专业情意只有经过长期的教育教学实践才能形成。教师专业情意的形成是一个养成的过程，仅靠书本知识是不能培养未来教师专业情意的。书本知识只能解决“知”的问题，并不能解决“行”的问题，知道了不一定做得到。知行之间不是必然统一的。从总体上说，教师专业情意是一个接受、认同、内化的过程。其基本的学习形式是观察与亲历，也就是实践。二是教师的专业知识也只有通过教育教学实践才能内化为自身的素质。教师专业知识最初是从书本上获得的，属于公共知识，这种公共知识还不能真正用来解决教育教学中的实际问题。要使这种教育公共知识真正在教育教学中发挥作用，就必须将其转化为未来教师的个体知识，这同样也是一个内化的过程，而实现这种内化的必要条件就是教育实践。三是教师的教育教学能力也只有在实践中才能真正培养出来。任何能力都是运用一定的知识解决问题时所表现出来的心理特征，能力是在实践中表现出来的，也是在实践中形成的。教师的教育教学能力也是在教育实践中培养起来的。

① 严开宏. 教育实践课程在培养高学历小学教师中的定位及其模式. 南京晓庄学院学报，2001（9）

二、教育实践课程模式主题

课程模式是按照一定课程设计理论和一定学校的性质任务建立的、具有基本课程结构和特定育人功能的、用在特定条件下课程设置转换的组织形式。[①] 任何一种课程模式都应具备三个基本要素：模式主题、功能与结构设定、支持系统与适用环境。

课程模式的构建首先是模式主题的确定，所谓的模式主题实际上就是在这个模式中所蕴含和体现的课程理念和课程主张，它是课程模式的灵魂。在综观教师教育改革与发展趋势的基础上，我们认为小学教育专业教育实践课程模式应该确定的主题是：实践—生态课程。实践—生态这个课程主题规定了教育实践课程的两个基本特点，一是实践的，二是生态的。

（一）坚持实践取向

教师是一种实践性职业。实践性知识是职前教师专业发展的基础，是未来教师的安身立命之本。实践加反思，是教师专业发展的有效行为方式。因此，教育实践课程模式不能从课堂到课堂，从书本到书本，而必须坚持“为了实践、基于实践、在实践中”的价值取向。“为了实践”强调的是教育实践课程的目的是使未来教师获得基本的教育实践能力，为其从教打下最坚实的基础；“基于实践”强调的是教育实践课程的内容必须来自小学教育的现实需求；“在实践中”强调的是教育实践课程必须与真实的教育现场紧密相联并在其中实施。

① 廖哲勋．论中小学课程结构的改革．教育研究，1999（7）

（二）注重文化适应

实践—生态课程不仅要坚持实践取向，而且必须将这种实践置于一种环境之中，一种文化之中。这种环境与文化的显著特点是“合作”，“交流”。学习是一种实践与参与、学习是对某种文化的适应，是情境学习理论学习观的两个核心观点。情境学习理论认为学习是一种普遍存在的、正在进行的情境化的活动。日常生活中的参与就是学习者在实践中不断改变自身理解的过程。学习者参与的基本方式是“合法的边缘性参与”，伴随参与程度的加深及实践复杂性的增强，学习者获得了属于自己的经验。情境学习理论认为学习是使学习者的信念、行为适应新的社会群体或文化的过程，其间学习者所熟悉的不是外部教育、教学的结果，而是周围环境与文化的产物。一旦适应了这种文化群体，学习者就容易走向成功。这种情境化的学习强调的是一种环境与文化的教育功能，这种功能的发挥依靠的是群体内的合作与交流，这也是环境与文化生态化的基本条件和主要特征。教育实践课程必须坚持情境学习理论的学习观。小学教师在长期的教育教学实践中，逐渐地形成了一种比较稳固的、用来指导自己教育教学的价值体系和行为方式，这种价值体系和行为方式的总和就是教学文化，或者说是教师文化。未来教师的培养过程实质上就是对这种教学文化或教师文化的适应过程。如果我们的教育实践课程仅仅停留在对某些教育理论的印证，或者是某些教学技能的获得上，那么未来教师对小学教育的理解就只能是一种浅层次的。未来教师初入职时表现出来的“上手慢”、“困惑多”，实际上就是对一种文化的陌生所致。

第二节　教育实践课程模式的功能与结构

一、教育实践课程模式的功能目标

课程模式结构的建立是以特定的功能假设为指向的。因此，首先要科学地确定教育实践课程模式的功能目标。从大的方面说，功能目标的构成应包括两个方面，一是学会表现某种行为，目标要明确学生必须能做什么；二是发展某种个人特质，目标要明确学生必须成为什么样的人。[①] 小学教育专业教育实践课程模式的功能目标必须要体现这两个维度。

（一）教育实践课程模式总体目标

教育实践课程模式的总体目标综合地体现了“学生必须能做什么”和“学生必须成为什么样的人”这两个维度。

教育实践课程旨在引导学生形成良好的专业情意，愿意从事小学教育职业；具有初步的小学教育教学实际能力；具有基本的教育科研能力；具有良好的沟通表达、组织协调、交流合作能力；形成自我专业特长。上述目标可概括为四个方面：专业情意、专业知识、专业能力与社会适应性。

专业情意是小学教师专业素质的核心，是小学教师从事小学教

① 参阅廖哲勋，田慧生主编．课程新论．北京：教育科学出版社，2003．160

育活动的原动力。专业情意的灵魂是“热爱”，即热爱小学教育，热爱小学生，专业情意实质上是一个教师的人文情怀。《教育——财富蕴藏其中》提出，教师不仅应当具有极为多样的的教学才能，而且应当表现出情感同化、耐心和谦虚等人文品质。如果一个儿童遇到的第一位教师是位未经过充分培训并且缺乏积极性的老师，那么他们未来进行学习的基础就缺少坚固性。教师培训要重视教师情感品质的培养。[①] 而这种情意必须在教育实践中才能最终形成。

专业知识是这个专业领域里的无数从业人员（包括研究者与实践者）经验的结晶，专业知识是形成专业能力的基础，是从业人员分析和解释各种发生在专业领域里的现象的依据。专业知识不仅仅是文化知识、本体性知识、条件性知识，还有实践性知识。其中条件性知识的深入理解和实践性知识的获取都离不开教育实践，即使是作为本体性知识的学科知识，要实现其心理化，也只能在教育实践中最终完成。

专业能力是未来教师顺利和完成从事教育教学活动所必备的心理特征。而任何能力的形成都要经历一个由陈述性知识向程序性知识转化的过程，实现这一转化的条件就是练习，而教师专业能力的最终形成只能在教育实践中。

社会适应性指的是一个人在心理上适应社会生活和社会环境的能力。进一步讲，就是使自己的需要切合社会的实际，使自己的行为符合社会的共同规范，并能独立处理社会生活中出现的问题，以便达到个体与社会之间的平衡、和谐和统一。一个做教师的人必须有良好的社会适应性，这样才能在与学生、同事、家长的交往中，形成和谐融洽的人际关系，才能形成一个良好的教育“场”，使教育对象有一个良好的成长环境。而这种社会适应性的培养也同样离不开教育实践。

---

① 何齐宗．全球视野的教师理念——联合国教科文组织教育文献研究之一．高等教育研究，2008（1）

（二）教育实践课程模式的年段目标

教育实践课程模式的年段目标是对总目标的分解，同时，也是一种教学进程的安排。教育实践课程模式的年段目标的划分要注意两个问题：一是阶段性与连续性的统一；二是理论课程与实践课程的统一。

年段目标是依据总体培养目标和学科课程开课情况，将总体培养目标分解到各个年段。大学一年侧重培养专业情意、教学基本功；大学二年侧重培养专业情意、教学基本功、班主任工作技能；大学三年侧重培养专业情意、课堂教学技能与教学基本环节；大学四年侧重培养专业情意、自我专业特长、基本的教育科研能力。其中专业情意的培养要贯穿始终。

课程目标要靠课程内容来承载和达成。课程内容的选择也就是课程选择，是根据特定的教育价值观及相应的课程目标，从学科知识、当代社会生活经验或学习者的经验中选择课程要素的过程。[①]课程要素包括概念、原理、技能、方法、价值观等。依据上述课程目标，我们确定了以下课程内容：教师基本功、教学基本技能、班队管理能力、现代教育技术能力、教育研究能力、社会适应性等。

二、教育实践课程模式的结构

小学教育专业教育实践课程模式的基本结构是：学科课程、经验课程和潜在课程的整合，以经验课程为主。

经验课程又叫活动课程，与学科课程相对而言，它是打破学科逻辑组织的界限，以学生的兴趣、需要和能力为基础，通过学生自己组织的一系列活动而实施的课程。经验或者说活动是经验课程的

---

① 张华．课程与教学论．上海：上海教育出版社，2000

基本形态。教育实践课程中的经验课程主要是通过多样化的活动，充分利用真实的教育环境，促进大学与中小学建立最紧密的联系，经验课程的内容是融合于各种教育实践活动中的知识、技能和技巧，学生通过各种动态的活动以直接经验的形式实现对教学文化的吸收、综合运用和创造。经验课程在职前教师培养中发挥着极其重要的作用，理应将其放在小学教育专业教育实践课程结构的突出位置。专业情意和实践性知识是职前教师专业素质构成的两个核心成分。对小学教育专业的学生来说，首要的是培养他们热爱小学教育事业、热爱小学生的情意。这显然不是在大学课堂里所能完成的，而必须依靠不断的经验和实践。只有走入小学教育的现场，通过亲历小学教育教学实践及个体体验的沉淀、积累，通过与一线小学教师的耳濡目染，鲜明、博大的师爱才会逐渐浸入心灵深处。同样，实践性知识也只有在经验中、在实践中才能获得，因为实践性知识的根本特征是实践性与个体性。离开经验与活动，教育理论无法内化为个体知识，一线指导教师的宝贵经验无从汲取，自身亲历教育教学的经验也无从获得和提炼，更勿论新旧经验的结构化和系统化。

实践并不排斥理论，实践本身就包含理论，实践不仅要以理论为指导，而且本身就孕育理论，教育实践课程结构中必须要有学科课程。一般地说，学科课程是以文化遗产为基础组织起来的传统的课程形态，由一定数量的不同学科组成。学科是在科学的基础上发展起来的，反映的是概念、范畴、定理等之间的逻辑关系，它把不同知识汇总成一个有机联系的整体，按照一定的逻辑结构将科学所发现的概念、原理等整合起来。教育实践课程中的学科课程主要是介绍有关教育实践的一般理论，或者说公共知识。这些教育实践的一般理论或者公共知识内化为教师个体的教育知识，恰恰是教师教育实践性知识形成的路径之一。学科课程与经验课程实现了内容、功能与学习方式的互补。

实践能力的形成的一个重要方面是实践感的培养，这就必须要有特定的环境、氛围。这种特定的环境与氛围实际上是一种潜在课程。因此，在教育实践课程模式的构建中，不能忽略潜在课程的建设。潜在课程的表现形式是多种多样的，其中包括校园环境、学校文化传统、管理体制等；各种讲座、文体活动、兴趣小组等也都是潜在课程。教育实践课程建设中要把潜在课程的建设放在突出位置。

三、教育实践课程的功能

美国学者持拉弗斯认为，教师角色的最终塑造必须在实践环境中进行；1992 年英国教育大臣克拉克提出 80% 的职前教育应放在中小学进行；美国早在 1989 年的全美教师职代会上提出要把教师教育渗透到真实的教育情境和过程中。20 世纪 90 年代以来，澳大利亚将未来教师教育的 60% 的课程安排在中小学进行。[①] 日本学者西山启对教育专业的学生学习教育心理学及儿童心理学课程前后的变化与教学实习前后的变化进行比较研究，发现六个星期的教学实习对实习生的儿童观、学生观及教师职业观的影响远远大于十五个星期的教育心理学与儿童心理学课程教学的影响。[②] 上述研究成果无不证明教育实践在未来教师专业成长中具有极其重要的作用。教育实践课程在教师培养中起根本性作用。教育实践是获得教师实践性知识，形成教育教学能力的根本途径。教师的实践性知识和教育教学能力主要是通过教学实践形成的。教育教学的过程是各种知识与能力综合运用的过程，教师的教育理论知识、学科知识只有通过实践才能内化为自身的素质。而连接未来教师与教育实践的教育实践课程也就具有了重要的课程功能。

---

① 朱水萍，Peta Heywood. 教师成长初期的教育实践能力培养——基于澳大利亚拉筹伯大学教育实践课程考察的启示. 宁波大学学报（教育科学版），2007（2）

② 吴康宁. 教育社会学. 北京：人民教育出版社，1998. 220，228

（一）教育实践课程是专业情意培养的基本途径

专业情意的培养不同于具体知识的获得，作为一种情感的形成一般都要经历三个阶段，即感受、认同和内化。所谓感受是指主体能够独立从事或合作参与相关活动，建立感性认识；所谓认同是指主体在经历的基础上表达感受、态度和价值判断，做出相应的反应；所谓内化是指主体具有相对于稳定的态度，表现出持续的行为，具有个性化的价值观念等。在这三个阶段中内含着两种学习方式，一是观察，二是亲历。不论是观察，还是亲历，都离不开实践，教育实践即是未来教师观察与亲历的现场，更是观察与亲历的对象，在教育实践的过程中，未来教师逐渐地认识了小学教育和小学教师，并且逐渐地形成了对小学教育和小学教师的热爱。这是未来教师在教育实践中逐渐体验的结果。

（二）教育实践课程是实践性知识获得的主要载体

教师在教育实践中既需要技术性知识，也需要实践性知识。技术性知识是关于规则、技术和原则的知识，它们可以以命题的形式完整地表述出来，并能为人们学得、记住并付诸实践。实践性知识则是由有组织的辨别、判断和行为的能力构成的，这些能力深深地根植于知识、信念、价值观和态度之中，许多是依靠个人感悟或经验获得的无法用语言表达出来的缄默的知识。[①] 实践性知识的重要属性之一是情境性，实践性知识是镶嵌在情境中的知识。而情境性是教育实践课程的基本属性，未来教师的实践性知识的获取与积累必须在真实的教育情境之中，实践性知识的获得绝不只是由理论到实践的直接运用和过渡，它需要未来教师在真实的教育情境中，面对复杂而具体的问题，经过观察、经历、反思到反复实践而获得。

---

① 赵昌木. 论教师成长. 高等师范教育研究，2002（5）

因此，教育实践课程就成为未来教师实践性知识获取的主要载体。

（三）教育实践课程是社会适应性发展的重要平台

社会适应性是未来教师未来适应社会，适应职业环境的必备心理素质。人与环境是相互影响、相互促进的。而要做到这一点，就必须具有良好的社会适应性。社会适应性是一种对环境的感知能力，是一种对人际关系的把握能力。这种能力培养最好的途径就是让学生真正走向社会生活，独立地去面对各种各样的人与事。教育实践课程为未来教师社会适应性的发展提供了重要平台，在这里，他们将面对陌生的人与陌生的环境，他们将面对各种各样的矛盾与问题，而这些矛盾与问题都不是从书本上能够直接找到答案的。他们正是在解决这些矛盾与问题的过程中，逐渐积累社会性经验，逐渐地与小学领导、小学教师、小学生、小学生家长建立起一种和谐顺畅的关系，从而学会与人共处，学会与人交往。

第三节　教育实践课程模式的支持系统与环境

任何一种课程模式都需要有一定的支持系统，同时也需要与之相适应的环境。因此，支持系统与适用环境的建设同样是课程模式建设的重要内容，也是重要环节。小学教育专业教育实践课程模式的支持系统与适用环境的构建主要包括三个方面的内容：改造一门课程，构建一个机制，搭建一个平台。

一、改造一门课程：学科课程与教学论

学科课程与教学论是高师院校开设的课程中最具师范性的一门课程。从教师专业化角度讲，学科课程与教学论的“师范性”是其区别于其他学科的特色所在，也是其他学科不可替代之处。其对未来教师专业素质的培养价值是显而易见的。遗憾的是，在传统学科课程与教学论课程的定位、内容及实施上存在诸多问题：一是学科定位不科学，过多地着眼于技术层面，缺乏课程论与教学论双重视角的理论观照，难以为“法”的追求提供坚实的理论根基和必要的价值引导。二是课程内容老化、过于理论化、学科特性不明显。三是课程实施局囿于理论取向。四是学科课程与教学论在高师培养计划中规定的学时太少，难以完成本课程的任务。五是学科课程与教学论中技能训练机会太少，力度不够。因此，改造这门课程必须从

认识与实践两个层面入手。

（一）正确定位学科课程与教学论的课程地位，澄清其学科属性

1996年6月6日，国务院学位委员会、国家教育委员会颁布了新修订的《授予博士、硕士学位和培养研究生的学科专业目录》。根据新调整的专业目录，原来的学科教学论专业与教学论专业，统一调整为“课程与教学论”专业。课程与教学论专业是一级学科教育学下的二级学科，各种教学论，诸如化学教学论、数学教学论、物理教学论、语文教学论等统称为学科教学论，都归属为课程与教学论专业，是课程与教学论的重要研究方向之一。显然，学科教学论的学科定位应是教育学学科。学科课程与教学论属于理论层面。与属于技术层面的学科教学法和学科教材教法相比，其既融含了技术层面，又有课程论与教学论双重视角的更高层次的理论观照。

学科课程与教学论是课程与教学论的学科化，学科性是其基本属性之一。但是基本属性不等于本质属性，作为课程与教学论学科化的理论成果，学科课程与教学论的本质属性应该是教育性，或者说师范性。学科课程与教学论是研究学科教学规律及其应用的一门学科。它的研究对象是学科教学系统，即学科教学中教与学的联系、相互作用及其统一。显然，学科教学论是植根于学科与教学之中发生、发展的，是学科建构与教学发展，及其理论研究和实践检验、完善的结果。一方面，离开了学科知识，学科课程与教学论就失去了存在的理由；另一方面，离开了教育性，学科课程与教学论就失去了灵魂。因此，学科课程与教学论是学科性与教育性的统一。此外，实践性也是学科课程与教学论的基本属性，其实践性体现在“知”与“会”两方面的统一，即知与行的统一，这种统一必须在实践中完成。

（二）科学统整理论层面与技术层面，完善其课程内容

学科课程与教学论既包含理论层面，又包含技术层面，必须进行科学的统整。在统整过程中，我们注重把握两个关键点：一是实现学科性与教育性的统一，从而使学科课程与教学论找到理论依托和学科生长点；二是反映基础教育新课程改革的基本诉求，增强课程内容的时代性与综合性。统整后的课程内容包括：①理论层面：学科课程与教学论基本理论；学科课程与教学改革的历史与展望；课程标准研读；新教材研习。②技术层面：学科特殊教学技能；学科教学专题研究。[①]

（三）打造微型课程，增强课程实施的适切性和实践性

一定的课程内容要有一定的课程形式。微型课程，也叫专题课程，其灵活性有助于实现大学与小学课堂互动，在组织方式上集中与分散结合，在课时分配上长短结合，在教师配置上大学教师与小学教师结合，实践训练时间适当大于理论讲授时间。因此，学科课程与教学论适宜采用微型课程。基于这种理解，我们改变了以往一本书讲到底的学科课程与教学论教学方式，将其改造为微型课程群。我们采用的微型课程的基本形式有：专题教学、讲座、论坛、说评课、观摩教学、教案设计等。针对不同的微型课程，我们采用不同的教师配置，其中学科课程与教学论基本理论、学科课程与教学改革的历史与展望、学科特殊教学技能等专题课程的教学任务由大学学科课程与教学论教师承担；课程标准研读、新教材研习、学科教

---

① 小学数学教学专题包括：数与代数教学研究、空间与图形教学研究、统计与概率教学研究、实践活动（综合应用）教学研究。小学语文教学专题包括：识字与写字教学研究、阅读教学研究、习作教学研究、口语交际教学研究、综合性学习教学研究。

学专题研究等专题课程的教学任务由优秀小学教师或优秀小学教研员承担。这种教师配置既确保了这门课程的理论性，又凸显了这门课程的实践性，实现了大学与小学优质资源的整合，从而提高了人才培养质量。

二、构建一个机制：教育实践课程实施与评价机制

课程实施与评价是教育实践课程的重要内容与环节。课程实施就是把新的课程方案付诸实践的过程，而课程评价则是根据一定的课程价值观，运用一定的科学手段，通过系统地搜集信息、资料，分析、整理，对课程方案、课程实施过程和结果等的价值或特点做出判断，从而为课程决策提供可靠信息的过程。因此，构建一个良好的教育实践课程实施与评价机制是教育实践课程模式的重要内容。

（一）教育实践课程实施基本原则

教育实践课程实施要坚持以下基本原则：

1. 课内与课外相结合

以往教育实践课程的实施更多地依赖课堂教学，依赖对书本知识的传授，学生所获得的只是关于教育教学能力的陈述性知识，只解决了“是什么”的问题，并不能解决“如何做”的问题，使教育实践课程实质上流于理论化，失去了本真。教育实践课程的实施在教学组织形式上必须做到课内与课外相结合，使课堂教学能够向学生的生活延伸，把学生的课外生活变成教育实践的有效空间，从而实现教育实践的常态化与自主化。

2. 集中与分散相结合

以往教育实践课程的实施在时间上表现出总体时间短，活动时间又相对于集中。时间短无法达到培养目标的要求，活动时间的相

对集中又使学生缺乏必需的反馈和调整的机会。因此，要改变以往的教育实践活动中的弊端。把一次性的教育见习改为从大一第二学期开始，每学期都有1周的教育见习。教育实习由原来的毕业前的一次性，改为大三第六学期3个月的农村顶岗支教实习和大四第八学期1个月的城市学校实习。这种安排一方面延长了教育实践的时间，加大了教育实践的力度，另一方面使教育实践贯穿于大学教育的全过程。

3. 校内与校外相结合

以往教育实践课程实施在空间上比较狭小，校内空间没有得到有效利用，而校外空间又被比较单一的教育见习或实习形式所制约，同样不能有效利用。教育实践课程实施在空间上要最大限度地利用好校内与校外空间，用形式换空间，要创新活动形式，不断拓宽校外教育实践活动的路径。

（二）教育实践课程实施形式

各国教育实践课程的形式多种多样，有以观摩学习为主的见习、参观、调查，有亲自实践的模拟课堂、教育实习等。我国传统的教育实践课程形式比较单一，一般只是见习和实习。实践取向小学教师职前培养必须在借鉴国内外教育实践课程建设的基础上，创新教育实践课程形式。

1. 教育见习

教育见习可以使师范生走入真实的小学教育现场，参与小学的教育教学活动，进而通过见习了解见习学校的教育教学状况，观察小学生学习生活状态，感受小学教师的专业情意、教学风格与班队管理特色。在教师的引导下，将在课堂里所学习的理论知识与真实的教育情境结合起来，尝试用所学理论解释所遭遇的问题与情境，初步印证、检验和运用所学理论。

2. 教育实习[①]

教育实习是影响理论与实践相结合的重要因素，也是未来教师专业发展的重要环节与形式。在教育实习的组织形式上，要变“块状”集中实习为线状分散实习，让未来教师长时间定期到一所学校去参加活动或进行观察，激发他们对教育现实的思考，获得更为丰富的经验。在教育实习内容结构上，在现行的以教科书规定的内容为主、以规范型内容为主的基础上，还要有创新性内容，创新性内容要有研究性，由未来教师自己去组织加工。教育在实习的课程结构上，可将实习分为必修和选修两类，给未来教师一定的自由度。

教育实习的具体策略主要有五种:[②]

①案例研究。研究的对象是小学生，一般采用观察、访谈、学生作品分析等方法收集数据。分析案例时要求应用所学的理论与概念，对儿童的行为进行描述与解释。这一策略可以帮助未来教师把所学的有关儿童发展的理论与儿童个体及其学校、家庭联系起来，使未来教师学会正确地判断儿童的发展水平及其需求。

②学习与教学分析。主要是讨论教学和学习过程中出现的问题。未来教师通过观摩教学课或观看教学录像，对教学设计、方法和策略等进行分析与反思。这一策略有助于未来教师思考学生是如何学习的，他们学到了什么，教学方法是否适应于学生等问题，经常运用这一策略可以很好地提高未来教师的教学反思能力。

③行动研究。这是一种基于问题的探究，未来教师在实践中发现问题。通过研究，找到解决问题的方法，并在实践中进一步验证这些方法的有效性。这种策略能够培养未来教师课堂探究意识与能力，使他们更深入地理解教学与学习。

④行为展示。未来教师在实习过程中，要在指导教师的帮助下，

---

① 参阅王传金，王琳．论未来教师实践性知识的习得．教育理论与实践，2007（10）

② 参阅周钧，李小薇．关于高质量教师教育的阐释——评《有效教师教育》．高等教育研究，2008（1）

上好汇报课。这种汇报课实际上是未来教师的一种行为展示。这种策略可以使未来教师的教学能力得到较充分的展现，从而获得指导教师更深入的指导，同时，也可以促进未来教师之间的交流与学习。

⑤档案袋记录。专业发展是一个过程，真实地记录这个过程，然后对这种过程进行叙事研究，从中寻找成长的规律与特点。

3. 教师职业技能训练

教师基本功和教师职业技能是教师实践性知识的重要组成部分，是教师在课堂教学情境中解决问题所必需的。实践取向小学教师职前培养中必须高度重视教师职业技能训练。要把教师基本功过关和教师职业技能达标作为教育实习准入条件，凡未达标者不得进入教育实习。

做好教师职业技能训练首先要有制度保障，把教师职业技能作为未来教师必备的基本素质，建立必要的制度，统一安排，确保教师职业训练能够有计划、有组织地进行。要提供资源，包括指导教师、时间、空间以及其他相关资源。要把自主学习与统一考核结合起来。提倡自主学习是为了让学生意识到职业技能训练是他们自己的事，不能仅靠教师的指导，同时，为他们的训练给予最大的自由空间。坚持统一考核是为了确保训练的质量，维护职业技能训练的严肃性。

4. 微型教学

微型教学也叫微格教学。微型教学是一种利用现代化教学技术手段来培训教师特别是未来教师教学技能的系统方法。微格教学是一个缩小了的、可控制的教学环境，它使准备成为或已经是教师的人有可能集中掌握某一特定的教学技能和教学内容。角色扮演是微格教学中的重要环节，未来教师走上讲台讲演，扮演教师。为营造出课堂气氛，由小组的其他成员充当学生。通过这种角色扮演，使未来教师从事指定的活动，以达到预定的学习目标。微型教学发展到今天，已经突破了原有的局限，发展成为在实验室条件下的模仿教学，即通过模拟中小学课堂教学环境，在有经验的教师的指导下，借助现代教育技术手段，运用某一教育教学原理、原则方法或技术，解决面临的问题。

5. 教师成长协作团①

教师成长协作团是一种全新的、实践取向的职前教师培养形式。为提升未来教师的专业发展水平，海南师范大学初等教育系与教育实习基地海口市龙华小学于2006年初成立了“海南师大—龙华小学教师成长协作团”。双方协商海南师大初等教育系大三学生利用课余时间，到龙华小学进行为期三个月的拜师学习。龙华小学根据来校大学生人数，按照一带一的模式选派指导教师，同时，初等教育系也派出相应的指导教师，共同负责对大学生的指导。教师成长协作团以认知学徒制为基本形式，以大学教师、小学教师与大学生合作互动为内在机制，为未来教师获取实践性知识提供习得途径，以促进未来教师的专业成长。

6. 家教

家庭教师是一种职业，是指被个别家庭以一定的报酬聘为私人教师的从业者，通常简称为家教。家庭教师通常负责补习功课，或者是教授某些技能，例如乐器、语言等。家庭教师在未来教师成长中具有重要意义，它是教育实践课程的一种重要形式。在担任家庭教师的过程中，未来教师可以对自己的教育对象进行个案研究，更好地认识儿童，以自己所学的教育教学理论来指导家教工作，实现理论与实践的结合。

---

① 参阅关文信，李伟诗. 职前教师培养的新模式：教师成长协作团. 东北师范大学学报（哲学社会科学版）2007（1）

（三）教育实践课程的考核与评价

所谓课程评价是以一定的方法、途径对课程计划、课程实施及结果等问题的价值或特点做出判断的过程。课程评价有三种取向：目标取向、过程取向和主体取向。目标取向的评价把评价视为将课程实施的结果与预定的课程目标相对照的过程；过程取向的评价则是试图使课程评价不受目标的束缚，强调将课程开发与实施中的全部情况纳入评价范围，主张凡是具有教育价值的结果，不论其与课程目标是否相符，都要予以肯定；主体取向则把评价过程看作是评价主体与被评价者共同建构意义的过程。

教育实践课程评价要坚持三种取向的平衡。秉持上述理念，我们将教育实践活动同学分挂钩，并适当加大教育实践课程学分比重；制订教育实践课程考核评价指标体系，建立相应的考评组织；教学基本功实行合格证制度，每年定期考核，如在大一时开设“汉字书写”指导课，期末组织考核，其他年级凡是汉字书写不合格的学生都可以参与考核。凡有一项教学基本功不合格的不能进入教育实习；实行档案袋评价，记录未来教师自我成长历程，如在教师成长协作团中，从一开始就让学生明确他们所要完成的各项任务，并且要把在完成这些任务中所形成的作品放入档案袋；评价主体多元化，如教育实习的评价，既有大学指导教师的评价，又有小学指导教师的评价，既有个人的自我评价，又有实习小组的集体评价，然后将这些评价综合起来。

三、搭建一个平台：实践取向职前教师培养平台

教育实践课程的实施需要有一定的平台，这个平台就是教育实践课程实施所需要的环境或条件。要从校内校外相结合、职前职后相沟通的思路来建设教育实践课程实施平台。

（一）教育科研与实践合作单位

教育实践课程的实施需要依托真实的教育现场，要有稳固的教育科研与实践基地。我们在当地教育行政部门的支持下，与海口市14所小学逐步建立起教育科研与实践合作关系。实践证明，这种合作关系的建立有助于实现小学与大学互动，职前与职后沟通，教育理论与教育实践结合。这种合作关系建立的基础是互利共生。一方面，小学为我们提供教育见习、实习资源，选派兼职教师，选派小学名师讲坛主讲人员，小学校长提供初等教育系的教育顾问；另一方面，我们免费为小学提供培训，进行专业辅导，邀请小学教师参与学术活动，为小学教师的专业成长提供空间，合作进行科学研究。

（二）教师成长协作团

如前所述，在总结与小学合作经验的基础上，为促进职前教师的专业成长，我们顺应国际教师教育发展趋势，与海口市龙华小学共同创办了“海南师大—龙华小学教师成长协作团”。教师成长协作团是我们又一个重要的培养平台。这个平台实现了职前教师培养的价值取向的转变，为职前教师获取实践性知识提供了平台，拓展了小学的办学功能，也为大学教师的专业发展提供了空间。

（三）学生社团

学生社团是高校学生在自愿基础上自由结成的群众组织。学生社团组织的基本特点有三：一是自愿为基础，由于是自愿参与，因此，能够最大限度地发挥自我的主观能动性；二是兴趣为凝聚点，学生社团突出的是兴趣，社团每一个成员都有相同的兴趣，社团可打破年级、系科的界限，团结兴趣爱好相近的同学，发挥他们在某方面的特长，开展有益于学生身心健康的活动，形成了良好的凝聚力；三是形式多样，学生社团形式多种多样，如学术问题、社会问题的讨论研究会，文学艺术、体育、音乐、美术等方面组成的活动小组，有诗社、文艺社、棋艺社、摄影社、美工社、歌咏队、话剧团、篮球队、足球队等等。学生社团组织和活动的目的是活跃学校的学习气氛，提高学生自我管理能力，丰富学生的课余生活。学生社团可以根据学校的不同情况利用学生的课余时间开展各种形式的活动，以交流思想，切磋技艺，互相启迪，增进友谊。教育实践课程要把学生社团组织当做平台，赋予学生社团以教育实践的内涵，寓教于乐。

（四）学生宿舍

大学的学生宿舍是一个特殊的空间，是大学组织中的基本细胞。来自四面八方的学生，带着各自的性格特点和不同的地域文化以及不同的教育背景，聚集到同一宿舍，并将在一起生活四年。因此，宿舍存在着丰富的教育资源，它不仅仅是居住的地方，而且是发展自我的环境。因此，我们十分重视宿舍文化建设，努力提升宿舍的文化品位。在教育实践课程实施中，我们把宿舍作为一个基本单位，将各种教师技能的训练纳入到宿舍之中，使之成为宿舍文化建设的重要内容，每年一度的宿舍文化节，就是一个教师技能展示的舞台。

第五章

教师实践性知识与小学教师职前培养

一般认为，美国的舍恩（Schon, D. A.）最早提出了教师实践性知识。20世纪80年代，舍恩在《反思性实践——专家是如何思考的》一书中指出：“教师的专业是具有不稳定性、不确定性，同时又是充满许多潜在的价值冲突的专业。在这类专业中，执业者的知识隐藏于艺术的、直觉的过程中，是一种行动中的默会知识。”①由此引发了人们对教师实践性知识的研究。其中加拿大学者柯兰迪宁和康内利开辟了独特的教师实践性知识的研究模式，成为教师实践性知识研究的集大成者。20世纪90年代，国内学者开始引进国外对教师实践性知识的研究并加以本土化。

① Schon D. A. The Reflective Practitioners: How Professionals Think in Action [M]. New York: Basic Books, 1983. 49

第一节 教师实践性知识的内涵及其价值

一、教师实践性知识的内涵

（一）国内外学者关于教师实践性知识的定义

国内外学者有许多关于教师实践性知识的定义：①

艾尔贝兹（Elbaz F.）认为，教师以独特的方式拥有一种特别的知识，即实践性知识，实践性知识是“教师以其个人的价值、信念统整他所有的专业理论知识，并且依照实际情境为导向的知识”。

康内利和柯兰迪宁（Connelly & Clandnin）更强调教师实践性知识的个体性。他们认为，教师实践性知识是“使我们谈论教师时把他们作为博学而博识的人来理解经验这一概念而设计的术语”。教师实践性知识就是教师个体的经验，这种经验并不是教师原封不动地获得的直接或间接经验，而是一种教师个人经验，并贯穿于教育的实践过程之中。

林崇德认为，教师实践性知识是“指教师在面临实现有目的的行为中所具有的课堂情境知识及与之相关的知识”。

陈向明将教师的实践性知识界定为“教师真正信奉的，并在其教育教学实践中实际使用和表现出来的对教育教学的认识”。

---

① 参阅朱宁波，张丽．国内外教师实践性知识研究述评．辽宁师范大学学报（社会科学版），2007（5）

李德华认为教师实践性知识是以实践者的生活史为背景，建立在对教师实践的反思基础上，借助于教育理论观照下的案例解读和教学实践中问题的解决，逐渐积累而成的富有个性的教育教学的见解和创意。

何晓芳、张贵新则将教师实践性知识定义为“教师通过课堂教学实践经验而非正规的直接理论培训的途径所获得的，并在实践中得到确认的，针对实践中出现的问题的解决的那部分知识”。[①]

（二）与教师实践性知识相近的概念

教师实践知识的理论观点很多，何晓芳、张贵新对与教师实践性知识相近的概念进行了梳理。[②] 其中最有代表性的观点有教师工艺知识、教师个体实践知识和教师缄默知识。

教师工艺知识是指教师在课程教学中，在以往教学经验的基础上形成的，使教师能够应用教学策略、遵循教学常规的那部分知识。它依赖于具体情况，源于个体经验，具有私人化与异化的特点。这种观点强调教师知识的情境性与经验性，强调知识的私人化与异质化。

教师个体实践知识观点认为，教师知识来源于个体的经验，个体实践知识体现于教师的工作实践之中，存在于教师的过去经验与现在的身心活动中，也同样存在于教师的未来教学计划与教学活动中。对教师来讲，教师实践知识，既是对过去经验的重新构建，又对将来具有重大意义。这种观点一是强调教师经验，二是强调个体性，三是强调教师实践的作用。

教师缄默知识观点认为，教师专业化知识分两种：一种是显性知识，通常所说的知识是用书面文字或地图、公式来表达的，能够

① 何晓芳，张贵新．解析教师实践知识：内涵及其特性的考察．教师教育研究，2006（5）

② 何晓芳，张贵新．解析教师实践知识：内涵及其特性的考察．教师教育研究，2006（5）

清晰地对其进行反思和陈述，能够感觉到这种知识有着很严密的逻辑推理；另一种是不能系统表述，且无法清晰地陈述的缄默知识。它不能用语言进行逻辑分析，不能以明确的方式进行传递，别人不能加以批判或评述，同时自己也很难对此做出正确的反思。这种观点强调教师实践知识的无意识性。

二、教师实践性知识的价值①

（一）教师实践性知识是教师专业发展的重要基础

教师实践性知识是教师知识的重要组成部分。学者们对教师专业知识的构成认识不尽相同，但多数学者都把教师实践性知识作为一个重要组成部分，而且学者们对教师实践性知识在教师专业知识构成中的地位及其作用的认识也是基本一致的。由于缺乏教师实践性知识，导致未来教师专业知识结构不完整，直接影响到入职后的适应性。实践证明，凡是那些入职后能够很快适应教师角色的，都是职前培养阶段实践性知识积累较多的，反之则适应较慢。新教师缺乏一定的实践性知识，因而就缺少专业自信和灵活性，并由此产生焦虑和紧张。

教师实践性知识是教师在教育教学实践中实际发挥作用的知识。教师实践性知识影响着教师对理论知识的学习和运用，支配着教师的日常教育教学行为，是教师从事教育教学工作不可或缺的重要保障。

（二）教师实践性知识对教师的其他知识起引导作用

教师实践性知识在本质上是一种理解力，是一种对实践的领会、

① 参阅陈向明. 实践性知识：教师专业发展的知识基础. 北京大学教育评论，2003（1）

把握和经验重组，这种理解力在教师认知的各层面上都起着主导的决定作用。这种决定作用首先表现为一种引导作用。从某种意义上说，教学的过程就是学生将一般知识个性化的过程。例如教一个孩子学骑自行车，成人所能告诉孩子的只能是骑自行车的规则，孩子必须将这些规则个性化，否则就不能真正掌握骑自行车的技巧。而在这个过程中，孩子必须借助已有的实践性知识的引导才能完成规则的个性化。教师在接受外界信息时，教师实践性知识起着过滤作用。这种过滤作用既表现为教师对所面对的理论知识进行的筛选，也表现为教师在解释和运用外界信息时起重要的引导作用。

（三）教师实践性知识对教师的教育教学工作起指导作用

教师实践性知识具有强大的价值导向和行为规范功能，指导着教师的日常教育教学行为。不论能否意识到，教师任何一种教育行为的背后都有一定的实践性知识在起支配作用。教师工作具有个体性、创造性、发散性的特点，不仅需要技术和技能，而且需要艺术素养和审美情趣。目前教育研究界提供的教育教学指导过于单一、机械，忽略了教师工作的复杂性、动态性和审美功能。如果教师的实践性知识得到开发，将能更好地发挥教师的个性特点，扩大教师的创造空间。

（四）教师实践性知识在教师成长成熟过程中起着决定性作用

教师从新手成长为一个成熟的专业人员，这一过程基本上是在学校发生的，教师的实践性知识在其中起到决定性作用。教师作为一个成熟的专业人员的标志就是形成了实践智慧。亚里士多德认为，所谓实践智慧，“是一种能够将各种因素结合在一起，把握住其中恰如其分的‘中道’，合乎正确的理性的品质和能力”。[①] 从某种意义上说，教师实践智慧就是运用实践性知识创造性地解决问题的能力。教师实践智慧的形成必须以一定的实践性知识为基础，一个新手教师成长为一个成熟的专业人员的过程就是实践性知识积累的过程。波斯纳（G. J. Posner）曾提出了著名的教师成长公式：经验＋反思＝成长。经验是教师成长之必需，教师的经验学习对教师专业成长影响很大。经验学习包括经验反思与经验重建，前者有利于经验的量的增加和质的提高，后者则可以使教师的经验提升为理论。实际上，经验学习的过程就是教师实践性知识获得的过程。

① 王南湜．辩证法与实践智慧．哲学动态，2005（4）

第二节　教师实践性知识的特点及其类型

一、教师实践性知识的特点

教师实践性知识源于教师的经验，来自教师的教学实践，是教师知识的重要组成部分。教师实践性知识具有鲜明的特点。国内外众多学者对教师实践性知识的特点进行了广泛的研究，形成了各自的观点。见表 5－1。

表 5－1　关于教师实践性知识特征代表性观点①

研究者	教师实践性知识特点
佐藤学②	工具性、情境性、综合性、缄默性、个体性
陈向明（2003）	可反思性、实践感（紧迫性、条件制约、模糊性、总体性）、行动性
曲中林（2004）	个体性、情境性、动态性、反思性、潜隐性、策略性
曹正善（2004）	模糊性、反思性、道德性、生成性、总体性
姜　勇（2004）	境遇性、实践性、整体性、对话性
陈大伟（2005）	工具性、情境性、个体性、缄默性、整体性
申　燕（2006）	实践性、综合性、情景性、情感性

我们认为教师实践性知识是个体性与公共性的统一、情境性与普适性的统一、不确定性与可证实性的统一、缄默性与可传递性的

① 吴义昌．国内教师实践性知识研究综述．上海教育科研，2007（11）

② 参阅朱连云．关注教师实践性智慧——基于现代知识观、教师观的教师教育新模式．中小学管理，2003（2）

统一。①

1. 个体性与公共性的统一

教学实践是教师个体的实践。教师的经验、价值观等个体因素在实践知识形成过程中起到基础性的作用。因此，个体性是教师实践知识的首要状态。但这并不等于说，教师实践性知识只能是个体性的，因为教师实践知识中仍有相当一部分是可以通过恰当的形式表达出来并与人分享的。教师实践知识也可以为教师群体发展服务，具有公共性特点。个体性突出了教师实践知识最本质的特点，公共性恰恰是教师实践性知识的意义所在。

2. 情境性与普适性的统一

实践与情境是相联的，教师实践知识源于实践，因此，总是带有情境性特点。但在同一领域中，不同的具体情境之间仍有相通、相同或相似之处，某一教师的实践性知识对其他教师也会具有一定的启示作用和辅助作用。因此，教师实践性知识也具有一定程度的普适性。但是，教师实践性知识的普适性不同于理论知识的普适性，教师实践性知识的普适性并非是普遍适用的意思，而是指不局限于单一情境中，在其他类似情境中也可以发挥作用。对优秀教师的经验共享就体现了教师实践性知识情境性与普适性的统一。

3. 不精确性与可证实性的统一

教师实践性知识的个体性决定了不同教师之间的实践性知识不可避免地存在差异，而这种差异便形成了教师实践性知识的不精确性。除此之外，教师实践性知识是在解决实践中的问题时获得的，因此，是一种非系统化分析的知识，因此，也就一定会具有相对的不精确性。但这并不意味着教师实践性知识是不可确证的。知识具有确证性，实践性知识也是如此。判断实践性知识的标准就是实践

---

① 参阅何晓芳，张贵新. 解析教师实践知识：内涵及其特性的考察. 教师教育研究，2006（5）

性知识在解决实践中问题的有效性。

4. 缄默性与可传递性的统一

教师实践性知识具有缄默性。一般说来，教师实践性知识不能通过语言进行逻辑的说明，不能以规则的形式加以传递，不能加以批判性的反思。实际上，教师在教育教学活动中，其所拥有的实践性知识往往是在无意识状态中运用的。正如陈向明所指出的，“实践性知识通常呈内隐状态，基于教师的个人经验和个性特征，镶嵌在教师日常的教育教学情境和行动中，深藏在知识冰山的下部”。但并不是说缄默性不可传递，事实证明，实践性知识也可以通过社会化和外化的形式加以交流与传递。正如前面所言，公共化也是教师实践知识的存在状态。既然如此，那么教师实践性知识就是可传递的。

二、教师实践性知识类型

（一）教师实践性知识类型研究概述

学者们对教师实践性知识的研究晚于对缄默知识的研究，按照波兰尼的知识分类，教师实践性知识属于缄默知识。因此，有关缄默知识的分类研究对教师实践性知识分类研究具有重要的、直接的影响。

哈佛大学教育学院的戴维·帕金斯（David Perkins）教授认为，缄默知识包含五个方面：情感方面的缄默知识、言语理解方面的缄默知识、身体方面的缄默知识、社会习俗方面的缄默知识、专家拥有的缄默知识。

野中郁次郎把缄默知识分为技能维度和认知维度。技能维度包括非正式的、难以掌握的所谓诀窍的技能、来自亲身经历的高度个人化的洞察力、直觉和灵感。认知维度包含信仰、观点、思维模式。

英国南安普敦大学的 Shadbol 等人把缄默知识分为三类：技能方面的缄默知识、背景方面的缄默知识和分散在组织中的缄默知识。

英国伦敦政治与经济学院信息系统系的 Ted Hedesstrom 等人把缄默知识分为还没有被形式化的缄默知识和不能被形式化的缄默知识。

冯善斌从教学过程的角度将教师实践性知识分为教学过程中多种策略的选择和运用；学生的知识结构、认知特点、学习方法；课堂教学的组织、方法的运用、气氛的调控；学生学习主体性的培养、学习积极性的调动与激发。①

李翠泉从教育教学活动出发，认为教师缄默知识包括学科内容的缄默知识和教育教学活动本身的缄默知识。②

江新等人依据钟义信教授的“信息—知识—智能的统一理论”，将缄默知识分为：基于身体的缄默（隐性）知识，基于言语的缄默（隐性）知识，基于认知个体元认知的缄默（隐性）知识，基于社会文化的缄默（隐性）知识。③

张亦学根据能否向显性知识转化以及转化的程度，把隐性知识分为三类：①应然性知识，是指那些从事知识生产的社会成员将其所获得的感性认识加以系统化、条理化、理论化，以显性知识形式向社会传播；②或然性知识，是指那些既可能显性化也不可能显性化的知识；③否然性知识，是指那些不能显性化的知识。④

（二）教师实践性知识类型

陈向明在《实践性知识：教师专业发展的知识基础》一文中对教师实践性知识的构成进行了阐述。按照她的理解，教师实践性知

① 参阅冯善斌．新课程理念下教师专业发展的知识结构．河北教育，2006（2）

② 参阅李翠泉．略论基于缄默知识的教师专业发展．中小学教师培训，2004（10）

③ 参阅江新，郑兰荣，黄荣怀．关于隐性知识的分类研究．开放教育研究，2005（2）

④ 参阅张亦学．论隐性知识转化为显性知识的运行机制．聊城大学学报（哲学社会科学版），2002（4）

识包含六个方面。①

1. 教育信念与专业情意

教师的教育信念也就是教师的教育价值观，它包括教育价值、教育目的、教师职业价值等。一般说来，教师教育信念是一种无意识的存在，但却支配着教师的行为，并且通过教师的教育行为体现出来。教师的教育信念的形成往往受教师的学习经历、关键人物、关键事件的影响较大。

2. 自我知识

教师的自我知识包括自我概念、自我评价、自我教学效能感、自我调节等。一个教师有无自我知识主要是看其是否知道运用自我进行教学，是否了解自我的特点和教学风格，是否能自我调节行为。

3. 人际知识

教师的人际知识包括对学生与同事的认知与了解、热情与激情。具体表现为是否关注学生，学生有求之时，能否作到回应，能否有效地与学生沟通；是否愿意帮助学生；是否有一种想要了解周围世界的渴求、一种想要找到答案并想向别人解释的欲望，能否用这种激情去感染学生。课堂管理往往能集中反映出一个教师的人际知识，其中主要体现在对学生群体动力的把握、班级管理惯例、教室的布置等方面。

4. 情境知识

教师的情境知识主要表现为一个教师的教学机智。教学机智是教师对一个突发事件作瞬间判断和决定时所体现出来的一种行为倾向。它反映了一个教师思维的敏捷性、灵活性和变通性。教学机智有助于理论与实践、反思与行动的结合。

---

① 陈向明. 实践性知识：教师专业发展的知识基础. 北京大学教育评论，2002（1）

5. 策略性知识

教师的策略性知识是指教师在教学活动中表现出来的对理论性知识的理解和把握。具体包括对学科内容、学科教学法、教育学理论的理解；对整合了上述领域的教学学科知识的把握，将原理知识运用到教学中的具体策略；对所教科目及其目标的了解和把握；对课程内容和教学方式的选择和安排；对教学活动的规划和实践；对教学方法和手段的选择与运用；对特殊事件的处理等。

6. 批判性反思知识

教师的批判性反思知识是有关教师对自我教学行为进行理性检视并做出评估与调整的能力。教师的批判性反思主要是一种实践取向的反思，是以实践为本的反思，具体地说，就是对实践反思，在实践中反思，为实践而反思。

上述六方面的教师实践性知识相互联系、相互影响，其中教师的教育信念居于核心地位，对其他知识影响最大。

第三节 未来教师实践性知识的形成与获得

一、未来教师实践性知识的形成机制

由于所遵循的理论基础不同，因而对教师实践性知识的形成机制的解释也各不相同。从建构主义的角度讲，教师实践性知识的形成是一个不断建构的过程。皮亚杰认为，认识的建立就是要在活动基础上形成主体的认识结构。认识结构也就是“动作的结构组织”，是主体接受、过滤、筛选客观刺激的工具。认识结构是儿童在自己的活动中逐步建构起来的。建构有两方面的含义，一是认识建构是一种发现、发明、创造；二是认识建构是一个发生发展的过程，发生的起点与发展的基础是主客体之间的相互作用，即动作或行为。[①]而这种建构的过程的基本形式就是同化与顺应。同化是指把新信息吸纳到个体原有的认知结构之中，使原有的认知结构产生了量的变化；而顺应则是指当新的信息不能被个体原有的认知结构吸纳时，个体首先要对原有认知结构进行改造。顺应使原有认知结构发生质的变化。同化与顺应都会促进教师实践性知识的形成，但顺应的作用与意义更大。

成功的顺应的发生是需要一定的条件的。一是教师对原有的知识不满意；二是新知识具有足够的吸引力，被证明是有效的、合理

① 参阅王策三主编．教学认识论．北京：北京师范大学出版社，2002．212

的；三是原有知识系统同化新知识的努力不成功；四是新知识对教师产生了积极的情绪体验。①

二、未来教师实践性知识获得的主要方式

（一）观摩

美国当代著名心理学家班杜拉（Bandura）认为，教育见习与观摩是未来教师观摩的基本形式。通过适宜的榜样，习得的过程可大大缩短。人能够通过对他人行为及其后果的间接性观察，直接进行学习，获得经验，从而获得一些不能通过尝试或试误进行学习的技能和技巧。个体以旁观者的身份观察他人的行为表现，以形成态度和行为方式属于观察学习。教育见习与观摩作为一种观察学习，大致经历注意、保持、生成和动机四个环节。

注意是未来教师深入教育教学现场后，要将其认知活动等心理资源专注于眼前的教育教学活动的过程，并注意提取有关的信息；保持是未来教师要记住示范教师的行为特征，并将这些特征以适当的表征方式贮存于记忆之中；生成是指未来教师要将观察到的示范教师的行为模仿出来，称为动作再现；动机是指未来教师由模仿而得到强化，并形成了一种动机。

按照情境认知与学习理论，教育见习与观摩是以类似于学徒制的方式理解教学知识与技能的。学徒制的基本特点是作为学习对象的知识和技能是镶嵌在它们实际运用的情境之中的，熟练的从业者在教学过程中始终持续地运用着这些知识和技能，而且这些知识与技能对从事学习的学徒，则是完成有意义的任务所必需的工具，他们正是在这些技能与知识镶嵌其中的社会性和功能性的情境中进行

---

① 参阅陈向明．实践性知识：教师专业发展的知识基础．北京大学教育评论，2002（1）

解决真实的复杂问题的学习的。[①]

临床教学研究是一种以观摩为基础的，类似于学徒制的方法，对未来教师的实践性知识获得具有重要作用。临床教学研究是教师借助扎根于教学实践而获得实践性知识，它采用观察、记录、描述、说明、概念化的步骤，来促进教师的专业发展。其中“借助录像记录的临床教学研究”是一种有效的手段。录像记录可以反复再现，未来教师自身能够以观察者的角度审视课堂教学。录像记录提供了图像，使课堂教学中的事实复杂面貌得以形象直观地呈现，有助于形成多维的认识。录像记录可以持续记录与研究，可以帮助我们实现对未来教师成长的纵向研究。

（二）亲历

班杜拉认为个体通过自己的行为反应结果而获得的学习是亲历学习。班杜拉强调主体因素在亲历学习中的作用，认为行为结果对行为的塑造是一个自动作用的过程。亲历学习的结果对主体具有信息价值和动机价值。一方面，认识到行为结果对学习者的信息价值，个体从反应结果中得出关于结果与反应之间关系的认识，从而不断地改善和提高个体的行为；另一方面，个体在行动之前常常会预期行为的结果，这种预期可以转化为行为的动机。[②]

（三）反思

对教学经验的反思也叫反思性实践或反思性教学。波斯纳（G. J. Posner）提出了一个教师成长公式：经验 + 反思 = 成长。他认为，没有反思的经验是狭隘的经验，至多只能形成肤浅的知识。如果教师仅仅满足于获得经验而不对经验进行深入思考，其发展将是

---

① 高文．教学模式论．上海：上海教育出版社，2002

② 参阅皮连生主编．学与教的心理学（第三版）．上海：华东师范大学出版社，2003．196

有限的。教师专业提升的核心是改善教师实践性知识的内在结构和品质。由于实践性知识依附于教学行为和日常经验，难以意识到，因此，需要通过教学反思来思考自身内隐于日常教学行为中的经验、情感和价值观等实践性知识，将它由隐性状态变为显性状态，进而对其中的问题和不足进行思考、澄清和修正，并通过教学实践，将品质得到改善后的知识自动化、重新内化为实践性知识，从而提升教师专业水平。①

科顿和斯巴克斯·兰格（A. B. Colton & G. M. Sparks - lanser）在他们的研究中曾经提出了一个教师反思框架和基本过程。这个基本过程包括四个环节：①选择问题并加以关注；②分析资料；③建立假设；④实施行动计划。这个过程实际上是一个行动研究的过程。

对未来教师来说，适宜的反思形式主要有两种：一是记反思日记。在教育见习、教育观摩和教育实习中，要记下每天的经验，以便与同学和指导教师共同分析交流。反思日记更多记载了教师成长的轨迹，教师可以通过描述自己经历的事件，反思对事件的处理，形成自我对话，提高实践行为的理性品格。二是观摩与分析。把观摩与分析结合起来，是一种重要的反思形式，未来教师由于其身份所限，能够亲历的机会毕竟有限，观摩应该是一种日常性的主要学习方式。但是如果仅有观摩而没有对所见的反思，观摩的价值将会受到影响。

（四）叙述

叙述也称为故事。故事一般被解释为“是真实的或虚构的用做讲述对象的事情，有连贯性，富吸引力，能够感染人”。每一个真实的或虚构的故事背后，都有一定的背景，都有一定的意蕴或隐喻，

---

① 参阅林炊利. 教学反思：教师专业提升的有效途径. 现代中小学教育，2006（2）

对人都会有一定的启示和帮助。教育故事讲述的是与教育教学相关的事件，是生发和讨论教育理念的平台和载体。加拿大学者认为，教师从事实践性研究的最好的方法就是叙事，教育叙事是研究者以叙事、讲故事的方式表达对教育的理解和解释。它不直接定义教育是什么，也不直接规定教育应该怎么做，它只是给读者讲一个或几个故事，让读者从故事中体验教育是什么，教育应该怎么做。

从教育叙事的内容讲，教育叙事包括以自身教育活动事件为内容的叙事研究和以自身受教育经历为内容的个人教育生活史研究。

以自身教育活动事件为内容的叙事研究是将教师的缄默知识转化为显性知识的过程。在叙事研究中，教师既要回顾和描述自己的行为，还要陈述自己的所思所想以及在整个故事中自己的情感、价值观念。在整个叙述中，教师不仅反观自己，还要对自己的言行做出合理的解释与说明。

伯洛（Bullough）认为，新教师的教学行为、处理问题的方式更多受到个人过去生活史的影响，尤其是教学的第一年更为明显。新教师的教学策略基本上都与他先前的经验有直接的联系。新教师往往是按照自己心中的最好的老师的样子来展开教学的。正因为如此，新教师受教育的经历就成了自身成长的营养。对自身受教育经历的叙事研究是教师专业发展的一种有效途径。这种途径对未来教师来讲更具重要意义。因为未来教师还没有从教的经历，教育实践经验极其匮乏，而他们所拥有的就是自己十几年的受教育的历史。对个人受教育史的回顾是未来教师审视教育实践的重要资源。陈大伟认为，对个人受教育史的叙事研究要经历三个过程：事件唤醒、语言再现和意义建构。事件唤醒、语言再现是根据专业发展的需要进行有意选择和价值明确过程，而在意义建构阶段，未来教师所学的教育理论将被激活，用来解释和判断情境中的语言，建构同时将促使他们形成对教育的理解，获得教育意义。①

三、未来教师实践性知识的特点及其获得的主要途径

（一）未来教师实践性知识的特点

由于研究的角度和理论基础的不同，对教师知识体系的认识存在一定的差异。从知识表现形态的角度看，教师知识应该由显性知识与缄默知识两类知识构成。托尔夫（B. Torff）认为，未来教师头脑并非是一块缺乏教育知识的“白板”，他们先前已在日常生活中获得了“知识”、“教育”、“学习”、“教学”等相关观念，托尔夫把这些缄默的教育知识称为“民间教育学”。未来教师的有关教育缄默知识具有如下特点：

1. 未来教师实践性知识运用的无意识性（unconscious）

未来教师同样拥有实践性知识，未来教师尽管刚刚接受教师教育，但在他们进入师范院校之前，已经有了十几年学习与受教育的经历。在这种自我受教育史中，未来教师受到教过他们的教师的耳濡目染，未来教师对所经历的关键事件感受深刻，这些经历使未来教师在潜移默化中形成了自我对教育教学的实践性知识。这些实践性知识影响着未来教师对教育教学的解释与把握，但这种影响基本上是无意识的。这些实践性知识就是未来教师教育知识“冰山”的水下部分。

2. 未来教师实践性知识获取的浸润性（immersion）

在生活中，如果把一块洁净的玻璃片浸入水里再取出来，玻璃

① 陈大伟. 教师的专业生活与教师的实践性知识. 成都教育学院学报，2005（5）

表面会沾上一层水。人们把这种现象叫做浸润。形成这种浸润现象的因素主要有两个：一是环境，二是浸润对象。这两个因素是形成浸润现象的必要因素，缺一不可。未来教师实践性知识的获得也同样具有浸润性。形成未来教师实践性知识的环境就是教育情境，离开具体的教育情境不可能形成教育实践性知识。因此，创造条件，让未来教师有更多的机会进入真实的教育情境中是他们形成教育实践性知识的关键。当然，教育情境只是形成未来教师实践性知识的一个必要条件，要使未来教师形成教育实践性知识还需要其他因素。

3. 未来教师实践性知识的直觉性（intuitive）

一般地说，人的直觉性有三个特点：一是直觉性的主要特点是它的“直接性”。直觉性本身就是一种不经过逻辑推理的中介而直接由对象所获得的感受以及所形成的判断。而这种判断是在瞬间做出的，它常常以顿悟的形式表现出来。二是直觉性具有非自觉性、无意识性的特点。三是直觉性具有或然性。直觉所形成的判断是未经逻辑与事实检验的，因此具有或然性，也可能是正确的，也可能是错误的。

未来教师的教育实践性知识是他们对教育教学的一种直接性的感知，这种感知未经过逻辑的检验，也未经过实践的检验。因此，它既可能是正确的，也可能是错误的。实践性知识不全是积极的，也有消极的，未来教师的教育实践性知识更是如此。

（二）未来教师实践性知识获得的主要途径

1. 强化教育理论教学中的案例教学

案例教学与实践反思相结合是教师专业长成的重要途径，教学案例描述的对象是教学实践，是包含教学情境中师生行为、思想情感的故事。它是从教育教学实践活动中总结出来的实例。好的教学案例可以使人受到启发，成为教师获取实践性知识的重要手段，教学案例可以使教师的实践性知识得以保存、传递、交流和共享。经典的案例可以使未来教师获得大量可供选择的各种具体策略、技巧和操作的知识以及选用一定技巧实现目的的条件性知识。案例教学是以案例为载体，通过师生对案例的分析、讨论，达到对案例中的故事内涵的理解，形成相应的专业判断力。教育教学案例在理论与实践中搭起了一座桥梁。未来教师培养中教育理论课程的学习存在一个通病，理论与实践相脱节。这种脱节使鲜活的教育思想变成了一个个知识点、一条条原理，进而成为学生答卷中的知识点。学生有一个共同的感受：当他们没有走入教育实践时，觉得对教育什么都懂，而一旦走入教育实践，又发现自己什么都不懂，原来所学的理论没有用。这从一个侧面反映了教育理论课程的学习存在的偏差，纠正这种偏差的一个重要手段就是在教育理论课程的学习中适当采用教育教学案例，开展案例教学。

教学案例可以采用文本形式展示，也可以借助现代教育技术手段以视频形式展示。从某种意义上说，借助录像记录的临床教学研究便是一种案例教学。借助录像记录临床教学研究是教师尤其是未来教师获取实践性知识的一个重要途径。录像记录可以再现教学情境，学生可以反复观看，以便深入反思。同时，录像记录以图像的形式提供了课堂教学中事实的复杂的面貌，有利于学生形成对教学多视角的认识。实践证明，借助录像记录的临床教学研究不仅对在职教师之间的实践沟通与交流是有效的，而且对实现未来教师与教育实践的沟通与交流也是有效的。①

2. 把微型教学与模拟教学结合起来

微型教学是培养未来教师教学技能的有效手段。自 20 世纪 60

---

① ［日］佐藤学．教师这一难题——反思性教学实践．世织书房，1997

年代美国斯坦福大学阿伦（D. Allen）教授首创以来，微型教学在培养教师教学技能方面的科学性与高效性已经被越来越多的人所认同。其原因在于微型教学能够把课堂教学过程和教师的教学行为细分为若干教学技能，以便于培训和掌握。而教学技能是教师实践性知识的重要组成部分。在微型教学中，引入模拟教学可以有效地发挥和扩展微型教学的作用。在这个过程中，采用教学工作坊的形式可以更好地促进未来教师的专业成长。

工作坊（Workshop）这一概念最早出现在教育与心理学的研究领域中。工作坊是一种可以提供各种不同立场、思想的人们思考、探讨、相互交流的一种方式。工作坊可以将大家聚集起来，针对一项或是多项讨论主题，发表自己的意见想法、相互交流、相互凝聚共识的一种开会方式。工作坊有三种角色：“参与者”、“专业者”、“促成者”。所有参加活动学生都是“参与者”；教师为“专业者”，负责对工作坊活动予以指导；主持工作坊活动者为“促成者”，促进者应该由参与者轮流担任。工作坊基本的操作模式：①信息的分享。工作坊第一个实施步骤是必须将原有的基本信息共同分享。透过这样分享的过程，可以将参与者所持有的信息、讨论成果互相分享，以便参与者能够更好地讨论、交换意见，进而形成共识。②小组方案设计。第二个实施步骤主要利用分组讨论的方式，让参与者可以继续互相讨论。透过小组讨论的过程，让参与者之间可以更充分深入地互相交流意见、共同创造。③全体表达意见。第三个实施步骤是各小组的发表意见，达到小组互相交流。

未来教师在工作坊里可以集体备课，集中研讨交流。而这种集体备课从解释学的角度说，可以产生视界融合和视界分延。视界融合是指未来教师们在交流讨论中可以使不同的认识相互融合，从而进一步形成共识，而视界分延则是指在共同的交流讨论中，个体更加坚信自己的认识，并且不断深化自己的认识。从知识管理的角度说，不论是视界融合，还是视界分延，都是经验反思和经验重建的过程，也是实践性知识获取的过程。

3. 强化教育见习与观摩

如前所述，教育见习与观摩是未来教师观摩的基本形式，是实现理论与实践结合的重要途径。在其他因素相同的情况下，见习大学生与指导教师的关系就成了影响教育见习与观摩效果的最重要的因素。在实践中，我们发现以认知学徒制来确立见习大学生与指导教师的关系效果最好。与以往的教育见习中见习大学生与指导教师的关系相比，认知学徒制不仅仅强调经验在见习大学生学习中的作用，同时，也强调情感作用。在认知学徒制中，见习大学生与指导教师之间除了一般的业务关系外，还有一层伦理关系，即师徒关系。这种伦理关系内在地规定了双方的角色与职责，对融洽双方的情感，密切彼此之间的联系，具有重要作用。这种情感基础会极大地拓展师徒之间交往的广度与深度，在长期的教学实践中形成的、以个性化方式内化为教师的专业素质的实践性知识，就会在这种师徒交往中得以传递，从而使见习大学生对教育教学的认识由“知其然”到“知其所以然”，而这种“知其所以然”不仅仅是观念的，也是包含方法的，实际上就是实践性知识。

4. 学会教育叙事研究

如前所述，叙事就是陈述人以及各种生命事物身上已发生或正在发生的事情。它是人们将各种经验组织成有现实意义的事件的基本方式。这种方式向我们提供了了解世界和向别人讲述我们对世界的了解的途径。当我们采用叙事的方法进行研究时，便成了叙事研究。叙事研究又称“故事研究”，是一种研究人类体验世界的方式。叙事研究是以“质的研究”为方法论基础的，是质的研究方法的具体运用。20 世纪 80 年代加拿大几位课程学者将叙事研究作为教师的研究方法运用于教育领域。他们认为教师从事实践性研究的最好方法，是说出和不断地说出一个个“真实的故事”，来表达对教育的理解和解释。这就是所谓的教育叙事研究。

教育叙事研究中的重要方式之一是教师自身同时充当叙说者和记述者。当叙述的内容属于自己的教育实践或解决某些教育问题的过程时，教师的叙事研究实际上就成了一种行动研究。这种方式主要由教师自己实施，也可以在教育研究者指导下进行。它追求以叙事的方式反思并改进教师的日常生活。教师本人通过叙述自己的教育生活史，形成教育的自我认识，达到一种自我建构的状态。

未来教师的教育实践就其广度与深度来讲，远不及在职教师，但同样是丰富多彩的，因为每个未来教师都有一部自我受教育史，包括他们来到大学后，以未来教师的角色深入中小学的实践。这些自身教育活动事件都是重要资源。要引导他们把自身教育活动事件作为重要资源，让他们做一个“有心人”，留意那些平时视而不见、熟知而未真知的事件的意义，把自己在遇到了什么问题、怎样遇到这个问题和怎样解决这个问题的整个过程叙述出来。除了课堂教学的叙事以外，还可以叙述课堂以外的生活事件。当未来教师开始以自己的生命经历为背景去反观自己和观察世界时，就会促使他们进入沉静思考的层面，倾听自己内心深处的声音，从而可能激发出许多连自己都意想不到的想法。这是未来教师获取实践性知识的又一重要途径。

5. 提升教育实习的有效性

教育实习在未来教师专业成长中具有不可替代的作用，是未来教师获取实践性知识的最重要的途径。要充分利用这一途径，让未来教师能够充分获取实践性知识，促进其专业发展，就必须注意以下两点：

一是要让未来教师与指导教师树立明确的实践性知识的意识，把职业认同感的培养与实践性知识获得放在教育实习的首位。这样才能使教育实习的目标从一般地熟悉教育教学的流程，印证所学理论，转向对专业情意和实践性知识的关注。在方法上，将更加重视交流与反思，更加重视未来教师的亲历与实践。

二是把常规实习与顶岗实习结合起来。以往的教育实习存在两个缺陷：①教育实习时间较短，一般学校大致在8周左右，这样短的时间，无法满足未来教师专业成长的需求。②实习背景单一，不利于未来教师的成长。鉴于上述问题，我们将常规实习与顶岗实习结合起来，以实现教育实习效益的最大化。顶岗实习就是把学生派到农村学校，将那里的教师置换出来，到大学接受培训。未来教师顶替置换出来的岗位，在指导教师的指导下完成为期3个月的教育实习。顶岗实习一般安排在第七学期。这种实习方式是一种大学与小学互利共生的模式，从未来教师的角度看，他们拥有了最充分的时空资源，责任感与使命感油然而生。实践证明，以互利共生为机制的顶岗实习具有强大的生命力。考虑到顶岗实习所在学校一般都是农村学校，相对于而言总体办学水平不高，我们在第八学期还要安排学生带着顶岗实习中的一些困惑与不足到城市的一些优质学校进行为期一个月的实习，以期获得相辅相成的效果。

第六章

实践取向小学教师职前培养的基本原则、运行模式和机制

坚持实践取向的小学教师职前培养，除了要确立了明确的目标体系，建立完善的课程体系，营造良好培养环境外，还必须遵循一些基本原则，必须有可行的运行模式和机制。本章我们主要研究小学教师职前培养所坚持的基本原则、运行模式和机制。

第一节　实践取向小学教师职前培养的基本原则

原则，《现代汉语词典（修订本）》对它的解释有两种，一是指“说话或行事所依据的法则和标准”，另一种解释为“总的方面”。显然我们说的“原则”是指在教师职前培养的过程中所必须依据的法则和标准。实践取向的小学教师职前培养要坚持以下基本原则。

一、实践性原则

所谓实践性原则，是指我们在教师职前培养的过程中始终秉持实践取向，关注实践、强调实践、注重实践、在实践中检验。这是小学教师职前培养的首要原则。随着经济和社会的发展，人们愈发感觉到培养人的实践能力和创新精神的重要性，作为肩负培养未来一代合格公民重要责任的教育更应该重视对学生实践能力和创新精神的培养。

坚持实践性原则，要充分认识实践的重要性。从整个人类历史的发展来看，人类每取得一些进步，都是不断实践的结果，实践既创造物质文明，也创造精神文明。实践的重要性不言而喻。从教育的角度说，充分认识实践的重要性，并将其直接体现在教学过程中，落实到对学生实践能力和创新精神的培养方面，这是提高我国高等教育质量的必由之路。我们经常听说我们培养的学生只会纸上谈兵，眼高手低，动手能力差等，这与我们传统教育只注重理论知识的传授不无关系，为此国家明确指出素质教育的重点是培养学生的实践能力和创新精神。正因为如此，我们在小学教师职前培养中，鲜明地提出了“实践取向”，积极变革传统的课程结构，创造条件，把学生带入实践现场，积极参与，勤于动手，在真实的教育情境中发现问题、分析问题和解决问题，从而全面提高自身的素质。

坚持实践性原则要重视教师职前培养的过程。关键是正确处理培养过程中教与学的关系。教与学的关系是在未来教师培养的实践中发生的，贯穿整个培养活动始终。坚持实践性原则，关注培养过程，其实质就是关注教与学这一对关系，正确处理这一对关系。我们知道，传统的学校教育过分强调教师教的过程，认为教学就是教师讲授、向学生传授知识的一个过程，教师的职责在于“传道、授业、解惑”。学生学习的过程只是一个被动接受的过程。这样一种教与学的关系，决定了学生在教学过程中只是一个旁观者，他们既没有实践的机会，也没有实践的空间。因此，坚持实践性原则必须把学生真正作为教学主体，给学生最充分的实践机会与空间。许多经验性的知识、策略性知识、情境性知识，许多教学基本技能都必须通过自身去感受、体验、训练才能够获得，要让教学的过程成为学生主动吸纳、建构的过程，成为一个不断实践的过程，不断发展的过程。

坚持实践性原则要强调通过实践来检验、评价人才培养质量。我们的人才培养目标是否得以实现，“实践是检验真理的唯一标准”。培养人的活动本身是一种实践活动，最终表现为学生个体各方面能力的发展，教师职业能力的形成。能力的形成和发展集中体现在具体的活动中，因此，我们只能通过实践活动来检测、评价我们的培养目标是否得以实现。我们的具体做法有：一是通过教育实践活动课程来检测，比如教育见习和实习，这是最为重要的一种评价过程。教育见习分为五期，每期都有一个集中的评价主题，比如班级管理、课堂教学、教育观察能力等，而教育实习评价则是全方位的。同时对教育实习，我们还实行准入制度，使教学技能考核不合格的同学延迟实习。二是常规的课堂教学评价。这是所有的教育教学活动都适用的一种评价方式，如期中考试、期末考试等，这些主要侧重于考察学生对理论性知识的掌握。三是通过竞赛性实践活动来检测。比如课堂教学设计比赛、说课比赛、模拟教学比赛、演讲比赛等。这种竞赛活动一方面检测了学生实践能力，另一方面激励学生更加重视自身实践能力的发展。当然，实践检验是长期性的，它的主体也应该是多元的，其中最重要的就是通过社会来检验。在这方面，我们也取得了可喜的成绩，我们培养的第一届毕业生已经踏入社会，从他们刚开始在就业竞争中所表现出来的明显优势和走上工作岗位后的很快适应环境，进入角色，我们可以自豪地说，我们能够经得起实践的检验！①

二、主体性原则

主体性原则是哲学研究的问题，自古希腊学者普罗泰格拉提出“人是万物的尺度”以来，关于人的主体性问题一直受到关注，黑格尔、康德等哲学家都对主体性有过论述，而影响最为深远的则是马克思关于人的主体规定性的阐释，在他看来，人的主体性一方面表现为主体与客体之间的人的能动性、自主性和自为性，二是表现为主体与主体之间的交往，即通常我们所说的主体间性。据此，有人认为主体性原则“主要包含两个内容，即自主性原则、责任性原

---

① 我系首届毕业生76人，初次就业率达86.7%，年终就业率达95%，其中国内名校海口市第九小学一次性面向全国招聘11人，我系学生9人被录用，展示了他们的良好专业素质。海南省文昌市文教中心小学是一所乡村小学，我系学生11人应聘到这里任教，志愿把他们的青春与才智献给农村小学，表现出良好的专业情意。这些学生工作不到一年，有两位就已经代表所在学校参加海南省教育教学比赛并分获一等奖和三等奖，有的已成为所在学校的教研组长、学科带头人。

则，二者不可分割，自主意味着对自己的行为进行反思，负起责任”。[①] 总结这些观点，我们认为主体性原则就是在教师的职前培养过程中，强调主体对客体的主观能动性、支配性和责任性，强调主体与主体之间的交往。简单地说主体性原则包括自主性原则、自为性（责任性）原则和交往原则，这为我们的培养活动提供了行动指南，是我们一直以来坚持的基本准则。

坚持主体性原则，要充分发挥学生的自主性，体现学生的主体性、能动性。无论在理论教学还是实践教学方面，我们始终注意调动学生的积极性和主观能动性。一是实行模块化、微型化、网络化课程，调动学生自主性。课程设置实行模块化课程组织，即把所有应学习的课程依据课程性质进行归类，例如教师教育模块、学科基础模块、拓展课程模块等，在每一模块当中，学生可以根据自己的兴趣选择相应的课程。对学科课程与教学论课程以及一些实践性较强的课程尝试进行微型化设计。即把课程内容进行精心选择、设计，抽取最为精华的部分供学生学习，做到少而精，以提高学习效果。微型化课程由于目标明确，内容集中，学生在学习过程中容易抓住重点，学习的目的性、针对性更强，因此，学习的主动性、积极性也更容易被激发。网络化课程更能直接符合学生自主学习的需要。所有专业主干课程已经基本建立网络课程，这些可以方便学生随时根据自己的需要进行学习，有师生的互动平台，可以保证师生随时进行沟通。二是在实践教学方面充分注重学生主体性的发挥。目前，我们建立了比较健全的教育实践课程体系和评价体系。由于实践涉及的合作单位和学生都很多，所以学生的主体性显得尤为重要，因此，我们十分注意发挥学生的主体性。以教育见习为例，在见习的开始阶段，我们提供一些见习学校供学生选择，教师负责调配，由于每个见习学校都有自身的特点，因此，学生可以根据自己的需要

---

① 王孔雀．主体性问题研究近况．岭南学刊，1994（3）：92～94

进行选择。在见习过程中，带队教师负责指导，更多的是通过见习手册，引导学生自主去完成各项任务，在实践中去锻炼自己的能力。在见习结束后教师引导学生召开见习总结会议，所有学生畅谈见习所想、所感、所得。整个过程体现学生的积极性和主动性。目前，海南师大初等教育系的教育见习有五期，从第2学期开始，在每个学年的下半学期进行，所有学生均要参加，因此，规模较大，如果光靠教师的约束是很难达到教育见习效果的，所以教师主要是引导，帮助学生学习。还有文中所提到的“教师成长协作团”活动，更能充分体现学生学习积极性和主动性，因为活动开展是在学生自愿报名、自愿参与、自我约束的基础上进行，最后实现自我发展的。总之，只有尊重和发挥学生的主体性，学生的学习才会快乐，才会取得最好的成效，培养也才会实现预期的目标。

坚持主体性原则要充分发挥教师和学生的自为性，所谓自为性是指教师与学生的责任性。在小学教师职前培养中，要特别强调责任性原则。这种责任性首先表现为一种认同，即对我们的培养目标、培养模式、课程实施、评价等的认同并执行。在这个基础上，再表现为创造各种条件，努力达成我们所确定的各种目标。我们的教师首先应该具有极强的责任性。大学里办小学教育（本科）专业是上个世纪90年代末才有的事情，植根于大学文化的小学教师培养必然会与其他类型师资培养有所区别，因此我们的教师首先必须认同我们的培养目标、人才培养模式等，并积极地投身到人才培养过程当中去达成目标。责任性另一个表现主体为学生，这同样有一个认同和达成的问题，当然对学生来说，最主要的体现在达成方面，努力使自身得到发展，当然认同是首位的。大学办小学教育专业，很多大学生也很不理解，认为是一种人才浪费，很多学生在入学时对专业有抵触情绪，尤其是首届招收的学生，不认同培养目标。在经历过入学教育以及后来的专业教育，学生的观念逐渐改变，发现小学教师的工作原来也是如此伟大，专业情意得到转变。由于对专业培养目标认识比较清楚，学生对所开设的课程、所开展的活动都积极地参与、投入，尤其是紧密接触了小学一线，充分了解了小学教育实际，使自身得到了快速发展。

坚持主体性原则要重视主体间的交往。交往的提出是由人们对主体间性概念认识不断深化的结果，我们认为，教学本身就是一种特殊的交往活动，交往既是教学内容、对象和目标，又是手段和方法。著名哲学家雅斯贝尔斯说过，教育本身就是“人与人的主体间的灵与肉的交流活动”。[①] 小学教师的职前培养过程也是一种交往的过程。把教学理解为主体间的交往有利于体现和发展学生的主体性。[②] 认为学生作为一个交往的主体，本身是对学生作为生命主体的尊重，充分肯定了学生的独立人格和价值，因为交往教学的目标本身就是促进学生的自由和全面发展，才把“交往”纳入了教学的内容。交往的教学形式也为学生的主体性发展提供了具体途径和良好的心理环境。人的主体性发展离不开人与人之间的交往，教学中师生交往、生生交往可谓最为具体的途径和形式，同时这些具体形式中体现了民主、平等精神，为学生发展创设了良好的心理环境。总之，教学中交往无处不在，师生在交往中实现知识和经验的共享、生成，学生的主体性得到发展。同时把教学理解为交往，充分尊重和重视学生的主体性，这势必强调学生的交往实践，让学生在具体的交往活动中获得自身的发展，这与我们的实践取向是暗合的。

三、合作性原则

合作性原则是小学教师职前培养过程当中十分重要的一项原则。所谓合作性原则，就是指在小学教师职前培养过程中，个体之间由

① 雅斯贝尔斯著．什么是教育．邹进译．北京：三联书店，1991.3

② 辛继湘．论交往教学模式与学生主体性发展．湖南师范大学社会科学学报，1999（6）：100～104

于共同利益的追求而采取各种形式和途径相互协作，从而实现预期的目标。坚持合作性原则的意义主要在两方面：一是合作意识是良好社会适应性的题中应有之义，培养学生的合作意识是我们重要的教育目标；二是合作是未来教师实现专业发展之必需。

从合作性原则的内涵来看，它的实施有两个基本前提。其一是合作的双方必须能从对方获取其所追求的价值和利益；其二是双方必须有差异，没有差异的存在是不可能合作的。

在小学教师职前培养活动中，有五个层面的合作：①大学教师与学生之间的合作关系。主要体现在教师与学生之间建立一种互相尊重、理解的良好师生关系，教师能够尊重每个学生作为发展主体的一些基本权利，能够帮助他们确立一些成长目标，尊重学生在职前成长过程当中的人格、思想、情感等，为他们的成长提供价值引导。教师在这个过程当中也能实现自己的劳动价值。②大学与小学之间的合作伙伴关系。小学主要是为我们的教师职前培养提供实践场所，给我们学生提供一个成长的舞台，这是最为重要的环境因素，也是大学最为珍贵的资源。而对小学来说，大学可以为它们提供智力支持，资源建设、指导等。双方互惠互利，共生双赢。③大学教师与小学教师的合作。大学教师与小学教师的合作是坚持合作性原则的重要一环，一方面合作表现在共同指导学生，促进学生的成长，另一方面就是科研合作，一般说来，大学教师擅长理论，而小学一线教师有着丰富的实践经验，两者结合是一个双赢的选择。④小学教师与大学生的合作。小学教师与大学生的合作更主要的是体现为一种师徒关系。小学教师有着丰富的实践经验，能够为我们的未来教师在课堂教学、班级管理等方面提供积极的示范和指导作用。大学生可以协助小学教师完成相应的教育教学工作，成为小学教师的得力助手。⑤大学生与大学生之间的合作。我们常说每个个体都是一个独特的存在，因此每个大学生个体之间都是有差异的，每位学生在知识、能力、情感态度等方面都会表现出不同。比如有的同学口语表达好，有的善于交际，有的教学技能技巧丰富，有的则擅长写作、绘画、课件制作等。因此在平时学习的时候，学生之间自然地形成了合作的关系，互相学习，共同完成一个更加复杂的学习任务。我们的教育实践活动基本上都是以合作的形式开展的，充分地发挥了学生各自的特长，使学生之间形成互补，构建牢固的学习共同体。这五种形式的合作，体现在整个小学教师职前培养的方方面面，教师与学生的合作是最基本的，而大学与小学的合作是有力的保障。

四、开放性原则

坚持开放性原则是指在小学教师职前培养中，要打破原有的以“封闭”为特征的办学思路，实现人才培养形式、课程内容与教学空间的全面开放。坚持开放性原则既可以拓展我们的办学空间，最大限度地整合教育资源，也可以开阔学生视野，促进他们更好地了解和认识小学教育，促进其专业成长。开放性原则主要体现在培养过程当中的人才培养形式、课程内容和教学空间的开放性。

人才培养形式的开放性主要体现在人才培养形式的多样化。在教师职前培养活动中，培养形式是多样的，主要有三种。一是课堂教学，这是主渠道，通过课堂教学，学生可以间接获取实践性知识和对实践进行反思；二是实践教学，实践教学主要培养和发展学生的实践能力，以教育见习和教育实习为主要载体，是学生实践性知识获取最为直接和重要的渠道，实践教学在我们的整个教学活动中占有相当大的比重（约 15%），今后这个比重还将继续加大；三是活动教学，活动教学是课堂教学和实践教学的重要补充，对学生的发展具有不可低估的作用。课堂教学和实践教学的内容不可能对学生的发展面面俱到，如对学生的特长、人际交往能力、职业选择与规划能力等往往有所忽视，活动教学则在这方面大有作为。我们把学生的一些能力分解成了十项具体的活动，取名为“十·打实”活动，成为极具特色的教学活动，为学生的发展也做出了重要贡献。此外，围绕着我们总的人才培养目标，我们还有一些非正式的人才培养渠道，比如一些社团活动，指导鼓励学生自己从事家教，参与课外辅导等，这些形式都积极作用于学生的成长。

课程内容的开放性主要体现在两个方面：一是提供丰富多彩的选修课供学生选择。二是把预设与生成结合起来，引导学生在教育实践过程中自主建构。我们为了使学生在专业情意、课堂教学能力、班队管理能力、教育科研能力、专业特长等方面得到全面发展，我们开设了大量的选修课，且将其系列化，如教师教育类选修课、人文素质选修课、自然科学类选修课、体育类选修课、专业方向拓展选修课等，学生可以根据自己的兴趣和选修课的一些基本要求进行自主选择，以达到发展自身的目的。选修课主要放在二、三、四年级进行，学生经过一年的专业学习，对自己和专业有了一定的认识，在选修课的选择上能更科学。而且为保证学生能全面协调发展，我们规定每一系列的选修课程学生必须选择相应的学分，给学生积极的引导。课程内容开放性的另一个表现就是把预设与生成结合起来，引导学生进行自主建构，这主要体现在教育实践活动中。对教学实践我们有具体的规划，分为五期，每期有一个具体的目标和任务，比如第一期是认识和了解小学日常教育教学活动，这可以说是我们的预设，但在具体的教育实践活动中，学生除完成我们所预先设定的这些目标外，实际获取的经验和知识会更多，会生成许多我们所预想不到的目标。而且在教育实践中学生还可以紧密联系自身所学习的一些课程内容，把理论学习与实践结合起来，实现自身的知识和经验增长。预设和生成紧密结合，学生也完成了自身对知识的良好建构，体现了开放性的特点。

在教学空间的开放上，把触角延伸到基础教育，实现大学与小学的互动。为了使未来教师能够更好地把书本知识与教育实践相结合，在实践中提高，我们创立了“小学教育科研与实践合作学校”。最早我们主要是在海口市建立合作单位，到2007年底已在海口市建立了14个“小学教育科研与实践合作学校”，合作双方的权利与义务通过协议书的形式加以确认。为了更好地服务基础教育，服务农村教育，我们开始把实践基地的建设重心下移，开发一些县市乡镇的小学作为我们的教师教育基地，空间得到逐步拓展。不同层次类型的实践基地的开发，为学生更好地了解现实教育状况提供了坚实的基础。“小学教育科研与实践合作学校”的设立为我们的人才培养构建了通达便捷的“立交桥”。

五、共同发展原则

共同发展原则也可以说是“多赢”原则，是指在小学教师职前培养中，各活动主体都得到各方面的发展，都能实现自身的价值。共同发展主要体现在教师和学生的共同发展以及大学与小学的共同发展这两个层面。

首先是教师与学生的共同发展。我们首要的目标是实现学生的发展，使学生从一个普通大学生成长为一名合格的小学教师，使其基本的教育教学能力得到长足发展。教师的发展包括两个方面：一是小学教师的发展。小学教师在指导大学生的过程中必然要总结自己的教育教学经验，反思自己的教学行为，这是一个重要的总结提高过程，从而促进自我的专业发展。二是大学教师的发展。大学教师在这个过程当中能够更加深刻地了解所从事的专业，对小学一线教学有一个更充分的认识，为自己今后的教学和科研积累了经验，奠定了基础。

其次是大学与小学的共同发展。我们知道，大学有三个基本的功能，即教学、科学研究和服务社会，三者是不可或缺的。作为师范大学，其对社会服务的功能更主要的是为社会提供大量的合格师资，为基础教育服务。大学与小学之间建立教育科研与实践共同体，这种亲密的合作关系，恰恰为大学更好地实现社会服务功能提供了契机，扩大了大学的社会影响力。另一方面，小学在以往的办学过程中通常缺乏资源与专业支持，与大学合作可以使问题迎刃而解。而且在与大学合作的背景下，小学能够更好地建设有特色的校园文化，从而使办学更具特色。

上述原则中，实践性原则是首要的根本原则，其他几个方面的原则与实践性原则有着不可分割的紧密联系。这些原则应该贯穿于整个小学教师职前培养过程的始终。

第二节 实践取向小学教师职前培养的运行模式

小学教师职前培养运行模式是指小学教师职前培养的整个过程及其基本样态，由要素及关系构成。小学教师职前培养的运行模式的构成要素有四个，即培养目标、课程内容、课程实施、评价等。

一、小学教师职前培养目标

小学职前培养目标体系在前面已有阐述。这里只介绍在确立培养目标的过程中，我们的价值选择。

确立小学教师职前培养目标，首先要从知识创新的角度，重新审视教师教育的使命与价值。20 世纪，随着科学主义的强盛，工具理性成为人们认识客观事物的主导的价值取向。正是在工具理性的引导下，“教师教育的内在价值逐渐被人们遗忘，教育的理想也日渐淹没在工具实用主义的漩涡之中”。今天伴随着知识观的改变，人们开始认识到“教师教育的目标就是要为即将和已经成为教育者的教师提供理解客观世界和生命的价值、意义的知识与阐释这些知识的能力，为下一代在认识、理解、阐释客观世界和自身生命的价值与意义上提供指导，这是教师教育的最高和终极的使命与责任”。[1] 由

① 俞立中．建立教师教育创新体系．http：//theory. people. com. cn/GB/41038/4229316. html

此可见，人文性和实践性是我们今天确定小学教师职前培养目标所必须关注的两个重要元素。

小学教师职前培养目标，用一句话来说，就是要培养全面发展，学有专长，特色鲜明，具有创新精神和实践能力，能适应21世纪小学教育改革和发展需要的高素质小学教师。按照人文性与实践性的统一的要求，我们在确定小学教师职前培养目标的过程中突出了以下四个方面：

1. 高尚的人格和热爱小学教育事业的情意。首先我们培养的学生必须具备正确的人生观、世界观和价值观，必须有正确的是非观念，必须有高贵的品质，这样才能去影响和教育他人。人们常说"身教胜于言教"，教师的高尚人格具有极其重要的教育作用。教师的高尚人格会影响学生的品质形成和发展，同时有利于树立自身的威信和提升自己的道德人格。其次要热爱小学教育事业，具有鲜明的师爱，这样才能以百倍的激情投入到以后的学习和工作中去。

2. 扎实的以实践性知识为核心的业务素质。实践性知识是"教师真正信奉的，并在其教育教学实践中实际使用和（或）表现出来的对教育教学的认识",[①] 包括教师的教育信念、自我知识、人际知识、情境知识、策略性知识和批判反思知识等。对小学教师职前培养来说，其来源的途径很多，既可以是个人实践经验的积累和领悟，也可以是与他人的交流、合作，还可以来自于对"理论性知识"的理解、运用和扩展。未来教师更多的是来自于对"理论性知识"的理解、运用和扩展。所以小学教师首先必须拥有多学科融合的知识背景，拥有丰富的综合性的"理论性知识"。同时小学教师是以其所从事的教育教学活动为专业的，这也要求小学教师具备综合性的专业知识。因此我们在设置专业方向的时候就考虑到了综合性的特点，实行小综合，大沟通，开设了中文与社会方向、数学与科学方向。

---

① 陈向明．实践性知识：教师专业发展的知识基础．北京大学教育评论，2003（1）：104～112

3. 人文与科学素质兼备。学生应具有较为宽广、扎实的文化科学知识，形成较宽厚的人文科学素养，突出表现为文理兼容，这也是由小学教师职业特点所决定的。此外也要求学生具有良好的艺术修养、健康的审美观和一定的艺术表现能力。

4. 健康的身心素质。这突出表现为培养出来的学生应具有良好的社会适应性。当然首先学生应该身心健康，有积极的生活态度，更重要的是学生能够较好地融入社会，与人交往，实现自身的价值。

二、小学教师职前培养课程内容及时间安排

每一个培养目标的实现，都必须有与之适应的课程做载体。植根于大学文化的小学教师职前培养还处在不断的探索过程中，我们的课程也在不断地摸索。课程形态主要分为课堂教学和实践教学两大类型，以大综合与小综合相结合的形式进行培养，即小学教育专业下分为中文与社会方向、数学与科学方向、英语教育方向。具体见下列各表：

表 6－1　课程结构

<table>
<tr><th colspan="2" rowspan="2">课程分类</th><th rowspan="2">必修选修</th><th colspan="3">中文与社会方向</th><th colspan="3">数学与科学方向</th><th colspan="3">英语教育方向</th></tr>
<tr><th>学分</th><th>学时</th><th>学分比例</th><th>学分</th><th>学时</th><th>学分比例</th><th>学分</th><th>学时</th><th>学分比例</th></tr>
<tr><td rowspan="7">学科课程</td><td rowspan="2">通识教育课程</td><td>必修</td><td>48</td><td>852</td><td>28.7%</td><td>48</td><td>852</td><td>26.8%</td><td>48</td><td>852</td><td>28.9%</td></tr>
<tr><td>选修</td><td>6</td><td>48</td><td>3.5%</td><td>6</td><td>48</td><td>3.4%</td><td>6</td><td>48</td><td>3.6%</td></tr>
<tr><td>教师教育课程</td><td>必修</td><td>28</td><td>498</td><td>16.8%</td><td>28</td><td>498</td><td>15.6%</td><td>28</td><td>498</td><td>16.8%</td></tr>
<tr><td>学科专业基础课程</td><td>必修</td><td>32</td><td>574</td><td>19.2%</td><td>44</td><td>780</td><td>24.6%</td><td>31</td><td>550</td><td>18.7%</td></tr>
<tr><td>专业拓展课程</td><td>选修</td><td>27</td><td>432</td><td>16.2%</td><td>27</td><td>432</td><td>15.1%</td><td>27</td><td>432</td><td>16.3%</td></tr>
<tr><td colspan="2">小计</td><td>141</td><td>2404</td><td>84.4%</td><td>153</td><td>2610</td><td>85.5%</td><td>140</td><td>2380</td><td>84.3%</td></tr>
</table>

（续表）

课程分类	必修选修	中文与社会方向			数学与科学方向			英语教育方向		
		学分	学时	学分比例	学分	学时	学分比例	学分	学时	学分比例
实践课程	必修	26		15.6%	26		14.5%	26		15.7%
合计		167		100%	179		100%	166		100%

在学科课程中，课程设置实行模块化，分为通识教育、教师教育和学科专业基础教育三大模块。通识教育课程包括人文社会科学、语言文化、艺术体育、计算机技术、自然科学和普通实践训练六个小模块，侧重于学生综合素质的提高，为使学生获得终身发展的能力创造良好条件。在这个模块中适当突出专业外语教育、信息技术应用教育和艺术体育教育，为学生将来能全面胜任小学教育教学工作，具有鲜明的专业特长和多方面的艺术体育才艺奠定扎实的职业素质基础。通识教育课程由学校统一开出，以必修课为主，有少部分选修课程。教师教育课程包括教育专业基础课程、教师教育专业课程和专业实践训练课三个小模块。专业基础课含学科方向专业基础和教育理论基础课程，突出小学教育学以及教师职业基本技能课程；教师教育专业课侧重于小学课程与教学论、教育心理类课程，并强化小学教育教学专题研究。教师教育课程对小学教育专业各学科方向的学生统一开出，有必修课程和选修课程。学科专业基础课程包括学科基础课程、学科方向核心课程和学科拓展课程三个小模块。学科专业基础课程注重培养学生将来担任小学多门课程教学的专业基础和能力。

从表6-1中可见，实践课程（不含毕业论文撰写）占总学分的比例分别为15.6%、14.5%和15.7%。学科课程（通常是以课堂教学形式实施）这一模块中通识教育课程占总学分的比例分别为32.2%、30.2%和32.5%，这一比例反映了通识教育在整个培养中的重要地位，因为通识教育课程的功能主要是为学生打下良好的人文与科学素养。而人文与科学素养是一个小学教师从教的心理背景。教师教育课程与学科专业课程比例大体相当，以此体现教师的双专业性。

表6－2　教学时间安排

项目＼学年／学期／周数	一		二		三		四		合计
	1	2	3	4	5	6	7	8	
军训	2								2
课堂教学	14	17	17	17	17	17	6	11	116
复习考试	2	2	2	2	2	2	2		14
教育实见习、实习		1	1	1	1	1	12		17
生产劳动			0.5		0.5				1
毕业论文								8	8
就业指导								1	1
社会实践		1	1	1	1	1	1	1	7
教育周数	18	20	20	20	20	20	20	20	158
寒暑假	5	7	5	7	5	7	5		41
学 年 周 数	50		52		52		45		199

从表6－2我们可以看到，实践课程与课堂教学具有同样重要的地位，仅教育见习、实习总时数为17周，并且贯穿于整个大学四年。

三、课程实施

课程实施是课程计划付诸实践的过程，是实现我们人才培养目标的基本途径。在我们的课程实施中，始终坚持以下三个理念：

1. 始终认为课程实施是一个变革的过程，坚持相互适应和创生取向

实践取向小学教师职前培养是一个新事物，一方面，大学承担小学教师培养任务在我国内地仅仅是近几年的事情；另一方面，实践取向是一种新的教师培养理念，如何更好地将这种理念转化为实

践尚在探索之中。学校的人才培养的思路集中体现在课程计划之中，而课程本身是一种计划性变革。因此在小学教师职前培养活动中，一方面，我们不断进行课程本身的调整。比如，我们每年都组织人员专门讨论课程设置、实施的问题，对课程内容进行增减、精选等，甚至对培养计划进行微调。在课程的变革中我们还陆续创生了一些新的课程。比如“十·打实”活动课程就是在学生活动的基础上提升为课程的，“教师成长协作团”实践课程也是在教育见习的基础上提升的。另一方面，我们引导教师不断地更新观念，实现角色的转换，由单纯的知识传授者，转变为学生学习的引导者、组织者。

2. 关注课程实施中教师文化的重构

教师文化是“教师在教育教学活动中形成与发展起来的价值观念和行为方式，包括教师的职业意识、角色认同、教育理念、价值取向及情绪反应等”。[①] 教师文化的建设对人才的培养意义重大。新型的教师文化的建构首先要求教师打破原有的价值观念，突破学科专业的划别，共同为培养高素质的小学教师服务，改变以往孤立的行为方式，大家合作共赢，打造优秀教师团队。其次要实现自身角色认识的调整。过去我们认为大学教师只要把课堂教学做好就可以了，成为教学能手，当然现在我们仍然需要，但是在“实践取向”的指引下，教师除了搞好课堂教学以外，还应做好学生的实践指导教师，这就需要我们的教师有一个角色的认同和转变问题，积极地投身到实践指导中去。几年的实践使我们的教师都充分认识到了这一点，基本完成了角色的转变，形成了一支充满活力、善于合作的教师团队。

3. 最终目标是实现课程实施的制度化、常规化

人才培养是一个连续的、长期的过程，这要求我们的计划、方

① 王少非主编．新课程背景下的教师专业发展．上海：华东师范大学出版社，2005. 81

案等必须具有稳定性、连续性，也就是最终走向制度化、常规化。我们计划用 5 ~6 年的时间使我们整个的人才培养体系、运行机制等进入常规化状态。目前，我们的人才培养方案、课程设置、教育实践计划等经过两届学生的实践已日臻完善，正走向制度化。在教育实践活动课程方面也已经常规化，比如教育见习、教育实习、教师成长协作团等，教师、学生、教学管理者对这些实践课程都了如指掌，有效地促进了课程实施。

总之，课程实施是一个不断变革、调试、创生的过程，是大学教师文化的重构过程，是一个不断走向制度化、常规化的过程。

四、质量评价

评价是运行模式中十分重要的一环，关乎人才培养的质量，因为它是考察我们所确立的培养目标是否得以实现的重要途径。评价的主体是多元的，既有大学教师、同学、还有社会用人单位等。评价的途径和方法也多种多样，结合我们的人才培养理念，我们主要运用过程性评价与结果性评价相结合的评价方式，即既关注小学教师职前培养活动的过程，同时也关注最终的人才培养质量。

过程性评价是一种关注过程，注重实施的评价方式，我们在小学教师的职前培养活动中始终关注学生的成长。过程性评价形式具体包括学生平时课程学习情况的阶段性考核、教师单项基本功考核、教育见习评价等，这些都是为学生最后能更好地成长为一名“合格教师”服务的。过程性评价贯穿在几年的学习过程之中。

结果性评价是对人才培养质量的终结性评价。这主要是通过数据、资料的搜集来评判人才培养最终的成效，也就是人才培养质量是否符合我们的期望。实践证明，我们的人才培养质量是好的。我们的首届毕业生 76 人全部顺利毕业，毕业生中 10% 的人考入了华东师范大学、厦门大学等重点院校攻读硕士研究生，选择就业的学生也表现出了良好的专业情意和较强的专业技能。

总之，无论是过程性评价还是结果性评价都证明了我们的人才培养目标正在得以实现。今后我们将继续改进过程性评价的具体形式和方法，使其更丰富、更科学，使人才培养质量更高。

第三节 实践取向小学教师职前培养运行机制

机制一词最早源于希腊文，原指机器的构造和动作原理。后来生物学和医学通过类比借用此词，用以表示有机体内发生生理或病理变化时，各器官之间相互联系、作用和调节的方式。后来机制一词被广泛运用，一般指组织或结构内各构成要素之间相互联系和作用的关系及其功能。小学教师职前培养运行机制主要指教师职前培养各要素之间的相互联系、作用和调节方式。

一、运行机制的基本构成要素

理论学习、实践训练、交流反思是运行机制的三个基本要素，这也是我们在小学教师职前培养过程中抓住的突出环节。见图6－1。理论学习的具体内容包括一般的教育教学理论、学科教学理论以及其他文化知识理论，主要通过课堂教学来完成；实践训练内容包括一般的教学基本技能、班级管理能力、教育科研能力、人际交往技能、社会适应性等，主要依托实践课程来完成；交流反思是连接理论学习与实践训练的调节器，交流反思的内容包括理论学习和实践训练的所有内容，贯穿整个教师职前培养的始终。具体表现为四种样态：一是课程学习反思，主要通过课程学习论文来体现；二是教育见习总结与反思，主要通过教育见习总结报告体现；三是教育故事撰写比赛，借助比赛的形式帮助学生总结在实践过程当中遇到的教育教学故事；四是教学反思，主要是学生在教育实习当中的一些体会和心得。

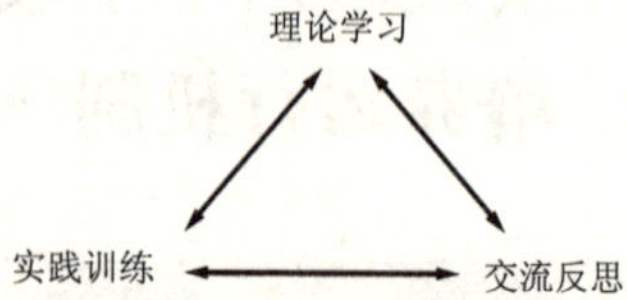

图 6－1　实践取向教师职前培养运行机制

二、构成要素的关系

理论学习、实践训练与交流反思之间三位一体，相互制约，相互影响。具体来说，理论学习起着宏观的指导作用，且是教师职前培养的第一步，学生首先接受的是理论学习，其次才是进行实践。因为学生在学校接受教育，主要是以学习间接经验为主，学生所学习的理论都是前人在丰富的实践基础之上总结出来的，学生通过课堂集中进行理论学习能够大大提高学习效率，加速自身的专业化。实践训练是学生在学习一定理论基础之上所发生的行为变化或者进行的活动，学生的行为变化和活动一方面检验着理论学习，另一方面又创新和发展了他们所学的理论。理论学习与实践训练相得益彰。交流反思是我们一直所强调的一个重要环节。在新时期的教师专业发展中，人们都十分强调反思对教师成长的作用，但一直以来人们都是关注在职教师的反思行为，对未来教师却很少关注。其实无论是未来教师还是在职教师的成长，反思都同等重要，未来教师的反思同样有利于自身的专业化发展，能够使理论知识和实践训练很好地结合起来，同时能够深化理论学习和实践训练。对未来教师来说反思的具体作用表现在，一是促进自身所学理论知识的结构化、系统化。前面我们谈到的让学生写课程学习小结、报告其实起到的就是这样一种作用。二是能够发现自身的长处和不足，特别是对每次的教育实践活动进行反思，能对自己有一个重新的认识。三是通过反思能够发现问题，培养自己的问题意识，从而培养自身的科研能力，促进自身的专业化。许多学生在反思自身的学习、实践中发现了问题，比如有效的课堂教学、低年级学生课堂如何管理等，这些都成为学生研究的兴奋点。而且这些问题的研究能够有效地改进他们的教育教学活动，形成了良性循环。四是在反思中获取实践性知识。通过对自身的学习和活动的认识以及评价，学生能够对自己已经获得的经验进行系统的总结。这些经验包括知识的感悟、方法的习得、情境的体验等，而这正是我们所迫切需求的实践性知识，反思是其习得的有效途径。

理论学习、实践训练与交流反思三者相互作用，构成一个流动的且具有稳定性的三角模式运行机制。理论学习是基础，理论学习的主要任务是为未来教师提供基本的专业知识，包括学科知识、学科教育知识、教育心理知识等。这些知识的学习使未来教师获得较充分的专业知识基础。实践训练是核心，仅有教师专业知识是不能成为一名真正合格教师的，还必须有足够的实践性知识，还必须把理论学习中获得的专业知识转变为未来教师的个体知识，而要达此目的，就必须通过实践训练。交流反思是关键，交流反思是理论学习与实践训练真正实现融合的桥梁与纽带，是实现理论知识向实践知识转化的调节器和催化剂。没有理论知识，实践训练就没有了基础和前提，而没有实践训练，理论知识永远不能转化为实践知识，而离开了交流反思，前二者之间的转化就失去了内在的关联。理论学习、实践训练、交流反思相辅相成，贯穿于我们小学教师职前培养的过程中，使我们的小学教师职前培养焕发出活力和生机。

第七章

实践取向小学教师职前培养的教师队伍建设

教师既是课程实施的条件性资源，又是素材性资源，教师队伍的建设成为教师教育的关键。实践取向小学教师职前培养是教师教育的一种新的实践与探索。要想取得成效，就必须拥有一支与此相适应、专兼结合的教师队伍。

这支教师队伍应该具有以下特点：首先，我们的培养目标重在使学生获取实践性知识，实践性知识获得的一个重要途径就是知识和经验的共享，这必然要求我们的教师队伍本身拥有丰富的实践性知识，而现有的大学教师队伍缺乏小学教育教学的实践经验，是很难满足培养需求的。而小学优秀兼职教师正好弥补了这一缺失，专兼结合的教师队伍能够给学生一个完整的知识获取空间。其次，实践取向小学教师职前培养的办学模式必须是开放的，要把学习空间拓展到了教育实践基地、社会。很显然光靠大学教师这支队伍也是不行的，必须有一支相应的兼职队伍。因此，无论从实践性知识的获取还是开放的办学模式来说，都需要我们有一支专兼结合的教师队伍。我们认为实践取向的小学教师职前培养其教师队伍应该有三个团队：一是大学教师，二是小学兼职教师，三是学生中的能者为师（导生制）。

第一节 大学教师角色与行为的转变

一、课程变革中大学教师角色与行为的改变

近年来国家在进行基础教育改革的同时，大力进行高等教育改革，影响最为广泛的就是高等学校教学质量与教学改革工程（简称“质量工程”），全国范围内都在大力着手高等教育改革，创新高等教育。这其中一个重要的内容就是课程的变革。课程变革涉及课程类型、课程结构等，几乎所有高校都不约而同地调整了原有的课程设置，加强了通识教育、基础文化教育和增设大量的选修课程，体现课程的创新性和实践性。在这个大的背景下，坚持“实践取向”办学理念，我们的课程结构发生了变化，增加了实践课程的比重；课程形态发生了变化，由整门课程向微型课程发展；课程的实施方式发生了变化，由封闭走向开放。课程的这些变革离不开教师的参与，同时也要求我们的教师随之发生相应的转变。

（一）教师应成为课程的设计者与课程资源的开发者

大学教师学富五车的形象在人们的意识当中形成已久，这其实与我们过去仅仅把教师作为文化知识的传递者的观念是分不开的。教师作为文化知识的传递者应该是教师职业角色中最核心和最基础的，因为教育本身就是以知识的传递和传播为核心。但随着时代的变化，教师除了作为知识的传递者以外，还应是课程的设计者与课

程资源的开发者。

大家都知道高等教育与基础教育相比较，一个明显的特点就是更灵活，更具有创新性，这对教师的素质要求就更高。教师作为课程的设计者主要表现在两个方面：一方面是根据需要直接设计新的课程，这在后面我们谈教师应成为课程的创新者中具体阐释；另一方面就是对已有的课程进行精心设计，也可称为教学设计。特别是在信息化、数字化的今天，教师的课程设计显得尤为重要。教师应该与时俱进，对已有的课程内容进行选择、加工，体现教师的自主权，教学智慧。只有这样，才有可能让学生接受最新知识，激发他们的学习兴趣。课程设计除了对内容选择、加工以外，还有就是结合学生的实际情况，设计出具体的任务，给予一定的指导，让学生实现有指导的自主学习。

教师还是课程资源的开发者。课程资源的概念是随着本次基础教育课程改革的实施为大家所熟悉的，其实在高等教育领域，更应该注重课程资源的开发。我们首先树立的是课程资源观。教师不要把教科书当成唯一的课程资源，大学教师本身是最重要、最直接的课程资源。在课程资源的开发上，我们主要作了两方面的尝试：一是开发教材资源，几年来，先后开发了《初等教育课程与教学论》和《小学教育专业专业英语》，后者填补了内地小学教育专业教材的空白，为学生提供最基本的课程资源；二是大力开发信息化、数字化课程资源，我们主要开发了多媒体课件和建设网络课程，比如提供方便学生自学的“计算机文化基础学习软件”、建起了“大学英语网络学习平台”，把所有专业主干课程建设成网络课程，以方便学生学习，为学生学习提供最优质的资源。教师开发课程资源还有一个重要表现就是拓展学生学习的空间和场所，巩固和建设教育实践基地，这为课程实施由封闭走向开放提供了强有力的保障。

（二）教师应成为课程的研究者和创新者

大学教师的价值主要体现在教学和科研两个方面，而科研最受人们关注，所以研究可以说是大学教师的生命线。在教师的所有研究工作中，课程研究应该成为主要的领域。随着时代的发展，教师应该思考如何培养时代需要的人才，只有这样大学教师才能成为真正的专家。同时研究的过程本身也是创新的过程，我们常常说创新是一个民族生存和发展的灵魂，我们要培养创新性的人才，首先需要教师的教育教学活动具有创造性。教师要成为课程的研究者和创新者，首先应树立课程意识，明白教师即课程。过去我们常常认为教师只要根据教材准确无误地讲解就可以了，教师只是忠实地实施课程。而在培养学生创新精神和实践能力这一目标的要求下，显然这是不够的，教师应成为课程的创新者和研究者，教师本身就是课程。学生所学习的课程，应是教师和学生共同理解的经验的总和，只有这样，培养学生的创新精神和实践能力才有可能。在这方面我们做出了尝试，大胆进行课程结构的变革和课程内容的重构。在课程结构方面，我们优化了各种类型课程的比例，增加了实践课程比重。同时我们组织教师对原有的课程内容进行了重构，加大课程研究和改造的力度，使一些课程走向微型化、模块化，比如我们进行了“学科课程与教学论”课程的改革与创新。“学科课程与教学论”是小学教育专业的主干课程，具有十分重要的地位，我们对其内容进行了精选、重构，主要分为两个方面，即理论层面和技术层面。而这两个方面又具体细化为细小的模块，比如理论层面分为：学科课程与教学论基本理论、学科课程与教学论历史与展望、学科课程标准研读和学科教材研习等；技术层面分为学科特殊教学技能和学科教学专题研究，这其中数学教学专题又分为数与代数教学研究、空间与图形教学研究、统计与概率教学研究和实践活动（综合应用）教学研究，语文教学专题分为识字与写字教学研究、阅读教学研究、习作教学研究、口语交际教学研究和综合性学习教学研究。这种探索提高了学科课程与教学论的教学效果，对学生能力的发展起到了极大的促进作用，而这与教师的课程意识和课程的研究、创新能力是分不开的。

二、教学变革中大学教师角色与行为的改变

除了课程变革中教师角色发生变化以外，教学中教师的角色与行为同样需要变革，因为课程最终通过教学得以实施。在教学变革中，首先我们的教学内容发生了变化，由学科知识变为学科知识和相关经验并重；其次我们的教学方式发生了变化，由封闭走向开放。这些要求我们的教师在教学中应成为学生学习的指导者、促进者和合作者。

（一）教师成为学生学习的指导者、促进者

大学生与中学生一个显著的不同就是他们已经成熟，具有很强的独立性。独立自主是大学生基本的生活方式。大学的一个重要的培养目标就是学生的实践能力与创新精神。所有这些都要求大学生的学习方式应该是自主学习。而在这种自主学习中，教师应该是指导者和促进者。

作为学生学习的指导者和促进者，首先必须树立新的学生观，要明确教是为了学，教学不能只考虑自己如何教，还应考虑学生如何学。要采用符合学生特点和认知规律的教学方式，同时要密切关注学生的生活，回归学生丰富多彩的现实生活世界，特别是当前信息化、数字化的现实生活状态。其次，要树立新的学习观。教师不能把学生再看成一张白纸，要真正发挥学生的主体性，让学生积极参与到课堂学习当中来。教学改革要以转变学生的学习方式为核心，注重学生学习能力的培养，教师要成为学生学习方法、学习态度和

学习习惯的指导者，为学生学习创设丰富的教学情境，激发学生学习的动机，培养学生学习兴趣，为学生专业成长奠基。第三，要把促进和激励学生学习放在首位。今天的大学校园越来越开放，与社会的联系越来越紧密，文化多元化的态势越来越鲜明，大学生也同样面临着来自各个方面的诱惑，一些学生不以学业为重，所以教师的促进和激励显得尤为重要。联合国教科文组织在《学会生存——教育世界的今天和明天》中也明确指出："教师的职责现在已经越来越少地传递知识，而越来越多地激励思考。"由此看来，教师的促进者、激励者形象应该是一个世界性的趋势。教师应该采取有效的方式和手段，唤醒、激活沉睡在每个学生身上的潜能，在课堂教学中注重对学生学习的引导，比如在正式学习之前先让学生明确所学知识的实际意义，唤起对知识的渴望；接着引导学生寻找、搜集所能利用的一切学习资源进行学习，最终使学生理解本专业学科基础知识和技能。第四，要为学生学习提供各种便利，为学生的学习服务。

（二）教师成为学生学习的合作者

教学本身是教师与学生之间交往的过程，需要双方交流、沟通，相互之间启发、互补，促进知识的生成。在这个过程当中，教师和学生能够共同分享思维的成果，增进情感的沟通，教师成为学生学习的协助者、合作者。教师成为学生的合作者一方面是整个时代发展的基本要求，现代社会分工越来越细，任何事业的建立，任务的完成都离不开人与人之间的合作，教学也不例外，培养人的活动需要大家合作完成。同时教师成为学生学习的合作者也是充分发挥学生主体性、创造性的需要。传统的师生关系是"师道尊严"，学生处于被打击、被压迫的地位，这严重制约了学生主体性和创造能力的发挥，要改变这种被动的局面，必然要求师生的地位是平等，师生应成为合作者。

作学生学习的合作者，大学教师必须有合作意识和合作能力。大学教师与学生之间应该成为一个学习共同体，在共同体内只有互相尊重，这个团体才能和谐、持久地维持下去，否则就算不上是学习共同体。师生合作的过程是一个双赢的过程，在这个过程中，发展与提高的不仅仅是学生，教师自身的知识、素养等也会有很大的提高。许多教师的科研成果都是与学生共同合作完成的。教师要成为学生学习的合作者不仅要有合作意识，而且也要有一定的合作能力。教师应不断加强自身的人际交往能力，信息处理能力。

无论从课程变革还是教学变革来看，大学教师必须使自身的角色发生改变，应肩负起历史的使命，成为课程的研究者、设计者、课程资源的开发者；成为学生学习的指导者、促进者、合作者。如何促进大学教师角色和行为的转变，基本策略有三个：一是大学教师深入小学参与其日常教育教学活动。大学教师应定期参加到小学教育教学活动中去，了解小学教育教学，研究小学教育教学，服务小学教育教学，在这个过程中实现自身价值。二是教师全员参与大学生教育实践指导，使所有教师都熟悉教育实践过程，明确人才培养的基本途径，丰富实践经验。三是让缺乏小学教育教学经验的教师到小学进行短期任教，以获得鲜活的经验，促进自身更好更快地发展。

第二节　小学兼职教师的地位与作用

在教师队伍建设中，除了大学教师以外，小学兼职教师的地位和作用不容忽视。以往在教师的职前培养过程当中我们很少关注兼职教师，他们的存在价值往往被我们所忽视。小学兼职教师具有丰富的教育教学经验，在小学教师的职前培养过程中，尤其是在教育实践课程中具有特殊作用，他们身上能够很好地实现教育理论与教育实践的结合，职前与职后的沟通。小学兼职教师具有不可替代的作用。

一、小学兼职教师在未来教师职前培养中的地位

小学兼职教师的重要地位主要体现在专业建设和课程建设当中，他们具有重要价值，不可或缺且不可替代。

（一）小学兼职教师不可或缺

我们的培养目标是促进学生全面发展，学有专长，特色鲜明，具有创新精神和实践能力，能适应21世纪小学教育改革和发展的需要。使学生具有良好的专业情意，具备扎实的课堂教学能力、班队管理能力及教育科研能力。学生这些能力的习得，都离不开教育实践，都来自于教育实践，这就需要具备丰富实践经验的教师加以指导。而传统的大学教师往往缺乏小学教育教学实践经验。因此，要全面实现我们的培养目标，必须对教师队伍的结构进行调整，以弥

补整体素质的缺欠。优秀小学教师既具有丰富的实践经验，同时也掌握了一定的教育理论，可以为我们的教师职前培养服务。学生可能通过他们鲜活的经验，鲜明的专业特点，更直接地了解小学教师、了解小学教育。

（二）小学兼职教师不可替代

新世纪，教师教育理念正在发生着变革，从理智取向，即将理论性知识视为教师专业发展的基础向实践—反思取向转型，并逐步向生态取向发展。实践—反思取向将教师视为反思性实践者，认为实践性知识是教师专业发展的基础。实践性知识是“教师真正信奉的，并在其教育教学实践中实际使用和表现出来的对教育教学的认识”,[①] 它的来源有三，“一是教师对教育基础理论知识和学科专业知识的个体化理解、吸收与重组；二是教师基于对教育教学实践问题的思考与总结以及对实践情境的机智应对，从而不断提升个体经验；三是教师之间的交流与学习”。[②] 由此看来，我们在教师职前培养过程中要想使学生获取丰富的实践性知识，一个重要的途径就是引领学生走进教育现场，开展系列教育实践活动，与小学一线教师进行亲密的接触、交流，使其获得充足的实践性知识储备。从这个意义上来说，小学兼职教师的地位不可替代。一方面，小学兼职教师可为未来教师进入鲜活的教育现场提供方便，提供稳定的实践基地；另一方面小学兼职教师本身具备丰富的实践性知识，在与未来教师的交流过程中，具有言传身教的作用，为未来教师实践性知识的获取提供了优良的环境。

---

① 陈向明. 实践性知识：教师专业发展的知识基础. 北京大学教育评论，2003（1）：104～112

② 关文信，李伟诗. 教师职前培养的新模式——教师成长协作团. 东北师范大学学报（哲学社会科学），2007（1）：141～145

二、小学兼职教师在未来教师职前培养中的作用

（一）榜样示范作用

榜样作用是无穷的，在未来教师的职前培养过程中，小学兼职教师对未来教师具有重要的榜样作用。我们把“其身正，不令而行，其身不正，虽令不从”这句话用在教师身上，说的就是教师特殊的示范作用。小学兼职教师对未来教师的榜样作用主要体现在专业情意、课堂教学以及班队管理上。通过与小学兼职教师的亲密接触，通过观察小学兼职教师平时的教学设计、课堂板书、批改作业等，甚至写字的姿势等一举一动、一言一行，都可能对未来教师带来重要的影响。小学兼职教师对学生的态度，对班级的管理，对工作的敬业精神等都可能潜移默化地影响未来教师。榜样示范作用应该是我们所关注的，因为人类的学习最初都是从模仿开始的，优秀小学教师的人格魅力与专业影响力对未来教师的专业情意影响作用巨大。因此，我们在每年的新生入学教育大会上都会聘请全国有名的小学特级教师给新生做课、做报告，而每一次这样的活动都给新生带来一种心灵的震撼，都产生了深远的影响。

（二）指导作用

如果说榜样示范作用是间接的，潜移默化的，那么指导作用则是显性的直接的。小学兼职教师的指导作用与大学教师的指导作用相互弥补，相得益彰。小学兼职教师的指导作用主要体现在未来教师对实践性知识的获取上，一般集中在课堂教学和班队管理两个方面。课堂教学既有理论的指导又有实践的指导，比如《学科课程与教学论》、《班级与学校管理》、《小学综合实践活动设计》等课程的部分内容都聘请相关教师做专题讲座，使理论学习与实践结合得更

紧密。当前，我们共有 15 名兼职优秀小学教师参与相关课程的教学。在指导学生实践方面，这是小学兼职教师的强项，我们现有近 200 名的教育实践兼职指导教师。除此之外，我们还邀请优秀小学教师做客“小学名师讲坛”。每学期我们都举办小学名师讲坛，积极邀请经验丰富的小学兼职教师做客名师讲坛，与大家一起分享经验，分享成果。

（三）课程资源价值

优秀小学教师本身就是丰富的课程资源。优秀小学教师拥有丰富的教育教学经验、具备丰富的实践性知识，本身就是一本“活教材”，这本“活教材”是未来教师学习不可多得的教科书。他们积极参与大学的相关课程改革，将自己对学科课程的理解融入到课程中，成为学生学习的重要内容。

总之，小学兼职教师在教师职前培养的师资队伍建设中具有重要作用，不可替代。

第三节 学生中的能者为师（导生制）

我们的教师队伍中的第三支力量就是学生中的能者为师，这是一支特殊的、重要的力量。其特殊是因为他们也是学生，也正在接受教育，其重要是因为他们能够发挥一些教师难以发挥的作用。让学生中的能者为师是受教育史上导生制的启发。导生制（monitorial system）又叫贝尔—兰卡斯特制，是由英国国教会的贝尔（Andrew Bell）和公益会的教师兰卡斯特（Joseph Lancaster）所开创的一种教学组织形式，它的组织形式是：教师上课时先选择一些年龄较大或较优秀的学生进行教学，然后，由这些学生做“导生”，每个导生负责把自己刚学的内容教给一组学生。导生不但负责教学，而且还负责检查和考试，完全是教师的助手。有了导生的帮助，教师的教学工作量大大减轻了，因而能够教育更多的学生。同时也是现实的需要。未来教师的实践训练，特别是职业技能训练更多的是依靠日常的、自我的练习。仅靠教师是无法实现对他们及时有效的指导的。学生的成长离不开同伴间的合作与互助。我们要充分发挥学生组织、学生社团的作用，把学生组织起来，重视发挥学生中学有专长者作用，实现能者为师，使实践性取向得到彰显。

一、学生中的能者为师的前提和基础

（一）差异性

学生之间发展的差异性，是学生同伴能够互相合作的前提和基础。我们知道，个体的差异是绝对的，人类社会本身就需要具有差异的个体。个体的差异表现在各方面，按照加德纳（Howard Gadner）的多元智力理论，人有九种智力，但这些智力并不是均衡发展的，常常表现为在某个方面可能有过人之处，而在另一方面则不如人。因此，人在学习的过程中是尽可能地使自身得到全面、和谐的发展，有差异的存在为学生向别人学习提供了可能，提供了契机。

（二）成长的共同需求

有了差异，人们并不一定会互相学习，还必须有一个共同的需求去引导。对未来教师来说，他们的共同需求就是使自已尽快地成长为一名合格的、优秀的小学教师，成长是未来教师的重要目标。学生在学校接受教育的目的就是要使自身得到发展、成长，学生的成长包括多个方面，如前所说每个个体存在差异，成长的目标相应地存在差异，但成长是共同的需求，同伴之间的学习能够相互之间各取所需。如果说差异性是学生互相学习的必要条件的话，那么成长的共同需求就是充分条件。

（三）制度保障

有了必要条件和充分条件，学生同伴间的互相学习才能够展开，但为了同伴之间的互相学习能够成为一种一贯的做法，进而成为一种优良的学风，还必须通过制度来保障。当然我们的制度是以学生的自愿为前提，充分尊重学生的自主选择。制度保障既有成文的也有不成文的，成文的主要是一些学生社团的规定以及一些规章制度，学生一旦加入某个社团或者参与某项活动，自然受社团规定以及制度的制约。当然更多的是不成文的，是学生之间自然形成的一些规范，帮助学生同伴之间协调关系。

二、学生中的能者为师的作用

学生中的能者为师的作用主要体现在以下方面：

（一）榜样示范作用

学生同伴之间的榜样示范主要是一些基本的教学技能方面的示范作用。比如“三字一话”（粉笔字、钢笔字、毛笔字和普通话）方面有特长者可以影响和指导他人，这是一般教师所无法企及的。我们知道“三字一话”能力的培养非一朝一日之功，主要靠学生平时的训练，所以学生日常的教师——同伴其意义作用重大。又如，普通话训练。每个学生宿舍的学生都来自不同的地方，其中一些来自北方省份的学生普通话水平往往较高，我们就安排他们负责本舍同学的普通话练习，并将各宿舍同学的普通话水平纳入一年一度的宿舍文化节的竞赛内容。

（二）经验与资源共享、整合

每个学生个体是一个差异性的存在，他们对事物的认识、对世界的把握等都必然会存在差异，因此他们就会拥有不同的经验与资源。而他们又有一个共同的成长需求，都希望自身的教师专业化程度得到提高，这样他们就会自觉或不自觉地实现经验与资源的共享与整合。例如，许多同学都会去做家庭教师，而在做家庭教师的过程中，都会遇到一些比较头疼的问题，面对这些问题有些同学可能会有一些解决的办法与诀窍，比如对注意力不集中的孩子，一方面可以排除外界刺激物的干扰，另一方面可以让小学生不在难点问题上停留。因为对小学生来说，大多数情况下是由于对事物没有兴趣或者产生畏难情绪才会转移注意力的。类似的经验和技巧可能还有很多，往往在不经意的交谈中同伴之间实现了经验与资源的共享与整合。

（三）相互激励

学生中的能者为师的第三个作用是相互之间的激励。我们知道人是群居性的动物，人所从事的活动体现的价值都希望得到别人的认同，这样同伴之间的相互激励显得较为重要，因为相互之间的激励本身就是一个价值的认同过程。同伴之间的相互激励主要表现在同伴之间的互帮互助，比如有些学生缺乏自信心，或者屡遭挫折没有成就感，或者所完成的任务得不到别人的赞同等，而此时同伴之间的一些宽慰的话将会起到巨大的作用，将会成为同伴进一步学习的动力。相互激励是学生共同发展、成长的一味良药。

三、学生中的能者为师的基本形式

（一）研究性学习小组

研究性学习小组是一个常见的形式。现在基础教育领域的研究性学习开展得如火如荼，其实高等教育更需要研究性学习，因为研究性学习主要是培养学生的问题意识和创新精神，而这正与高等教育的内涵相契合。我们所说的研究性学习同样是学生围绕共同的问题开展合作、探究，寻找问题的答案，追求学生在整个过程当中所获得的学习体验以及方法，这是一种集体创造的学习活动。那么如何在研究性学习小组中体现能者为师呢？这主要体现在小组成员的构成与分工以及研究性学习经验与交流上。由于小组成员是经过精心组织和挑选的，每个成员都要发挥自己的特长，都必须完成一定的任务，这样整个小组的任务才能完成，也从源头上保证人尽其才。能者为师更为直接地体现在学生学习的经验交流会上，从不同的个体身上，同伴之间能够获取相应的经验和技巧。比如《课程与教学论》课程的任课教师结合教学组织学生开展研究性学习活动，在整个学习过程中有四次交流活动：第一次是小组内的交流，每个人都要报告自己的研究结果，同时要展示自己的研究成果。通过交流，形成本组对研究主题的完整成果，小组交流后要推举出一两个同学代表本小组展示研究性学习的成果。第二次是班级内的组际交流，通过这次交流，达到两个目的，一是对同一专题的组际整合，二是班内几个主题的交流。第三次交流是代表各班的同一主题的小组的组际交流，最终要产生一个小组代表参加年级交流。第四次交流是年级交流。通过不同层次的交流，学生从中所获取的信息和经验更为具体和深刻，也更为鲜活。

（二）兴趣小组

兴趣小组也是同伴之间互相学习的一个有效载体。与研究性学习相比而言，差别主要是研究性学习围绕问题，而兴趣小组主要是为了共同的爱好；研究性学习是在教师的安排指导下开展，兴趣小组更多的是群众性的民间活动。为了教师的职前培养可以形成各种各样的兴趣小组，比如课件制作小组、儿童影视欣赏兴趣小组等。在每个兴趣小组中都会有一些表现出色的同学，因为，他们对某方面特别感兴趣，所以会潜心研究，从而达到精通或者专业化水平。在这些同学的影响和带领下，整个兴趣小组成员的水平都会大有提高，充分体现了能者为师的作用。

（三）同伴之间的模拟训练

模拟训练是同伴之间一个相互合作的平台。教师的职前培养一个重要方面就是教学能力的养成，对未来教师来说，教学能力的养成除了通过教育见习、实习获得以外，更多地是通过模拟训练来习得。同伴之间的模拟训练就是要求学生同伴之间相互扮演教师和学生，互相配合，共同感受课堂教学的氛围。模拟训练是未来教师教学能力共同成长的一条捷径。因为同伴之间总会有一些教学技能比较出众的同学，所以在安排模拟训练时，教师根据学生的层次水平，进行优化组合，合理搭配，使每组学生中有一些优秀的学生可以作为榜样，使大家能够相互切磋琢磨，实现发展。

（四）信息交流（网络平台、Blog、简报、教育故事集）

学生同伴之间的互相学习，还有一些特殊的形式，我们用信息交流形式来概括。信息交流形式既有常见的纸质文本，又有数字化的。纸质的信息交流形式有学生自办教育见习、实习简报，编撰学生教育故事（反思）集，使大家的经验得到共享。随着时代的进步，信息技术与教学紧密结合，有力地推动了我们的信息交流，信息交流显得更加及时、方便、快捷。学生同伴之间可以通过各种即时通讯工具、聊天工具以及 BBS、BLOG 等进行信息交流。这些使学生交流的时间和空间得到无限的扩大，交流、沟通无障碍。当然我们这里所说的信息，主要是指学生所拥有的有价值的能够对其他人有所启发的经验或者知识，由于信息资源具有极大的开放性、丰富性和虚拟化的特点，有时候可能会存在泥沙俱下的情况，所以这种形式的交流更需要教师的积极引导和监督。

（五）学长制

为了创新学生同伴之间互相学习的形式，我们对新生实行了“学长制”的帮扶活动。“学长制”主要是学长帮助新生，即一名老生带两名同专业方向的新生，为期一年，宗旨是使新生能尽快适应大学环境和生活，采取结对的方式，要求老生结合自己的学习生活经历给新生以引导，向新生介绍小学教育专业的办学特色、专业设置、就业形势等。使新生尽快适应大学生活，少走弯路。学长制在 2006 级学生入学时开始实行，实践证明是行之有效的，值得进一步探索和推进。

第八章

实践取向小学教师职前培养的环境建设

美国著名课程专家施瓦布(J. Schwarb)认为，课程是由教师、学生、教材、环境四个因素构成。勒温（K. Lewin）借用物理学上力场的概念，将个人在某时间所处的空间视为场，认为在同一场内的各部分元素彼此影响；当某部分元素变动，所有其他部分的元素都会受到影响。这就是著名的场论（field theory）。其公式：B = f(P E)。B代表行为；P代表个人；E代表环境；f代表函数。这个公式表达的意义是，个人的一切行为是随其本身与所处环境条件的变化而改变的。现代教学理论认为，教学在某种意义上就是创造环境。由此可以看出，培养高素质的小学教师，良好的环境是一个至关重要的因素。

第一节 实践取向小学教师职前培养环境建设的内涵及对象

教师职前培养的过程，其实就是未来教师与周围环境相互作用、相互影响的过程。简言之，环境是指个体赖以生存和发展的条件的总和，未来教师成长与发展的条件总和就是教育环境。

一、实践取向小学教师职前培养环境的内涵

教育环境与我们的人才培养质量关系十分密切，很早就引起了人们的注意。近代教育家夸美纽斯、卢梭都对教育环境有过专门的论述，前苏联大教育家苏霍姆林斯基通过他的帕夫雷什中学，对校园教育环境的创设问题做过深入的研究，比如在他的著作中专门探讨了“课堂教学和课外活动的环境”、“校园及其教育作用”、“校舍内部陈设的教育作用”等问题。其实我国古代的“孟母三迁”等故事，成语“近朱者赤，近墨者黑”等反映的也是教育环境的问题。今天人们对教育环境的研究和理解更加深入，并产生了专门的研究领域教育环境学。

一般认为，环境就是人生存的空间以及与人发生作用和影响的外界因素和力量的总和。那么，教育环境就是“与教育活动相

关的一切周围因素构成的体系”。[①] 人们又根据各种因素的特点和功能把教育环境分为校内环境和校外环境、或者物质环境和精神环境，依据的标准不一样还可以有其他类别。与教育环境相关的一个概念是教学环境，当人们在广义上来理解教学时，教学环境其实指的就是教育环境。近年来，有关教学环境的研究成为人们讨论的热点，一些有关课程与教学的专著都把教学环境列为一个专题。人们基本认为“教学环境是一个由不同因素构成的复杂的系统”，“整体的教学环境系统主要由物质环境和社会心理环境构成，而这两类环境又作为相对于独立的系统存在，并具有各自不同的要素结构”。[②] 从这个定义看来，教育环境与教学环境的内涵相差无几。

总结已有的研究成果，实践取向小学教师职前培养的环境，其实就是未来教师成长的教育环境，指一切有利于未来教师良好的专业情意形成、实践性知识获取以及实践能力的培养相关的因素、条件的总和。这种环境是一种教育环境，因此它是人为创设的，具有鲜明的教育性，同时这种创设的人为环境其主要指向未来教师的核心特质的形成和发展，即使未来教师具备良好专业情意和丰富的实践性知识。

二、环境建设的对象

明晰了实践取向教师职前培养的环境内涵，有利于我们更好地进行环境建设。在进行环境建设之前，我们首先必须明确环境建设的对象是什么，也就是环境建设的主要内容，看看究竟哪些因素和条件影响未来教师的成长与发展。

---

① 郭思乐. 学校内部教育环境与学校形象设计研究. 教育研究，2000（10）：33～38

② 田慧生. 略论教学环境的系统、要素与结构. 教育评论，1993（3）：22～25

通常人们认为教育环境包括物质环境、制度环境和精神环境三个部分，每一个部分的下面又细分为小的环境；也有的认为分为学校教育环境、家庭教育环境和社会教育环境。比较流行的看法是把环境分为“物质的（如班级教学用品、学校图书设备、文体器材、教育经费、学校所在地区物质条件和家庭经济状况等）、社会的（如班级体组织状况、师生交往水平、学校管理水平、教师素质、学生家长的文化素养、社会风尚等）、心理的（如班级心理生活状况、校风、学风、生活心理面貌、传统观念等）”[①] 三大类。目前有关环境的研究人们更多的是针对基础教育，但有也一些学者在关注着高等教育领域的教育环境。冯向东先生早在20世纪80年代就开始撰文讨论有关高等学校的教育环境问题（《学校教育环境的设计》，《学校党建与思想教育》1986年第三期；《论建设高等学校的教育环境》，《高等教育研究》1986年第四期），张建华先生也对高校教育环境的建设问题提出了自己的看法，认为高校教育环境的构成要素包括办学育人思想、教育者的影响、校园生活、规章制度、物质环境、个体环境等几个方面，并提出了具体的高校教育环境建设的途径。[②]

从这些已有的研究成果来看，人们对教育环境的理解可以用黄甫全教授的一句话来概括，也就是人们更多的是从实体性层面来理解环境，是对环境的静态理解，缺乏动态变化的眼光。在这里我们主要借用黄甫全教授的观点，从文化哲学的视野来研究未来教师的培养环境，从功能性层面来关注教师职前培养环境的主要内容及其对象。[③] 我们认为，小学教师职前培养的环境包括：

---

① 顾明远．教育大辞典．增订合编本·上．上海：上海教育出版社，1998．716

② 张建华．论高校教育环境建设．郑州牧业工程高等专科学校学报，1999（4）：290～292

③ 黄甫全．当代教学环境的实质与类型新探：文化哲学的分析．西北师大学报（社会科学版），2002（5）：31～36

（一）物质文化环境

物质文化环境是人们公认的也是人们最容易理解的教育环境，其对受教育者的影响作用是有目共睹的。物质文化环境是以一定的物质条件作为基础的，通常我们讲的教育环境物质方面其实就是指物质条件，比如校园建筑、教学设备、文化活动设施等，我们之所以提高到文化的层面和高度，主要是强调人的主观能动性，因为有了人才会有文化。学生个体或者集体与物质文化环境的关系主要表现为选择、创新、改造或利用学校、社区和家庭的物质条件。就我们的实践取向教师职前培养来说，一些必备的基础物质条件也是必不可少的，而对学生实践性知识的获取和习得发挥重要作用的物质条件主要有教室（特别是实验室、微格教室）、宿舍、图书馆、小学教育实践基地、互联网络及资源等。在这些构成要素中，我们突出了宿舍和小学教育实践基地的作用，打造独具特色的寝室文化，使寝室作为校内的重要实践基地，而小学教育实践基地则作为校外的重要实践场所，二者构成了物质文化环境建设的核心。

（二）心理文化环境

与物质文化环境一样，心理文化环境历来也受到人们的重视。心理文化环境其内涵十分广泛，指“人们在学习过程中所特有的心智——人格条件，包括个体学习心理、学生群体学习心理和教师群体学习心理以及其他有关群体学习心理，既包括与学习心理有关的师生个体心理和群体心理，还包括基于师生个体心理和群体心理而形成的学风、教风和校风等”。[①] 从这里看来，心理文化环境是以生理文化环境和一定的物质文化环境为基础的，未来教师的培养就是

① 黄甫全．当代教学环境的实质与类型新探：文化哲学的分析．西北师大学报（社会科学版），2002（5）：31～36

要充分注重学生的心理需要，创设良好的心理文化环境。这需要我们的学生在学习的过程中积极地投入，要有一股好学、爱学的精神，不断地努力，不放过每个学习的机会，特别是注意与同学之间展开合作，在协作中进步，形成健康、向上、合作的学习风气。而对教师来说则要认真地准备每一堂课，积极创设轻松的课堂教学情境，让学生在知识和经验获取的同时获得一种精神愉悦。

（三）交往文化环境

生活中交往无处不在，学校教育也一样，叶澜教授曾经说过，“如果从形态的角度看，我们认为教育起源于人类的交往活动”。[①] 教学即交往、对话理论等其实都是受到交往及其理论的影响。“交往的文化作为文化的一种显示形态，可以分为外在的交往形式和内在的交往形式”。[②] 在实践取向的教师职前培养中，我们特别强调学生专业情意的培养和实践性知识的获取，而这正需要交往的存在，使未来教师在交往中获得体验，获得经验的共享。交往的主体有教育者和受教育者之间以及受教育者相互之间，其形式有外在和内在之分，外在的交往是显性的，有具体的形式和活动，内在的交往表现为精神的建构和沟通，是隐性的，伴随着外在的交往而发生。在这里我们要突出强调的是教育者所包含的对象，通常我们只把教师看成是唯一的教育者，在这里，我们的教育者既包括大学教师，更重要的是小学一线具有丰富教育教学经验的老师，甚至学生（在某方面具有示范、榜样作用的学生）。在未来教师的培养过程中，交往文化的形成既有正式的，也有非正式的，既有课堂的，也有课外的，对未来教师的实践能力的培养，着重建设好课堂、社团以及其他形式的交往文化环境。

---

① 叶澜．教育概论．北京：人民教育出版社，1991．40～41

② 李鹏程．当代文化哲学沉思．北京：人民出版社，1995．191

（四）活动文化环境

对活动文化环境的理解，离不开我们对教育教学的理解。在教育的发展史上，人们曾经把课程视为知识和经验，把课程视为知识忽视了人的主体性，而把课程理解为经验重视了人的主体性，但教师不好实施和操作，于是研究者提出了课程即活动，寻找到知识和经验二者的结合点。其实我们前面所说的各种文化类型也“并不是散乱存在的现象，而是内在地统一在一起的，即它们内在地统一在师生的学习活动中，形成了教育中的活动文化环境”。[①] 当代的教育教学环境“决不是‘死’的和外在于学习的‘摆设’，而是‘活动化’的，是以‘学习活动’为基本的和根本的形式来加以组织和结构的”。[②] 实践取向小学教师职前培养更多的也是采取活动的方式来促进学生的实践性知识和能力的形成。在具体的活动文化环境中，可以培养学生的专业情意、教学技能、班队管理能力、科研能力、艺术表演能力等。

以上我们借鉴黄甫全教授的观点谈到了教师职前培养环境的主要内容及其对象，针对未来教师来说，培养他们的实践能力要突出引导他们利用课堂、社团、寝室、实践基地、网络等来培养自己对实践性知识的获取和习得的能力，在后面我们将具体谈到。

---

① 黄甫全．当代教学环境的实质与类型新探：文化哲学的分析．西北师大学报（社会科学版），2002（5）：31～36

② 黄甫全．当代教学环境的实质与类型新探：文化哲学的分析．西北师大学报（社会科学版），2002（5）：31～36

第二节　实践取向小学教师职前培养环境建设的价值

强调实践取向的环境建设，是因为环境对教师职前培养的重要作用。具体表现在：

一、熏陶作用

可以说人们对环境教育价值的认识最早就是来源于对环境熏陶作用的认识，古今中外概莫能外。中国古代思想家墨子曾经以染丝为例说过环境对人的影响，丝“染于苍则苍，染于黄则黄，所入者变，其色也变”。环境决定论著名代表人物华生也有过类似的观点。教育环境的熏陶作用主要是学生处在一定的物质文化、交往文化、活动文化环境下，经过长期的耳濡目染，自己的身心、精神状态、行为习惯、思想观念、人格等产生潜移默化的影响。特别是一个学校的校园文化对学生个体的成长会产生巨大影响，甚至是课堂教学所无法企及的。学校文化就是学校成员在教育、教学、科研、组织和生活的长期活动与发展演变过程中共同创造的、对外具有个性的精神和物质共同体，如教育和管理理念、历史传统、行为习惯、人际关系、风俗习惯、教育环境和制度以及由此而体现出来的学校校风和学校精神。我们提出的实践取向教师职前培养主要是指小学教师的培养，跟以往不同的是我们首先是在大学这个特殊环境下培养小学老师，是植根于大学文化，这是与以前通过中师培养小学教师的一个显著区别。大学文化是开放的、理性的、创新的，这些对小学未来教师的熏陶作用是以前所没有的。而且长期以来我们坚持实践取向的办学理念，具有鲜明的办学指导思想，形成了独特的办学文化，有一整套的突出实践取向的制度体系，这些对学生平时注重自身实践能力的培养和实践性知识的养成产生了重要影响。这种影响是深刻的、持久的、润物细无声的。

二、导向作用

实践取向小学教师职前培养的环境对学生的成长具有重要的导向作用，具体体现在通过各种因素，引导学生主动接受教育者提出的一些理念、价值观以及行为准则等，使其朝着我们预期的目标发展。如前所说，实践取向小学教师职前培养环境是指一切有利于未来教师专业情意和实践性知识获取的相关因素和条件的总和。这些因素和条件其实本身是根据一定的教育目的和学生的身心发展规律来组织和建设的，体现了一定的价值取向，是教育者对受教育者的一种期望。教育环境中的物质设施、制度建设以及其他文化活动开展都是如此。比如海南师范大学 2007 年上半年开展的“校园新星”系列活动，包括诗歌朗诵、板书设计、即兴演讲等具体内容，类似这样活动的开展其实也是在引导我们的学生注重自身教学基本技能的训练和养成。可以这么说，导向作用发挥的程度体现了环境在教师职前培养过程中是积极作用还是消极作用，未来教师的成长离不开环境的导向作用，我们坚持实践取向，其实就是想方设法创造环境引导我们的学生注重自身实践能力的培养和对实践性知识的养成。

三、凝聚、激励、传播作用

环境具有重要的凝聚作用，特别是一些共同的价值和观念，能够激发我们的学生对教育目标的认同感，并形成自身的使命感、责任感、自豪感以及归属感，产生强大的凝聚力。比如我们的学生在大一第一学期结束后，每学期都有为期一周的见习活动，最初学生对每学期都要去小学见习很不理解，存在抵触情绪，可到了高年级自己进行课堂模拟教学或者真实情境教学时，发现平时的见习对自身教学能力的形成具有莫大帮助，许多知识和经验是无法在传统的课堂获取的，因此现在见习活动成为许多同学最期盼的教学活动。在这种理念指引下，同学都朝着一个共同的目标努力，学习积极性大大提高，表现出了良好的学风和精神面貌。

环境同样具有激励作用，激励主要是调动学习者的积极性、主动性和创造性，使其保持高昂的情绪投入到学习当中去。使环境具有激励作用的手段和方法多种多样，通常是在一定的教育环境中引入竞争机制，比如我们开展的“十・打实”活动（下文将具体谈到）就是把学生的实践能力进行分解，通过一系列的活动来进行培养，而在活动中引入竞争机制，调动学生参与的积极性。这种活动平台的搭建，激励机制的形成，活动文化环境的创设，极大地提高了学生的兴趣，激发了其创新潜能，同时又注重了实践性知识的习得。

除了凝聚和激励作用以外，环境同样具有传播作用，甚至可以说是先有传播的作用，才可能产生凝聚和激励作用。在这里我们谈传播作用主要是指信息的传播和经验的传授。我们坚持实践取向，首先是要保证学生获取一定的知识和掌握一定的经验，而知识的获得和经验的获取离不开环境的传播作用，课堂教学是一种传播，教育见习是一种传播，各种活动也是一种传播，特别是现代的互联网络，更加加速了知识和经验的传播速度，突破了时空的界限，为实践取向的教师职前培养环境建设打开了一个新的重要窗口。

第三节　实践取向小学教师职前培养环境建设的措施

我们把实践取向小学教师职前培养的环境从文化哲学的角度分成了四种类型，即物质文化环境、心理文化环境、交往文化环境和活动文化环境，在实际的教育教学过程中这四种环境应该是交互作用的，不能截然分开，所以我们不能一一对应地去创设环境。我们知道，环境的各种功能和作用必须借助人的主观能动性才能体现，必须借助一定的物质条件或者活动形态才能实现，因此我们就以物质条件或者活动形态为中介谈谈如何进行实践取向小学教师职前培养环境的创建，根据其所处的空间范围不同，分别从校内环境建设和校外环境建设两方面进行阐述。

一、校内环境建设

学生的大部分时光是在学校度过的，学校是学生学习和成长的主要场所，因此环境建设首先必须建设好校内环境，为未来教师实践能力的形成和对实践性知识的获取提供有力保障。通常我们谈到校内环境建设，往往会关注教学基础设施建设、校舍建设、校园文化建设等，而现在我们只抓住影响学生实践能力形成和实践性知识获取的基本要素和条件展开论述。

（一）以寝室为基本实践单位

寝室是学生的家，是大学生生活、学习和思想文化交流等的重要场所。据一些调查显示，大学生基本上每天有一半的时间是在寝室度过的，4~8个人在一个20平米左右的房间里共同生活，相处相交，成为一个集体。而且随着高校学分制的推行，逐渐打破班级和年级界限，使寝室这个小集体的功能显得越来越强大，寝室还会形成特有的寝室文化，成为高校校园文化的一道亮丽风景和精神文明建设的一个窗口。

正因为如此，许多学校认识到了寝室的重要性，十分注重加强对学生寝室的管理，创设良好的寝室文化，发挥其育人功能。但是人们更多的是注重寝室的思想政治教育的功能。我们发现寝室除了具有重要的思想政治教育功能外，还是学生课外学习的主要阵地，是学生各种能力锻炼和形成的主要阵地。其实国家教育部在《关于进一步加强高等学校学生公寓管理的若干意见》（教发［2002］6号）文件中就指出了学生寝室的两种重要功能："学生公寓是学生日常生活与学习的重要场所，是课堂之外对学生进行思想政治工作和素质教育的重要阵地。"实践中却往往出现厚此薄彼的现象。

我们坚持实践取向的教师职前培养理念，就应该把寝室作为基本的实践单位。这一方面与寝室及其所形成的寝室文化具有重要独特的功能有关，即寝室文化具有导向功能、规范约束功能、群体凝聚功能、心理调适功能、人格塑造功能等。[①] 另一方面，则是因为：

第一，以寝室为基本的实践单位，有利于更好地实现培养目标和转变学生的学习方式。我们的培养目标是突出学生专业情意的形成和促进其对实践性知识的获取。平常的课堂学习主要关注理论知识的学习，没有更多的时间来关注实践性知识在学生身上真正所起

① 金代志，王晓明．浅谈大学生寝室文化与其育人作用．黑龙江财专学报，2001（2）：87~88

的作用及发生的变化。假如以寝室为基本的实践单位，可以凝聚小集体的力量，使课堂教学延伸至寝室，寝室成员可以共同回忆思考课堂学习的内容，可以互相交流自己的所得，这其中有智慧的碰撞，也有经验的交融沟通。课堂的理论学习与课外的经验共享达成衔接；有利于更好地促进培养目标的实现。同时这种以寝室为实践单位的学习形式，改变了过去学生孤军奋战、被动接受的局面，使学生的学习方式由被动、个体转向自主、合作。在寝室这一片小天地之中，由于大家朝夕相处，没有拘束感，大家更能够发挥学习的积极性和主动性，更可以轻松大胆地自由言说，表达自己的观点。而且有些学习任务是课堂中无法真正完成的，比如研究性学习、普通话训练等，因为这些学习任务需要较长时间的训练才能达成目标，寝室无疑成为课堂学习的重要补充阵地。同时研究性学习等需要同学之间的相互合作，而寝室成员个体之间天然存在差异，知识和经验水平不平衡，寝室4－8个成员自然会形成一个学习共同体，展开合作学习。而其他训练活动，比如普通话训练、三笔字训练方面室友相互之间的切磋琢磨、相互帮助会进步更大。

第二，以寝室为基本实践单位，可以更好地实现知识和经验的传播、沟通、共享。实践能力的培养和实践性知识的获取是以知识和经验的占有为基础的，而个体的知识和经验毕竟是有限的，需要相互之间的交流共享。以寝室为基本单位，大家比较熟悉，相互之间比较了解，经历等基本相仿，容易进行平等、开诚布公的交流和沟通。比如进行普通话训练，由于目前高校学生基本来自全国各地，北方学生在普通话方面比南方学生存在一定的优势，这样寝室的北方学生就可以帮助南方学生学习普通话。类似的这些知识和经验的交流和沟通是很自然的，而且也是很有价值的。

总之，寝室作为基本的实践单位有着得天独厚的优势和重要价值，在实践中我们应该继续探索，使其功能发挥得更加全面、有效。目前我们的具体做法是：①以寝室为基本单位开展研究性学习活动，主要结合课堂学科内容的学习进行，比如《课程与教学论》课程开展的研究性学习活动就是以寝室为单位组织的；②以寝室为基本单位进行普通话训练、三笔字训练；③以寝室为基本单位进行课件制作设计；④以寝室为基本单位进行课堂技能模拟训练；⑤结合寝室文化节活动，以寝室为单位进行才艺表演。

这些措施在促进学生实践能力的提高方面已逐步显现出它们的效果。为了更好地发挥寝室功能，我们首先必须加强完善寝室制度，突出寝室是一个基本实践单位的特点，其次还要注意寝室文化建设，给学生学习创设一个良好物质和精神环境。此外还应有意识地进行寝室管理，为学生获得实践性知识创设条件，比如寝室成员的搭配要注意考虑地区差异、个性特点；辅导员不定期入住学生寝室，与学生共同生活；班主任经常到学生寝室走访，指导帮助学生解决问题等。

（二）以社团组织为实施平台

高校学生社团是具有鲜明特点的群众性组织，它一般由一些具有相同志趣、爱好的学生自发组织在一起，共同去提高或者锻炼某方面的能力、完成某方面的任务或实现某种价值追求。

社团作为高校中自发形成的组织，其产生具有较长的历史，其本身具有的功能也为广大教育工作者所熟知。高校学生社团就其所从事的活动的性质来看，一般可分为三种类型，即学术性学生社团、娱乐性学生社团和服务性学生社团，学术性社团以关注学习、科学研究为重点，娱乐性社团以休闲娱乐为重点，而服务性社团则以服务大众、服务社会为重点，各有所长。据一些调查显示，高校学生在校期间有80%以上参加过校内社团、跨校社团或网络社团，平均每人参加社团数量为1.5个以上。[①] 这个数目是惊人的。而且社团具有许多重要的功能。对学生个体来说，首先，它可以满足学生自身

① 参阅宋家荣. 高校学生社团功能定位. 唐山师范学院学报，2007（1）：121～122

的需求，因为参加社团是建立在学生自愿的基础上的；其次，可以促进学生之间的交往交流；此外，还可以满足学生实现自我的需要。一份有关大学生社团对学生影响的数据表明："有 58.3% 的人认为'发展特长'，有 35.9% 回答'学到了知识'，有 17.79% 回答'满足了交友的需要'，有 17.3% 回答'锻炼了身体'，有 15.8% 回答'学到了技术'。"[①] 对学校来说，社团同样也是学校实行思想政治教育和素质教育的重要渠道。

学生社团开展活动的内容是广泛的，形式多样，效果也非常显著。有研究者进行了精辟的论述。"学生社团活动中的教育内容具有广泛性和多样性的特点，它不像课堂教学那样是明显的、有形的。它主要是在组织成员的活动与交往中潜移默化地进行的，是一种实践性的教育。在这样的教育中，起重要作用的不是权威的说教，而是学生自身的体验。"[②] 很显然，学生社团是学生提高自身实践能力，培养社会适应性，促进自身发展的重要平台。

在实践中，我们充分利用了社团的上述功能，培养学生实践能力，真正做到以社团为组织实施平台，形成了比较成熟的思路和方法，取得了较好的实际效果。下面以海南师范大学初等教育系的"十·打实"系列活动为例谈谈如何借助社团这个平台培养学生的实践能力。

在设计"十·打实"系列活动之前，我们首先对小学教师的基本素质及一些主要实践能力进行了分析，认为教学基本功、课堂教学能力、教育研究能力、班队管理能力、专业特长等是每位教师必备的。接着就这些方面的能力我们设计了 10 个项目的系列活动，每个项目有所侧重，全面而有重点地为培养学生的实践能力服务。然后将这些项目的组织实施分配给相关的学生社团。以下是每个项目

① 参阅王占军. 高校学生社团运作及功能研究述评. 江苏高教，2006（5）：112～115

② 杨宝忠. 论学生社团的功能. 长春工业大学学报（社会科学版），2003（4）：68～70

的具体内容和任务承担者：

1. 普通话训练与演讲

主要活动形式包括学生以宿舍为单位自主训练，开展演讲比赛、朗诵比赛、大学生辩论赛等。活动由学习部组织相关社团承担。

2. 人文读书工程

主要活动形式包括“阅读经典”、“班级临时图书馆”建设等，活动由学习部组织相关社团承担。

3. 三笔字与简笔画

主要活动形式包括开展三笔字、简笔画大赛及作品展、书法讲座等。活动由宣传部、文教部组织相关社团承担。

4. 教育科研训练

主要活动形式包括举行学生科研讲座、科研小论文比赛、教育故事撰写比赛等。活动由学术实践部组织相关社团承担。

5. 教师课堂技能训练

主要活动形式包括教学设计比赛、教学技能大赛。活动由学术实践部组织相关社团承担。

6. 信息技术技能训练

主要活动形式包括课件、网页制作大赛。活动由网络部组织相关社团承担。

7. 双语教学课堂训练

主要活动形式包括双语教学比赛、英语教学比赛、英语短剧演绎大赛等。活动由英语协会承担。

8. 班队活动设计与组织、班队管理

主要活动形式包括班队活动方案设计比赛等。由系学习部组织相关社团承担。

9. 就业指导、职业礼仪与人际交往

主要活动形式包括安排就业指导、职业礼仪人际交往讲座、职业生涯规划设计大赛、模拟招聘会等。活动由学工办、女生部、外联部组织相关社团承担。

10. 艺体特长

主要活动形式包括举办新生扫盲舞会、十大歌手比赛、个人才艺表演比赛等。由文艺部、体育部、女生部组织相关社团承担。

以上就是"十·打实"系列活动的主要活动形式及任务安排。我们既注重培养了学生的实践能力，同时又充分利用了社团的力量，提高了学生的能力，活跃了校园文化，把学生实践能力的培养与社团活动紧密联系起来。"十·打实"系列活动我们以学年度为周期进行开展，每年度初我们都会制订一个活动规划，安排活动的具体时间及配备指导教师，使活动有序进行。该活动已经进行了三期，收到了较好的效果，并逐渐走向成熟。以下是海南师范大学初等教育系2006－2007学年度"十·打实"系列活动方案，见表8－1。

表8－1　初等教育系2006－2007学年度"十·打实"系列活动方案

序号	项目	对象	指导教师	具体活动安排和要求	安排时间	承办部门
1	普通话训练与演讲	全系	李伟诗 汤慧兰	1. 以宿舍为单位自主训练，与课堂教学相结合。 2. 演讲比赛，配乐古诗词朗诵比赛，大学生辩论赛。	整个学年	学习部
2	人文读书工程	全系	杜　伟	1. "阅读经典、感受人文"读书工程。 2. "班级临时图书馆"建设。	整个学年	学习部
3	三笔字与简笔画	全系	邹木荣	1. 开展全系学生的三笔画、简笔画大赛及作品展。 2. 书法讲座（主讲：刘胜角教授）。 3. 以班级为单位，根据专业特点开展墙报制作比赛。	2007年3月	宣传部 文教部

（续表）

序号	项目	对象	指导教师	具体活动安排和要求	安排时间	承办部门
4	教育科研训练	全系	王标	1. 举办学生科研讲座；组织科研小论文比赛；指导学生撰写教育故事。 2. 专业老师提供课题和学生自主申报相结合，进行评比，推荐发表。	2007 年 3 月	学术实践部
5	教师课堂技能训练	二年级 三年级	邹木荣 丁芳 程焦	1. 教学设计比赛（以 2004 级学生为主，分三个学科方向）。 2. 第 9 – 18 周，结合协作团和小学见习活动，争取每人讲课 3 – 4 次。 3. 迎接学校大学生科技节，举办教学技能大赛。	2007 年 5 月	学术 实践部 学习部
6	信息技术技能训练	二年级 三年级	陈立 陈焕东	1. 04 级结合课程要求，加强训练，要求每人设计 2 个课件作品，并通过考核。 2. 组织课件、网页制作大赛；并组织优秀作品，参加省、国家比赛。	2007 年 4 月	网络部
7	双语教学课堂训练	二年级 三年级 四年级	桂文泱 彭虹 程焦	1. 双语教学比赛。 2. 英语教学比赛。 3. 以英语方向班为主，开展英语短剧演绎大赛。	2007 年 12 月	英语协会
8	班队活动设计与组织、班队管理	二年级 三年级	邹木荣	1. 结合教育见习，每人参加班级活动，并作好活动记录，书写参加活动的心得体会。 2. 第 15 周前，每人设计 2 个完整的班队活动方案。	2007 年 11 月	各教研室
9	就业指导、职业礼仪与人际交往	三年级 四年级	陈正强	1. 安排结业指导、职业礼仪人际交往讲座；职业生涯规划设计大赛。 2. 组织系级毕业生招聘会。 3. 模拟招聘会；小学教师职业形象大赛；勤工俭学讲座；基础文明建设。	整个学年	学工办 女生部 外联部

（续表）

序号	项目	对象	指导教师	具体活动安排和要求	安排时间	承办部门
10	艺体特长	全系	陈正强	1. 举办新生扫盲舞会，弘扬民族文化（安排竹竿舞内容）；十大歌手比赛。 2. 以寝室文化节为契机，开展个人才艺表演比赛（宿舍为单位，先班级选拔）。 3. 举办2003级毕业生欢送晚会。 4. 组织好校田径运动会。	2006年10、11月和2007年6月	文艺部 体育部 女生部

（三）课堂内外互相沟通

坚持实践取向小学教师职前培养除了要依靠课堂教学外，还要依靠真实的教育情境，让学生亲身去体验。因此，必须做到课堂内外相沟通。下面以家教为例来说明这个问题。

随着社会经济的发展以及整个社会对教育的重视，大学生从事家教活动越来越普遍。《辽沈晚报》曾报载，“沈阳市22所高校近18万大学生，有5万人参加过家教服务，占学生总人数的27.8%，而且从教人数还在不断上升”。[①] 对学校的学生进行的调查和访谈也显示，有近半数学生都从事过家教等类似活动，而且呈现出高年级比低年级多、女生比男生多、农村学生比城市学生多等特点。由于家教活动参与人员之多，因此受到很多研究者及高校管理人员的重视。从总体上说，从事家教活动能够给学生带来一定的经济收入，能够锻炼学生的实际能力和社会交往能力，增加社会阅历。

以上我们是从一般意义上谈大学生从事家教活动，而对师范院校的学子来说，从事家教活动其意义又非同一般。虽然我们不可否认大部分学生从事家教首先是基于经济收入的考虑，寻求经济自主

---

① 丛焕宇. 沈阳成立连锁式家教服务中心保障家教人身安全. 辽沈晚报，2005—7—20

和独立，但认为从事家教能够锻炼自己的实践能力的学子也不在少数。特别是现代社会的发展，许多学生开始认识到只具备一定的理论知识是不够的，还必须了解社会，具备实践能力。师范生在课堂中学到了许多教育教学理论知识，但真实情境中的语言表达能力、分析教材能力、组织教学能力是无法通过课堂教学实现的。于是许多师范生开始从事家教，寻求课内外知识和经验的沟通，这无疑是学生内驱力的一种使然。一份有关师范大学学生从事家教情况的调查显示，大学生从事家教的动机“经济因素”为最主要因素，“培养自己的教学能力”占第二位，而通过家教活动自身最大的收获则依次为“锻炼了自己能力（50.0%）”、“更加了解中小学生(26.5%)”、“丰富了自己生活（14.3%）”、“改善了生活(9.2%)”。[①] 从这个调查结果我们可以发现，学生通过从事家教所获得的一些经验是我们课堂上所无法给予的，而这些又正是在我们提倡学生应该汲取实践性知识的范畴之内的。因此，我们应该抓住家教这一重要的途径加以引导来实现我们的培养目标。

我们的具体做法是在学校已有的相关家教机构的基础上，积极帮助学生寻找从事家教的机会，特别重要的是引导学生全面认识家教的价值，正确对待家教。此外我们还积极开设网络博客平台，以便实现信息、经验等交流、共享。学生在博客平台可以提出一些自己在家教中遇到的问题，寻求同学和老师的帮助，也可以提供一些自己在从事家教过程中成功处理问题的经验。

（四）教学与竞赛相结合

教学与竞赛相结合主要有两种功能，一是能够实现课内教学与课后训练的沟通，二是通过引入竞争机制，激发学生参与实践活动的兴趣，促使学生认真去准备、探索、参与、实践、反思。在这个

① 黄正翠．师范大学生家教情况的调查．青年探索，1999（5）：23~26

过程中能够激发他们的学习兴趣、竞争意识，培养他们的合作能力、探究精神以及创新精神与实践能力。这是一个很好的获取实践性知识的过程。在这方面我们也作了积极的探索：

1.《教师口语与普通话训练》等课程学习与朗诵比赛、演讲比赛相结合

《教师口语与普通话训练》在大一上学期开设，主要训练教师口语及提高学生普通话水平。因此相应的朗诵比赛、演讲比赛活动主要在大学一、二年级开展，为培养学生的教学基本功服务。

2.《学科课程与教学论》等课程学习与教案设计大赛相结合

此类课程在大学三年级上学期开设，竞赛活动主要在高年级学生中进行。因为高年级学生已经接受了比较系统的教育理论和专业知识的学习，初步具备了教学设计能力。

3.《教育科学研究方法》等课程学习与科研小论文大赛、教育故事撰写大赛相结合

《教育科学研究方法》课程也是在大学三年级上学期开设，因此科研小论文大赛、教育故事撰写大赛也主要针对大学三、四年级学生。三、四年级学生基础理论知识已经比较扎实，而且经过了多次的教育见习以及实习，对一线教育教学活动的了解相对深入，易于发现问题，并已经具备一定的问题解决能力。所以此类竞赛活动对学生的科研能力的形成很有帮助。

4.《课堂教学技能训练》等课程与师资技能大赛、课堂教学大赛相结合

《课堂教学技能训练》课程在大学三年级下学期开设，主要利用微格教学理论培养学生的课堂教学能力。与此相结合的师资技能大赛和课堂教学大赛主要是高年级学生参与。此类竞赛活动对培养

学生的教材处理能力、课堂驾驭控制能力等很有帮助。

5.《信息技术与课程整合》等课程与课件设计大赛相结合

《信息技术与课程整合》在大学二年级上学期开设，与此相关的还有 Authorware、Flash、网络课程与网页设计等相关课程。课件设计大赛也主要在高年级进行。

6.《专业英语》等课程与双语教学大赛、英语教学大赛相结合

《专业英语》课程在整个大三学年开设，主要培养学生双语教学能力。双语教学大赛等活动主要在大三年级学生中开展。

总之，我们把教学与竞赛活动有机地、紧密地联系起来，分阶段、有层次地进行开展，始终为培养学生的实践能力服务。

二、校外环境的建设

校外环境是培养学生实践能力和获取实践性知识的重要途径，而且是不可或缺的。

（一）建立教育科研与实践合作单位

建立教育科研与实践合作单位主要是基于以下思考：

第一，是落实国家重视高校教学实践基地建设精神的体现。教育部曾在《关于进一步加强高等学校本科教学工作的若干意见》（教高［2005］1号）文件指出："大力加强实践教学，切实提高大学生的实践能力。要加强产学研合作教育，充分利用国内外资源，不断拓展校际之间、校企之间、高校与科研院所之间的合作，加强各种形式的实践教学基地和实验室建设。"2007年教育部又在《关于进一步深化本科教学改革全面提高教学质量的若干意见》（教高

[2007] 2号）文件提出，要“高度重视实践环节，提高学生实践能力。要大力加强实验、实习、实践和毕业设计（论文）等实践教学环节，特别要加强专业实习和毕业实习等重要环节”。我们建立教育科研与实践合作单位恰恰是落实国家上述精神的重要举措。

第二，是为了解决传统的实习基地存在的弊端。首先，传统的教学实习基地选择通常是临时确定的，没有形成一种牢固的联系，有时很难满足实践教学的需要。其次，传统的教学实习基地，由于只是单方面提供服务，因此，很多学校不愿意接纳实习生，不仅如此，许多学校还担心打乱学校正常的教学秩序，给中小学生带去不良影响等。再次，传统的教育实习基地发挥作用的时效是短暂的，一般只是6周左右时间，在时间上很难满足实践教学需求。针对这些弊端，我们尝试建立了教育科研与实践合作单位，把科研与实践结合起来，形成一种“合作—共赢”的机制。

为了确保教育科研与实践合作单位的“合作—共赢”以及提供制度保障，我们通过学校和海口市教育局达成协议，并由初等教育系与各合作学校签订具有明确责任和义务的合同书。在合同书中明确了教育科研与实践合作单位的发展目标，即顺应国际教师教育发展的趋势，实现教学理论与教学实践的一体化，实现大学和小学之间的资源共享、优势互补、共同发展。具体包括三个方面：一是围绕小学教育改革与发展的重点、难点，特别是基础教育课程改革的问题以及双方发展的重大问题开展教育科研活动，形成教育科研共同体；二是围绕师范生培养和在职教师培训进行合作，形成教师教育共同体；三是加强小学教育教学方面信息的多种形式交流共享，形成学术信息共同体。

在合同书中我们还明确了双方的义务。高校履行的义务主要有：一是根据对方的实际需求，为对方新课程实施提供专业支持；二是根据对方需求，参与对方的校本培训、校本研究与校本课程开发；三是为对方骨干教师的专业发展提供指导与帮助；四是为对方提供小学教育的相关信息。而小学履行的义务主要有：一是为高校专业发展提供建设性意见；二是参与双方共同承担的教育科研项目；三是根据高校的要求，推荐综合素质较好、学有专长的优秀教师担任高校兼职教师；四是为师范生教育见习、实习提供现场，选派素质较好、教育教学水平较高的教师担任师范生教育见习、实习的指导教师。

为了保障教育科研与实践合作单位长期、有效地运行，我们形成了比较固定的运作模式。合作双方成立协调小组，由双方主要领导担任协调小组负责人，实行轮执制，上半年工作由高校牵头，下半年工作由小学牵头。每年年初双方协商确定年度工作计划，明确各项活动的目标、要求、时限及分工。

经过四年多的实施，实践证明我们建立“小学教育科研与实践合作单位”这条道路是正确的。我们的合作单位由原先的海口市第九小学等 8 所重点小学发展到 14 个合作单位。四年多的运作，我们发现“小学教育科研与实践合作单位”是一种重要的教育实践模式，它真正建立了大学与小学之间的合作关系。这种关系有效地改变了教育理论与实践的脱离的现状，实现了大学与小学文化的融合以及资源共享、优势互补。并且探索出了一条实践取向的教师职前培养的重要途径。这一途径有效地改变着单纯知识传递的课堂教学形式，实现着教育与教学、知识与意义、教学与研究在实践中的统一和常态化。四年的实践，使合作双方基本达成了一种共识，即“小学教育科研与实践合作单位”的模式，是建设小学教育专业的必由之路，特别是为高校学生获取实践性知识提供了重要现场，是提高办学质量的根本所在。改变了过去教师教育仅仅在大学完成，脱离中小学真实教育情境的现状，真正实现理论与实践相结合、职前职后一体化的新型教师教育模式。随着办学规模的扩大，我们将进一步增加教育科研与实践合作单位的数量，进一步完善其机制、发挥其功能。

（二）组建"教师成长协作团"①

教师成长协作团是一种全新的、实践取向的教师职前培养平台，类似于教师专业发展学校，但又具有鲜明特色，是我们的一种全新探索。我们以海南师范大学初等教育系和海口市龙华小学组建的教师成长协作团为例，介绍其内部结构、基本特点、运行机制。

1. 内部结构

（1）人员：教师成长协作团由海南师范大学初等教育系大学生、初等教育系专任教师、海口市龙华小学在职教师三方组成。参与协作活动的大学生（大学三年级）都具有较好的专业情意，愿意从事小学教师专业，理论知识基础比较扎实，入学以来已参加过5次教育见习，具有较为强烈的专业发展兴趣和需求，但在实践技能的掌握与运用上，在教学经验的积累上，在教学反思与研究能力上，仍有待于实践锻炼。指导教师由海南师范大学初等教育系和龙华小学共派，以龙华小学教师为主。龙华小学根据来校大学生人数，按照1：1比例选派指导教师，这些指导教师大多数为任教多年的优秀中青年教师。

（2）关系：教师成长协作团从本质上说是一种关系存在，正是协作过程中各种关系才构成了这个特定的场域。主要的关系有：未来教师与小学指导教师的关系；未来教师与大学指导教师的关系；大学指导教师与小学指导教师的关系。在这三种关系中最核心的是未来教师与小学在职指导教师的关系，这是一种认知学徒与指导者的关系，其他关系都是此关系的辅助与补充。此关系中，指导者是教学经验丰富、教学风格比较鲜明、具备教育实践智慧的小学在职教师，认知学徒者是教育基础理论知识学习功底较为扎实、学科专

---

① 关文信，李伟诗．教师职前培养的新模式——教师成长协作团．东北师范大学学报（哲学社会科学），2007（1）：141～145

业知识体系掌握较为完备、但缺乏实践素养的未来教师。实践性知识成了联结双方的纽带，围绕未来教师实践性知识的建构形成了双方的业务关系、伦理关系和情感关系。显然，这是一种教师职前培养中的新型师生关系。

（3）活动分为三方面：活动的组织形式、活动类型、活动评价。

活动的组织形式。这种认知学徒制在组织形式上采取“一对一”的结对协作形式，其表现出了两方面的创新点：一是培养对象新。不同于传统的老教师与刚入职的新教师之间“以老带新”的“一对一”结对子教师培养模式，协作团在培养对象上赋予了新元素，即被指导者是未来教师。二是协作时空灵活。由于协作主要是在两人之间进行，因此表现出极大的灵活性。在时间上，未来教师应与指导教师协商，从双方实际出发，在不改变总体要求的前提下，灵活安排实践时间，从而更为自主地应对具体的实践任务；在空间上，采取大学、小学、网络一体化，未来教师的学习方式已经打破了大学与小学的界限，他们一边在大学坚持正常学习，一边利用课余时间深入小学参与协作活动，同时，充分利用博客与指导教师进行网络交流，从而拓宽了协作空间。

活动类型。协作活动在具体的活动方式上是灵活多样的。在教学设计环节，主要活动方式有：指导设计总体思路、主题探讨、设计进行时的专业帮助、初步总结教学设计心得；在课堂教学环节，主要活动方式有：提醒注意事项、教学观察、协作教学、初步教学实践总结；在教学交流环节，主要活动方式有：恳谈教学印象、临床诊断与建议、新教学设想与示范、初步教学交流总结；在教学反思环节，主要活动方式有：教学反思技术指导、共同反思、提供技术帮助、全面总结前段实践。

活动评价。为了确保协作活动质量，协作团提出了明确的评价指标。具体包含如下六个维度：一是教学观摩；二是教学设计；三是课堂教学实践；四是教学反思；五是博客写作；六是教育故事撰写。

2. 基本特点

教师成长协作团在活动中表现出了一些鲜明的特点，主要有：

（1）培养取向的实践取向："为了实践、基于实践、在实践中"。这是对协作活动主要特色的基本描述。具体体现为协作指向未来教师实践素质的养成和提高，遵循实践的逻辑而展开，通过亲历、反思与研究实践过程及相关具体问题，切实、有效地促进未来教师的专业发展。

（2）协作目标以建构实践性知识为核心。建立在实践基础上的协作活动目标是多维的，既包括专业情意，也包括专业知识与专业能力，其中核心目标是建构实践性知识。

（3）协作组织运作的互动性。协作中的组织运作主要是三个维度的互动：一是小学指导教师与未来教师的互动；二是大学指导教师与未来教师的互动；三是大学指导教师与小学指导教师的互动。多方参与主体之间的互动构成了教师成长协作团的实践场域，对未来教师专业发展起到了实质性的助推作用。

（4）协作过程的专业性。专业性是教师成长协作团的生命力所在。为了防止协作停留在浅层次的观察与对话层面，我们确定以未来教师的教学设计与教学反思为协作重点。双方高度关注未来教师教学设计所遵循的流程及其内在的理论依据，坚持以倡导的理论为指导，采取临床教学诊断与分析的方法，进行教学反思，从而实现理论与实践的对接、经验与理性的融合，逐渐地形成和积累实践性知识。

3. 运行机制

（1）活动流程包括教学设计、课堂教学、教学交流和教学反思四个基本环节，环环相扣、循环往复。这个活动流程总体上体现了波斯纳关于“教师成长=经验+反思”的思想，同时，又突破了“经验”的原有范畴。作为一种行为，经验应是学习者与指导者共同参与的实践活动；作为一种结果，经验应是学习者的直接经验与指导者直接经验的融合，正是这种融合实现了指导者实践性知识的迁移。如果说教学设计、课堂教学是未来教师基本的“经验”，或者说实践，那么教学交流、教学反思则是个体间实践性知识转移的主要途径。下面是教师成长协作团活动流程示意图，见图8-1。

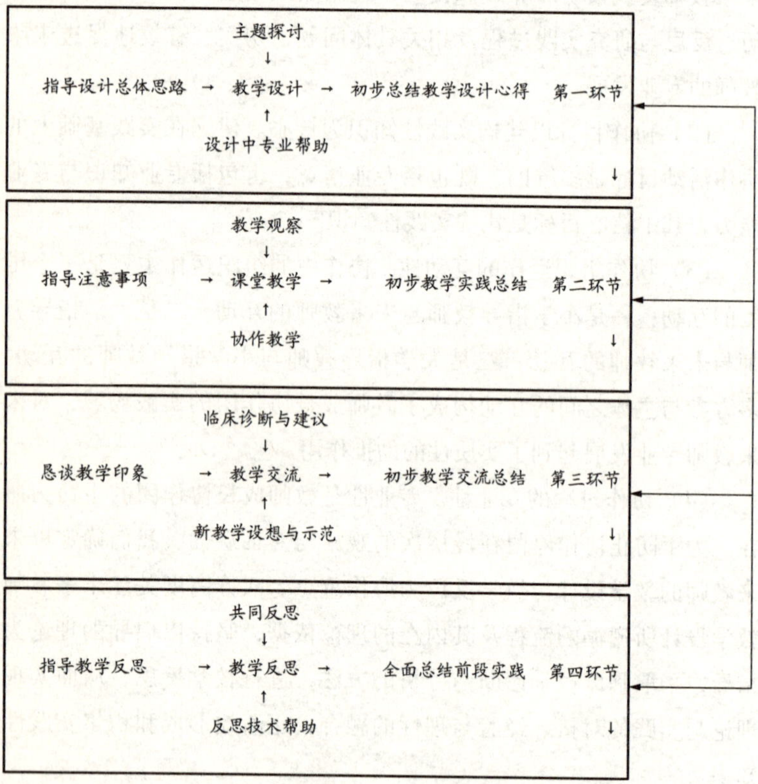

图8-1　教师成长协作团活动流程示意图

（2）内在机制：协作活动的内在机制是互动。协作活动中的互动是多维的，既有小学指导教师与大学未来教师的互动，又有大学指导教师与未来教师的互动，还有大学指导教师与小学指导教师的互动。在这些互动中，最具核心价值的是小学指导教师与未来教师的互动。这种互动的内在机制如图8－2所示。

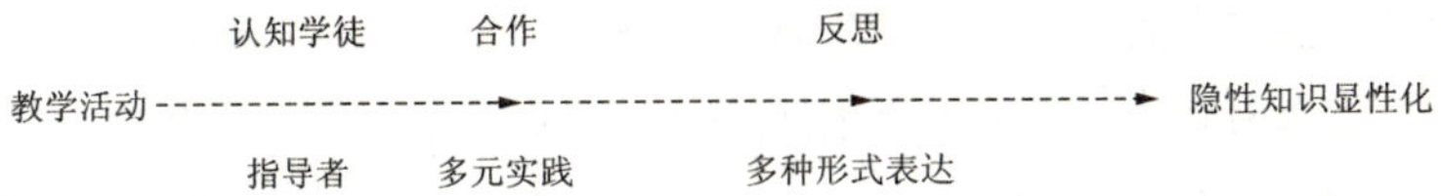

图8－2　协作活动内在机制示意图

这种互动的平台是教学活动，互动的本质是认知学徒制，活动始于真实的教学情境，活动的目标是实践性知识的获得。活动中指导者对认知学徒的影响主要是为其创设多元的实践机会，提供指导，搭建脚手架，引导学习者运用多种形式表达反思的结果；认知学徒即学习者在活动中主要是以对话、探究为主要方法，与指导者进行不断深化的交流，并与指导者一起对教学实践活动进行反思，不断地探究教学行为背后所蕴含的理性，从而建构实践性知识。

实践证明，这种培养模式对未来教师的专业成长贡献很大，尤其是对未来教师的实践性知识的积累和增多大有裨益。教师成长协作团促进了未来教师个体教育信念的形成，使未来教师获得了真实且深刻的教育体验，同时也积累了一定的策略性知识。

（三）举办“小学教师名师讲坛”

小学教师名师讲坛是我们为未来教师获取实践性知识开辟的另一条途径。小学名师本身就是那些教学艺术比较高超，理论水平比较高深，在某方面有过人之处的被广大同行所认同、赞誉的教师。他们教学经验非常丰富，有着重要的示范、榜样作用，他们所拥有的教学智慧对在校学生来说是十分宝贵的。而我们搭建这样一个平台就可以让小学教学名师通过讲座或者报告实现与未来教师经验的共享。

小学教师名师讲坛我们已经开展了三年多时间。小学名师的师资来源主要是我们的小学教育科研与实践合作单位，同时，也有省外的著名小学特级教师。形式分为报告和专题讲座两种，报告比较灵活，根据需要临时安排，主要选择一些宏观的、对小学教育影响比较大的理念思想、教育教学观念、课程观念等。比如我们曾经邀请过小学教师为我们的本科生做过“新课程在小学教育中的实施”、“小学校本课程的开发”、“小学综合实践活动方案的设计”、“双快作文”等专题报告。

讲座时间比较固定，内容也较为具体，主要结合我们的课堂教学内容展开。目前我们主要是针对《学科课程与教学论》课程和《班级与学校管理》课程邀请小学名师开展专题讲座。以《小学语文课程与教学论》为例，该门课程根据需要设立了五个专题，即“小学语文新课程理念及其实施”、“小学语文识字、写字教学”、“小学语文阅读教学”、“小学语文写作教学”、“小学语文口语交际教学”。五个专题分别邀请五位小学教师到课堂进行讲座。“学科课程与教学论”系列专题讲座主要安排在大三上学期进行。实行了三年以来，学生普遍反映收获颇丰。《班级与学校管理》课程系列专题讲座主要设计了“小学班级管理技巧”、“少先队活动设计”、“学校管理方法”这样三个专题，安排在大二上学期进行。

小学教学名师讲坛的形式改变了我们传统的封闭式的教师教育模式，把小学一线鲜活的经验通过名师带入了我们的大学讲坛，实现了理论与实践的沟通、融合，使一些不可能变成了可能，这是一种突破，一种创新！

附　录

海南师范大学初等教育系小学教育专业（本科）培养计划
（中文与社会方向、数学与科学方向、英语教育方向）

一、指导思想

1. 以邓小平理论、“三个代表”重要思想和党的十六大精神为指导，全面体现“教育要面向现代化、面向世界、面向未来”的时代精神，认真贯彻落实教育部《关于普通高等学校修订本科专业人才培养方案的原则意见》，使培养计划具有科学性、规范性。

2. 适应社会发展需要，结合我国高等教育大众化、人才市场需求多样化、师范教育转型、基础教育全方位改革等时代背景，制订适合“多样化、个性化、创新型”人才成长的小学教育专业本科培养计划，使其具有时代性、前瞻性。

3. 坚持“强化基础，注重实践，突出特色”的改革思路，以促进学生全面发展为根本宗旨，使培养计划体现办学特色和创造性。

二、培养目标和基本规格

1. 培养目标

培养能适应21世纪我国社会发展、小学儿童身心健康发展、小学教育改革和发展需要的，具有理想、责任心和良好的社会适应性，具有创新精神，具有鲜明的专业情意、复合的专业知识和综合的专业能力，全面发展、学有专长、特色鲜明的合格小学教师。

2. 基本规格

（1）思想道德素质：热爱社会主义，拥护中国共产党，具有正确的世界观、人生观、价值观，具有高尚人格、良好的职业道德，热爱小学教育事业。

（2）业务素质：初步形成正确、稳定、积极的专业认同，具有鲜明的师爱和鲜明的童心，初步形成自我专业发展意识。掌握所修专业方向的基础知识、基础理论和基本技能，了解学科前沿和发展动态；懂得小学教育的基本规律，具有先进的教育思想和系统的教育教学理论知识；掌握一种外国语，能阅读本专业外文书刊。文理相通，具有从事小学多门课程的教学能力和课程开发能力，同时学有专长，能够熟练掌握和运用现代信息技术进行学科教学，能够实施双语教学；具有良好的表达能力和组织能力，胜任班主任工作；具有一定的小学教育管理能力和较强的小学教育研究能力以及自我发展、自我完善的能力。

（3）科学与人文素养：具有较为宽广、扎实的文化科学知识，形成较为深厚的科学与人文素养，文理兼容，视野开阔；具有良好的艺术修养、健康的审美观和一定的艺术表现能力。

（4）身心素质：身体健康，具有一定的体育健康知识，形成良好的、积极向上的生活方式，具有良好的心理素质和健全的人格，善于沟通，社会适应性良好。

三、学制和修业年限

1. 基本学制为 4 年。

2. 修业年限可根据学生具体情况适当缩短和延长，学习年限最短为 3 年，最长不得超过 7 年。

四、毕业要求

1. 学分要求

小学教育专业中文与社会、数学与科学、英语三个学科方向的学生毕业最低应修满学分如下表 1 所示。

表 1 各学科方向学生毕业最低应修满学分统计表

课程分类		中文与社会	数学与科学	英语
课堂教学	通识教育课程	54	54	54
	教师教育课程	28	28	28
	学科专业基础课程	32	44	31
	专业拓展课程	27	27	27
	小计	141	153	140
实践教学		26	26	26
	合计	167	179	166

2. 毕业条件

思想政治合格，在规定的年限内修满规定学分，且所得学分的结构符合要求。

五、获得学士学位条件

学生取得毕业资格，符合《海南师范大学关于授予学士学位的若干规定》者授予教育学学士学位。

六、双学士和辅修条件

本专业方向学生修满另一专业的双学位课程学分并完成该专业的毕业论文，符合双学士学位授予条件的，学校颁发双学士学位证书；修满辅修课程学分，符合海南师范大学辅修专业相关规定者，发给辅修专业证书。

选择小学教育专业其中中文与社会、数学与科学或英语教育一个方向课程作为双辅修专业方向的其他系（专业）的学生，在本专业方向教学计划所开设的教师教育必修和选修课程、学科专业基础必修和选修课程中修满50～60 学分，并完成本专业方向毕业论文者，可获得小学教育专业中文与社会、数学与科学或英语方向的毕业证书；修满 30 学分者，可获得辅修证书。

七、时间安排

表2 四学年教育教学基本时间安排表

学年／学期／周数／项目	一		二		三		四		合计
	1	2	3	4	5	6	7	8	
军训	2								2
课堂教学	14	17	17	17	17	17	6	11	116
复习考试	2	2	2	2	2	2	2		14
教育见习、实习		1	1	1	1	1	12		17
生产劳动			(0.5)		(0.5)				1
毕业论文								8	8
就业指导								1	1
社会实践		(1)	(1)	(1)	(1)	(1)	(1)	(1)	(7)
教育周数	18	20	20	20	20	20	20	20	158
寒暑假	5	7	5	7	5	7	5		41
学年周数	50		52		52		45		199

八、课程设置

1. 课程类别和结构比例

各专业方向的课程类别和结构比例请见表3。

表3 各学科方向课程类别和结构比例

课程分类		必修选修	中文与社会方向			数学与科学方向			英语教育方向		
			学分	学时	学分比例	学分	学时	学分比例	学分	学时	学分比例
学科教学	通识教育课程	必修	48	852	28.7%	48	852	26.8%	48	852	28.9%
		选修	6	48	3.5%	6	48	3.4%	6	48	3.6%
	教师教育课程	必修	28	498	16.8%	28	498	15.6%	28	498	16.8%
	学科专业基础课程	必修	32	574	19.2%	44	780	24.6%	31	550	18.7%

（续表）

课程分类		必修选修	中文与社会方向			数学与科学方向			英语教育方向		
			学分	学时	学分比例	学分	学时	学分比例	学分	学时	学分比例
学科教学	专业拓展课程	选修	27	432	16.2%	27	432	15.1%	27	432	16.3%
		小计	141	2404	84.4%	153	2610	85.5%	140	2380	84.3%
实践课程		必修	26		15.6%	26		14.5%	26		15.7%
合计			167		100%	179		100%	166		100%

2. 课程安排

表4　小学教育专业中文与社会、数学与科学、英语三个学科方向课程设置一览表

课程分类		课程编号	课程名称	学分	学时	理论/实践	周学时	修读学期	考核方式	开课系部	备注
通识教育课程	必修	21000011	思想道德修养与法律基础	3	54	42/12	3	1		社科	
		21000022	中国近现代史纲要	2	36	28/8	2	2		社科	
		21000032	马克思主义基本原理	3	54	36/18	2	2	考试	社科	
		21000042	毛泽东思想、邓小平理论和“三个代表”重要思想概论	6	108	72/36	4	3	考试	社科	文/理统一安排
		22000081	大学外语（一）	3	56		4	1		外语	每周另安排2学时自主学习
		22000082	大学外语（二）	4	72		4	2	考试	外语	
		22000083	大学外语（三）	4	72		4	3		外语	
		22000084	大学外语（四）	4	72		4	4	考试	外语	
		24000121	计算机基础（一）	3			1		考试	计教	
		24000132	计算机基础（二）	4	72	36/36	4	2	考试	计教	
		23000201	大学体育（一）	1	26	2	1			大体	
		23000202	大学体育（二）	1	34	2	2		考试	大体	
		23000203	大学体育选项（一）	1	34	2	3			大体	

（续表）

课程分类		课程编号	课程名称	学分	学时	理论/实践	周学时	修读学期	考核方式	开课系部	备注
通识教育课程	必修	23000204	大学体育选项（二）	1	34	2	4		考试	大体	
		12100531	音乐基础 Ⅰ	2	28	2	1			艺术	
		12100532	音乐基础 Ⅱ	2	36	2	2			艺术	
		12100541	美术基础Ⅰ	2	28	2	1			艺术	
		12100542	美术基础Ⅱ	2	36		2	2		艺术	
			小计	48	852						
	选修		人文社科类公选课	2	16					全校公选	
			自然科学类公选课	2	16					全校公选	
			艺术体育类公选课	2	16					全校公选	
			小计	6	48		6				
教师教育课程	必修	12100011	小学教育学（★）	3	56		4	1	考试		
		12106012	儿童发展与学习（★）	3	54		3	2	考试		
		12100033	课程与教学论（★）	2	36		2	3	考试		
		12106023	班级与学校管理（★）	3	54		3	3	考试		
		12106035	教育研究与专业发展	2	36		2	5	考试		
		12106042	教师口语与普通话训练	2	36		2	2			
		12100091	汉字书写	2	36		2	1			
		12100115	小学语文课程与教学论Ⅰ（★）	2	36		2	5	考试		限中文方向
		12100116	小学语文课程与教学论Ⅱ	2	36		2	6			
		12100125	小学数学课程与教学论Ⅰ（★）	2	36		2	5	考试		限数学方向
		12100126	小学数学课程与教学论Ⅱ	2	36		2	6			
		12100135	小学英语课程与教学论Ⅰ（★）	2	36		2	5			限英语方向
		12100136	小学英语课程与教学论Ⅱ	2	36		2	6	考试		

（续表）

课程分类		课程编号	课程名称	学分	学时	理论/实践	周学时	修读学期	考核方式	开课系部	备注
教师教育课程	必修	12106053	信息技术与课程整合	3	54	36/18	3	3			
		12106065	专业外语Ⅰ	2	32		2	5	考试		
		12106076	专业外语Ⅱ（文）	2	32		2	6	考试		
		12106086	专业外语Ⅱ（理）	2	32		2	6	考试		
			小计	28	498						
学科专业基础必修课程	中文与社会方向	5000242	高等数学（E）	3	54		3	2	考试	数学	同上，合中文
		12100283	写作	3	56		4	1	考试		
		12100315	中国古代文学Ⅰ（★）	3	54		3	3	考试		
		12100316	中国古代文学Ⅱ	3	54		3	4	考试		
		12100303	中国现当代文学Ⅰ（★）	3	54		3	3	考试		
		12100304	中国现当代文学Ⅱ	3	54		3	4	考试		
		12100335	儿童文学（★）	2	36		2	4	考试		
		12100292	汉语通论（★）	4	68		4	5	考试		
		12100326	外国文学	2	36		2	5			
		12100376	中国文化概论	2	36		2	6	考试		
		12100387	人文地理	2	36		2	6		资理	
		12106096	社会科学概论	2	36		2	6		政法	
			小计	32	574						
	数学与科学方向	12100803	大学语文	2	36		2	3		中文	同上
		6000163	普通物理	4	72	60/12	4	5	考试	物理	
		12206101	空间解析几何（★）	3	42		3	1	考试		
		12206112	数学分析Ⅰ（★）	4	72		4	2	考试		
		12206123	数学分析Ⅱ	4	72		4	3	考试		
		12206134	数学分析Ⅲ	4	72		4	4	考试		
		12206144	高等代数Ⅰ（★）	4	72		4	4	考试		
		12206155	高等代数Ⅱ	4	72		4	5			

（续表）

课程分类		课程编号	课程名称	学分	学时	理论/实践	周学时	修读学期	考核方式	开课系部	备注
学科专业基础必修课程	数学与科学方向	12200084	初等数论（★）	3	54		3	6	考试		
		12200096	概率与统计	3	54		3	6			
		12200114	物质科学（化学）	3	54		3	4		化学	
		12200125	生命科学	3	54		3	6	考试	生物	
		12200134	普通地理学	3	54		3	6		资理	
			小计	44	780						
学科专业基础必修课程	英语方向	12100803	大学语文	2	36		2	3		中文	同上，合数学
		05000242	高等数学（E）	3	54		3	2	考试	数学	同上，合中文
		12306161	英语语音	2	28		2	1	考试		
		12300054	英语口语Ⅰ（★）	2	36		2	3			
		12300055	英语口语Ⅱ（★2）	2	36		2	4			
		12300063	英语听力Ⅰ（★）	2	36		2	3	考试		
		12300064	英语听力Ⅱ（★2）	2	36		2	4	考试		
		12300065	英语听力Ⅲ（★3）	2	36		2	5			
		12300072	英语阅读Ⅰ（★）	2	36		2	3	考试		
		12300073	英语阅读Ⅱ（★2）	2	36		2	4	考试		
		12300074	英语阅读Ⅲ（★3）	2	36		2	5	考试		
		12300075	英语阅读Ⅳ（★4）	2	36		2	6	考试		
		12306175	高级英语Ⅰ（★）	2	36		2	5	考试		
		12306186	高级英语Ⅱ（★2）	2	36		2	6	考试		
		12300084	英语写作（★）	2	36		2	5			
			小计	31	550						

（续表）

课程分类	课程编号	课程名称	学分	学时	理论/实践	周学时	修读学期	考核方式	开课系部	备注
拓展选修课程设置										
模块一	DA		9	144		9	6			
教师教育拓展课程	12100167	多元智能理论研究专题	1	16						
	12100456	小学语文教学专题研究	1	16						
	12100266	学习策略	1	16						
	12106196	西文现代教育思想	1	16						
	12106206	心理健康与道德教育	2	32						
	12100186	教育哲学	2	32						
	12100196	教育社会学	2	32						
	12100206	教育评价与测量	2	32						
	12100226	小学德育论	2	32						
	12100246	小学语文学习心理学	2	32						
	12100256	小学数学学习心理学	2	32						
	12100044	教育心理学	2	36						
	12106216	网络课程设计与开发	2	36						
	12106226	创新性教学理论与实践	1	16						
	12100116	小学语文课程与教学论Ⅱ	2	34						数学方向、中文方向限选；英语方向选其一
	12100126	小学数学课程与教学论Ⅱ	2	34						
	12100136	小学英语课程与教学论Ⅱ	2	34						
	12106236	小学品德与生活（社会）课程与教学论	2	34						
	12100135	小学科学课程与教学论	2	34						
	12106246	中外教育简史	2	32						
	12106256	Photoshop 图像处理	2	16						

（续表）

课程分类		课程编号	课程名称	学分	学时	理论/实践	周学时	修读学期	考核方式	开课系部	备注
模块二		DB		12	192		24	7			11～18周
学科方向拓展课程	中文与社会	7000012	自然科学概论	2	36					物理	
		12100344	文学概论	2	36						
		12106267	哲学通论	2	36					社科	
		12106277	外国文学作品选讲	2	32						
		12100407	中国古代诗词选讲	2	32						
		12100417	现当代散文选讲	2	32						
		12100437	中国儿童文学作品欣赏	2	32						
		12100447	外国儿童文学作品欣赏	2	32						
		12106287	西方文明史	2	36						
		12100487	社会学导论	2	32						
		12100427	文字学	1	16						
		12106297	中国古代文论	1	16						
		12106307	西方文论	1	16						
		12100507	中外著名思想家选讲	1	16						
		12100527	中国旅游地理	1	16						
学科方向拓展课程（续）	数学与科学方向	12206317	社会科学概论	2	36					政法	
		12206327	高等几何	2	36						
		12206337	小学数学基础理论	2	36						
		12200187	数学竞赛指导	2	32						
		12200197	数学简史	2	32						
		12200207	数学思想方法	2	32						
		12200217	数学建模	2	32						
		12200227	统计方法	2	32						
		12200237	组合数学	2	32						
		12206347	现代数学引论	2	32						
		12200073	离散数学	2	32						
		12206357	常微分方程	2	32						

（续表）

课程分类		课程编号	课程名称	学分	学时	理论/实践	周学时	修读学期	考核方式	开课系部	备注
学科方向拓展课程（续）	数学与科学方向	12206367	复变函数论	2	32						
		12206387	数学分析专题选讲	2	32						
		12206397	高等代数专题选讲	2	32						
		12100467	小学数学教学专题研究	1	16						
		12200177	小学科学教学专题研究	1	16						
		12206377	数学教育史	1	16						
	英语方向	07000012	自然科学概论	2	36					物理	
		12306386	应用翻译	2	36						
		12300123	英美社会与文化	2	36						
		12100427	文字学	1	16						
		12300147	西方文化入门	1	16						
		12100397	文学欣赏与创作	2	32						
		12100407	中国古代诗词选讲	2	32						
		12100417	现当代散文选讲	2	32						
		12300157	大学英语语法	2	32						
		12306396	语言学概论	2	32						
		12306406	英国文学史及选读（一）	2	32						
		12306416	英国文学史及选读（二）	2	32						
		03101041	第二外语（一）	2	32						
		03101042	第二外语（二）	2	32						
		03101043	第二外语（三）	2	32						
		03101044	第二外语（四）	2	32						

（续表）

<table>
<tr><th colspan="2">课程分类</th><th>课程编号</th><th>课程名称</th><th>学分</th><th>学时</th><th>理论/实践</th><th>周学时</th><th>修读学期</th><th>考核方式</th><th>开课系部</th><th>备注</th></tr>
<tr><td colspan="2">模块三</td><td>DC</td><td></td><td>6</td><td>96</td><td></td><td></td><td></td><td></td><td></td><td>体育2学分，艺术4学分</td></tr>
<tr><td rowspan="12">体育艺术拓展课程</td><td rowspan="4">体育类</td><td>12100203</td><td>体育比赛裁判法</td><td>1</td><td>16</td><td></td><td rowspan="4">2</td><td rowspan="4">5</td><td></td><td rowspan="4">体育或大体</td><td></td></tr>
<tr><td>12100213</td><td>体育比赛组织</td><td>1</td><td>16</td><td></td><td></td><td></td></tr>
<tr><td>12100633</td><td>小学生律动操</td><td>1</td><td>16</td><td></td><td></td><td></td></tr>
<tr><td>12100643</td><td>小学生趣味体育游戏</td><td>1</td><td>16</td><td></td><td></td><td></td></tr>
<tr><td rowspan="8">艺术类</td><td>12100657</td><td>中外音乐作品介绍与赏析</td><td>1</td><td>16</td><td></td><td rowspan="8">4</td><td rowspan="8">6</td><td></td><td rowspan="8">艺术</td><td></td></tr>
<tr><td>12100667</td><td>中外美术作品介绍与赏析</td><td>1</td><td>16</td><td></td><td></td><td></td></tr>
<tr><td>12100677</td><td>舞蹈基础</td><td>2</td><td>32</td><td></td><td></td><td></td></tr>
<tr><td>12100687</td><td>声乐基础</td><td>2</td><td>32</td><td></td><td></td><td></td></tr>
<tr><td>12100697</td><td>器乐基础</td><td>2</td><td>32</td><td></td><td></td><td></td></tr>
<tr><td>12100707</td><td>素描基础</td><td>2</td><td>32</td><td></td><td></td><td></td></tr>
<tr><td>12100717</td><td>书法基础</td><td>2</td><td>32</td><td></td><td></td><td></td></tr>
<tr><td>12100727</td><td>中国画基础</td><td>2</td><td>32</td><td></td><td></td><td></td></tr>
<tr><td colspan="12">说明：（1）课程名称中加★的为主课程；（2）考核方式中空白的为考查课程。</td></tr>
</table>

3. 各学期课程教学任务统计

表5　各学科方向各学期开课周学时数和考试科目数统计表

学期	公共开出课程		中文与社会方向学科课程				数学与科学方向学科课程				英语方向学科课程			
	周学时数	考试门数	学科周学时	学科考试门数	总学时	考试总门数	学科周学时	学科考试门数	总学时	考试总门数	学科周学时	学科考试门数	总学时	考试总门数
第1学期	19	2	2	1	24	3	3	1	22	3	2	1	21	3
第2学期	23	5	3	1	26	6	4	1	27	6	3	1	26	6
第3学期	18	3	6	2	24	5	6	1	24	4	8	2	26	5

（续表）

学期	公共开出课程		中文与社会方向学科课程				数学与科学方向学科课程				英语方向学科课程			
	周学时数	考试门数	学科周学时	学科考试门数	总学时	考试总门数	学科周学时	学科考试门数	总学时	考试总门数	学科周学时	学科考试门数	总学时	考试总门数
第4学期	6	2	8	3	14	5	11	2	17	4	6	2	12	4
第5学期	14	3	6	1	20	4	8	1	22	4	8	2	22	5
第6学期	11	1	2	1	17	2	12	2	23	3	4	2	15	3
第7学期	24				24				24				24	
第8学期														

说明：第2学期体育课程列为考试科目；第7学期课程全部为选修课程。

4. 本专业课程结构特点

本专业课程设置分为通识教育、教师教育和学科专业基础教育三大模块。

通识教育课程包括人文社会科学、语言文化、艺术体育、计算机技术、自然科学和普通实践训练6个小模块，侧重于学生综合素质的提高，为学生获得终身发展创造良好条件。突出专业外语教育、信息技术应用教育和艺术体育教育，为学生将来能全面胜任小学教育教学工作，具有鲜明的专业特长和多方面的艺术体育才艺奠定扎实的职业素质基础。通识教育课程由学校统一开出，以必修课为主，有少部分选修课程。

教师教育课程包括教育专业基础课程、教师教育专业课程和专业实践训练课3个小模块。专业基础课含学科方向专业基础和教育理论基础课程，并突出小学教育学、心理学类课程以及教师职业基本技能课程；教师教育专业课侧重于小学课程与教学论、教育心理类课程，并强化小学教育教学专题研究。教师教育课程对小学教育专业各学科方向的学生统一开出，有必修课程和选修课程。

学科专业基础课程包括学科基础课程、学科方向核心课程和学科拓展课程3个小模块。学科专业基础课程注重培养学生将来担任小学多门课程教学的专业基础和能力。学科专业基础课程区别不同学科方向分别开设，学科基础课程和学科拓展课程2个小模块在校内各兄弟系部聘请教师担任。

海南师范大学初等教育系
小学教育专业教育实践大纲

教育实践是促进未来教师专业成长的关键环节，是高师院校教师教育课程的重要组成部分，是小学教育专业一门综合性的专业必修课程。其有助于未来教师亲历与体验真实的教育教学情境，逐步树立健康向上的专业情意，不断获得和积累实践性知识，养成从事未来小学教育教学工作所必需的实践能力，对未来教师的专业成长具有重要意义。

为科学引领、组织、实施与管理教育实践，充分实现其教育功能，海南师范大学初等教育系特制订小学教育专业实践大纲。本大纲共分五章。具体内容包括教育实践的目标、内容、途径与形式、学段任务与实施重点以及教育实践的组织领导等。

第一章　教育实践的目标

教育实践目标由总体培养目标和年段培养目标构成。

一、总体培养目标

1. 引导学生形成初步的专业情意，愿意从事小学教育职业；
2. 具有初步的小学教育教学实践能力；
3. 具有基本的教育科研能力；
4. 具有良好的沟通表达、组织协调、交流合作能力；
5. 形成自我专业特长。

二、年段培养目标

1. 大学一年侧重培养专业情意、教学基本功；

2. 大学二年侧重培养专业情意、教学基本功、班主任工作技能；

3. 大学三年侧重培养专业情意、课堂教学技能与教学基本环节；

4. 大学四年侧重培养专业情意、自我专业特长、基本的教育科研能力。

第二章 教育实践的内容

教育实践内容主要包括专业情意培养、班主任工作能力、教学能力、教育科研能力以及自我专业特长等五个方面。

一、专业情意培养

专业情意培养主要包括：

1. 初步认识小学教育，懂得小学教育的意义；

2. 了解小学教师的日常工作及其专业精神；

3. 热爱小学生，愿意从事小学教育工作。

二、班主任工作能力

班主任工作能力培养主要包括：

1. 班集体建设的实践，要求学会写班集体建设规划、班级学期工作计划与总结。

2. 学生个案研究实践，要求学会帮助“学困生”，学会写儿童个案研究报告。

3. 班队活动设计与组织实践，要求学会设计班队主题活动方案，组织班队主题活动，能较好体现设计方案。

4. 课外活动设计与组织实践，要求学会制订班级课外活动规划，组织小学生课外活动，符合活动要求。

三、教学能力

教学能力培养主要包括教学基本功、教学基本技能和教学基本环节三个方面。

1. 教学基本功。包括汉字书写（三笔字）、普通话与教师口语（含英语教育方向学生英语语音语调）、即兴演讲、简笔画。

2. 课堂教学技能。包括导入技能、讲解技能、提问技能、课堂组织技能、交往互动技能、创设情境技能、板书技能、结束技能。

3. 教学基本环节。包括教学设计、上课、说课与评课、开放性、个性化作业设计、个别辅导等。

四、教育科研能力

教育科研能力培养主要容包括：案例研究的撰写、教育故事撰写、教育行动研究。

1. 案例研究的撰写。能够选定案例，围绕案例搜集资料，写出符合要求的案例描述，能够分析案例，能够写出符合规范的案例研究报告。

2. 教育故事撰写。能够撰写出符合要求的教育故事。

3. 教育行动研究。能够采取小组合作的形式，围绕教育见习中发现的问题，进行行动研究，能够撰写出符合要求的行动研究报告。

五、自我专业特长

经过实践训练，在某方面能够具有较熟练的技能，形成一定的优势，为入职后的发展奠定基础。

主要包括：

1. 具有信息技术与教学内容整合能力。具体包括制作多媒体课件能力、利用网络资源进行教学能力。

2. 具有初步的双语教学能力，能在小学中高年级进行数学、品德与社会、科学等科目的双语教学。

3. 实施“双快作文”能力。

第三章　教育实践的途径与形式

教育实践课程实施的基本途径可分为校内实践和校外实践两种。

校内实践的具体形式主要有学科教学、微格训练、小组模拟训练、各种教学实践竞赛活动、社团活动、助教、助研、助管、寝室每日练活动、小学名师讲坛与观摩课等。校外实践的具体形式主要有教育见习、教育实习、教师成长协作团、做家教、担任培训（辅导）班教师、假期社会实践活动等。其中，重要形式包括如下五种：

一、职业技能训练

包括普通话和口语表达、书写规范汉字和书面与图形表达、课堂教学基本技能、班主任工作技能等四个部分。

二、教育见习

观察学校日常工作的主要内容及基本程序；熟悉教师日常工作基本情况；了解小学各项规章制度及班级、少先队管理和活动基本情况；观摩课堂教学、集体备课、示范课、班队的教育活动。

三、教育实习

1. 教学工作实习

根据课程标准要求和所教学科教研组的教学计划，在指导教师的指导下，进行备课、上课、批改作业，课后辅导等。

2. 班主任、少先队工作实习

学习《小学班主任工作暂行规定》、《中国少年先锋队教育大纲》等相关文件精神，明确班队工作的目的、具体内容和要求；深入班级熟悉情况，认识本班学生；根据班内情况和学校对班队工作的要求，制订班主任、辅导员工作实习计划；根据班主任工作实习计划，在指导教师引领下开展日常管理和教育工作。

四、教师成长协作团

以认知学徒制为基本形式，以大学教师、小学教师与大学生合作互动为内在机制，为职前教师获取实践性知识提供习得途径。

五、教育调查与社会实践

1. 教育调查

调查了解新一轮基础教育课程改革进程中小学教育的现状；调查了解优秀教师先进事迹和教育教学经验；调查了解小学儿童的知识与技能、过程与方法、情感态度价值观等三维目标的发展现状及影响因素。

2. 社会实践

主要包括学校调查，家庭教育调查，教育行政调查，社会教育调查及暑假其他社会实践等等。

第四章　教育实践的学段任务及实施重点

一、一年级

1. 职业技能训练

以普通话和口语表达、书写规范汉字训练为重点。

2. 见习

重点：了解小学教育教学环境，了解教师工作的基本形式和工作特点，了解小学生年龄心理特征。

活动形式：主要包括“一日见习”和每学期一周的教育见习。

（1）“一日见习”

结合小学教育学、小学生教育心理学与发展心理学、课程与教学论等专业基础课的日常教学，深入合作小学，主要采取参观、观摩课堂教学或听报告等活动形式，全天候观察小学教育教学活动，初步了解小学日常教育教学工作的实施概况，初步了解小学教师工作的一般过程，初步接触小学儿童。

（2）每学期一周的教育见习

主要活动包括：①与小学班级结成“友谊班”。经常性地参与、指导挂钩班级的课外活动，如办墙报和组织兴趣小组，科技、文娱、体育、学科竞赛乃至劳动等等。②与挂钩班级的小学生“交朋友”，“结对子”，帮扶“学困生”。进一步认识小学生的年龄心理特征，对“学困生”作科学的观察日志、制订帮扶计划并形成成果报告等。

3. 社会实践

侧重学校调查及其他社会实践等。

二、二年级

1. 职业技能训练

以书面与图形表达、班队工作技能训练为重点。

2. 见习

重点：了解小学班级、少先队管理及教育工作。其中包括：①了解建设班队集体的基本环节，掌握组建班队集体的主要方法；②了解小学生日常行为规范的基本要求，掌握行为训练的一般方法；③了解并掌握班队工作的集体教育技能、个别教育技能；④了解开展各种活动的形式和内容，协助或参与组织各种活动等等。

时间安排为每学期一周。

3. 社会实践

侧重家庭教育调查及其他社会实践等。

三、三年级

1. 职业技能训练

以课堂教学基本技能为重点。

2. 见习

重点：观摩课堂教学，研究教法，参加见习学校教研组活动；在条件许可的情况下，结合相关课程的学习，可上岗试教。

时间安排为每学期一周。

3. 社会实践

侧重教育行政调查，社会教育调查等。

4. 教师成长协作团

侧重实践性知识的建构与获得。学习者以对话、探究为主要方法，与指导者进行不断深化的交流，并与指导者一起对教学实践活动进行反思，不断地探究教学行为背后所蕴含的理性。

时间安排为大三下学期两个月。

四、四年级

1. 职业技能训练

以各项职业技能整合为重点，尤其是现代教育技术与学科的整合。

2. 毕业实习及毕业论文撰写

重点：参加所有基本类型的教育、教学活动。

主要有毕业实习、专项教育调查和毕业论文撰写等。

第五章　教育实践的组织领导

一、建立组织

成立系教育实践（毕业实习）领导小组，具体负责职业技能的训练与考核；平日见习及毕业实习计划的制订，落实见（实）习学校，配备带队、指导教师；做好见（实）习经费预算，编定见（实）习小组（队），落实见（实）习班级和任务；做好思想动员工作，组织毕业实习前的备课和试讲；对本系教育实践工作进行检查、指导、监督和总结；审定见（实）习成绩和鉴定表。

二、做好总结

毕业实习结束时，要认真做好总结工作，带队教师如实填写实习带队手册，回校一周内将手册交领导小组。

组织召开各实习组（队）总结经验交流座谈会和全系实习总结表彰大会。

海南师范大学初等教育系
小学教育专业教育见习总体方案

一、第一期见习

首期教育见习以整体感知小学教育教学为主要目标，使未来教师经历一个从感性到理性、理论到实践，再从实践到理论、理性的认识过程，为日后的教育实践打下良好基础。

1. 见习目标

（1）观察了解小学日常工作的全貌，初步感知小学教育教学和全体教师敬业奉献的优良作风。

（2）接触小学教师、小学生，了解教育教学工作的一般过程、教师工作的基本特点以及小学生的活动。

2. 见习内容

（1）整体感知。全面、细致地观察小学教育教学活动的全过程。即每日上午教师上班，学生上学到下午学生离校，教师下班期间的所有活动。其中包括升旗仪式、早会课、课间操（眼保健操）、课间餐、课间（午间）休息、课外活动以及护送路队等等。

（2）观摩课堂教学。

①教师方面：课堂教学的组织；课堂常规、结构；教育教学的技巧、机智；作业批改、个别辅导；教研活动等。

②学生方面：课堂的学习过程、活动状态，课间休息，课外活动等等。

（3）观摩课外活动。活动的类型、主题、过程及其组织方式、效果等等。

3. 见习要求

（1）要细致观摩，了解尽可能全面、深入，注意透过表象寻求各教育教学环节的内在联系、内在规律。

（2）要认真思考，把以往的学习经验、所学知识与实际结合起来，使感性认识升华到理性认识。

（3）要全程参与，详细记录，并对所观察到的现象进行分析、评价，积累一定经验，为今后的见（实）习做好常识性的准备。

（4）活动结束后，要进行充分的交流、总结，整理笔记，最后形成不少于2000字的观察报告。

二、第二、三期见习

1. 见习目标

结合《小学班级管理》课程的开设，第二、三期见习以观摩班队工作为重点。

2. 见习内容

（1）班队工作的集体教育、个别教育，包括了解建设班队集体的基本环节，了解组建班队集体的主要方法。

（2）了解小学生日常行为规范的基本要求，掌握对其训练的一般方法。

（3）了解开展各种活动的形式和内容，协助或参与组织各种活动等。

（4）此外，继续观摩小学各学科课堂教学活动。

3. 见习要求

见习结束，完成一份以“对小学班队工作的认识”为主题、不少于2000字的专题总结报告。

三、第四期见习

1. 见习目标

本期教育见习结合《小学课堂教学基本技能训练》课的开设，确立以观摩小学各科课堂教学，学习、掌握课堂教学基本技能为主要目标。同时，兼顾观摩小学班队工作、课外活动。重点是熟悉各种教学技能的运用，包括教学设计、课堂教学的组织、教学媒体的使用、学科课外活动的开展以及教学科研和校本课程的开发等等。尤其要熟悉课堂教学常规技能的基本要求和操作，掌握其应用规律；了解开展各种学科活动的主要内容和形式。在条件允许的情况下，应该更多地协助或参与组织各种教育教学活动。

2. 见习内容

（1）教学目标的制订以及教材的分析和处理。掌握制订教学目标的方法和要求，重点掌握制订课堂教学目标的方法；了解怎样围绕教学目标组织和处理教材。

（2）教学策略的制订以及学生学习方法的指导。了解如何根据教学目标、教学内容和学生实际选择教学方法和教学手段；了解如何对学生进行学法的指导。

（3）教学计划的制订和教案的编写。了解教学计划和教案的结构和要求，初步掌握制订教学计划和编写教案的方法。

（4）课堂教学的常规技能。熟悉导入、讲解、提问、结束、演示、板书板画以及课堂教学的组织等技能。

（5）了解如何根据学生的特点及培养学生能力的要求，组织、指导学生开展有关学科课外活动。

（6）了解教学课件的制作、使用以及计算机辅助教学软件的应用；了解如何将现代信息技术与学科内容进行整合，学会利用教学的网络资源；初步了解基于网络的教学设计与实施。

3. 见习要求

见习结束后完成一篇以“对小学课堂教学基本技能的认识”为主题，字数不少于2000字的专题总结报告。

四、第五期见习

1. 见习目标

（1）观摩小学语文、数学、英语课堂教学；

（2）试教1~2节语文、数学、英语课。

2. 见习内容

（1）结合《小学语文（数学、英语）课程与教学论》等相关课程的开设，本期见习的侧重点是观摩小学语文、数学、英语课堂教学，通过对以下问题与任课教师进行深入的交流研讨，以达到初步掌握小学语文、数学、英语教学如何进行教学设计与组织实施的目的。

具体内容包括：①如何分析教材；②如何分析学情；③如何确定教学目标及其重、难点；④如何依据教学目标确定教学模式及教学方法；⑤如何编写教案；⑥在组织实施的过程中如何突出重点、突破难点；⑦如何检验教学目标的达成情况；⑧如何进行教学反思等等。

（2）在任课教师的指导下，争取每位同学试教1~2节语文、数学、英语课，亲身感知小学语文、数学、英语教学的教学设计及组织实施的过程与方法。

3. 见习要求

（1）见习结束后，选择一堂感触最深的课，进行反思，形成书面文字，并附上一篇自行设计的同课题教学方案。期末将根据各人的设计，进行模拟教学考核，考核得分按比例计入《小学语文（数学、英语）课程与教学论》课程总评成绩。

（2）听课应做好课堂实录，以备查考。听课结束后，小组应及时组织同学听取任课教师就该课时教学设计与组织实施等方面的经验介绍，并展开研讨交流。组长做好记录。

（3）上试教课需在原任课教师的指导下，精心设计，充分准备，认真施教。同组同学必须互相听课、评议。组长做好记录。试教课由任课教师评分，载入《教育实践评价表》，并作为平时成绩之一。

海南师范大学初等教育系小学教育专业教育实习实施细则

教育实习是小学教育专业教学计划的重要组成部分，是教师教育贯彻理论与实践相结合，突出实践取向的重要体现，是培养合格小学教师重要的职前训练，对提高我系的教育、教学质量，对确保培养合格师资有着重要的意义和作用。

一、教育实习的目的和要求

1. 通过教育实习，进一步接受职业道德的教育和训练，体验和感受从事教育事业的光荣感和责任感，从而进一步强化专业情意，热爱小学教育工作，努力使自己尽早成为合格的小学教师。

2. 通过教育实习，了解小学教育教学实际，明确各主要学科的教学任务和要求，了解教学过程的特点、规律，熟悉教材，教学原则和基本教学方法，以初步形成独立从事教学工作的能力。

3. 通过对小学教育教学工作的亲历实践，检验知识掌握程度、技能和能力水平，能够综合运用所学的基础知识、基础理论和基本技能，体现小学教育教学专业化程度。

4. 通过班队实习，加深对小学生年龄心理特征的认识，了解小学生的思想实际，明确班队工作的任务和要求，初步掌握小学生品德行为及其心理分析的特点，形成教育、引导的能力。

5. 通过教育实习，深入了解小学教育现状，尤其是基础教育新一轮课程改革的情况，以期尽快地熟悉课改的要求，确立富有时代内涵的教育理念，初步掌握科学的教育、教学方法。

6. 通过教育实习，全面检查我系的教育、教学质量，全面评估我系的实践教学水平，为教育、教学改革提供反馈信息，促进我系的专业发展，进一步提高专业建设水平。

二、教育实习的主要任务

1. 了解小学贯彻德、智、体、美、劳全面发展的教育方针，实施新课程改革、全面推行素质教育的途径和措施，了解小学教育的现状、改革和发展趋势。

2. 进一步强化各项专业基本功，初步形成独立的教学工作能力，学会教小学语文、数学或品德与生活（社会）、科学、英语、艺体等其中一门课程。

3. 学会做班主任、少先队辅导员工作和组织课外活动。

4. 学会教学研究，学会教学反思。

三、教育实习的主要内容

教育实习内容以课堂教学为主，同时担任一定的班主任、辅导员工作，组织课外活动并进行小规模的教育调查。

1. *教学工作实习*

根据课程标准要求和所教学科教研组的教学计划，在指导教师的指导下，开展备课、上课、批改作业、课后辅导等实习活动。通过教学实习了解小学教学的基本原则和规律，掌握各个教学环节的基本要求和方法，培养独立从事教学工作的能力。

备课是教学工作的起始环节，实习生应在指导教师的指导下，认真钻研教材，明确教学目标，并进行集体备课，认真编写教案。备课要充分，教案要详细，并且在上课前三天送指导教师审阅。经签字确认后方可上课。在进入课堂前必须进行试教。试教由指导教师主持，同小组实习生参加。试教合格方可上课。

上课是教学工作实习的中心环节。每个实习生上课时数应不低于10节课（其中语文、数学各5~6节，品德与生活或品德与社会、科学等至少1节）。上课必须遵守课堂教学常规，按教学设计执教，未经指导教师同意不应对教学方案作原则性的改动。实习生上课时，应有指导教师听课。同组的实习生必须参加听课，并做好听课记录。

评课是教学工作实习不可或缺的环节。对实习生的每一堂课都要进行评议。评课会由指导教师主持，本组所有实习生均应参加。评课主要是依据课程标准与教学目标进行教学反思，实习生要写好反思笔记。每次评议都要有记录和评语，指导教师按课堂教学评分标准给予计分。

小组内的评课参照下列标准，进行观察、分析：（1）教学目标明确；（2）知识教学正确无误；（3）教学活动紧扣教学目标展开，组织有序，环节明晰、连贯，完成各项教学任务；（4）能够根据教学班级、教学内容的特点恰当地选择教学方法；（5）教学氛围良好，多向互动，能够调动学生积极性，学生参与度高；（6）教学语言准确、清晰、生动、形象；（7）教态自然、大方；（8）教学时间分配恰当；（9）预定教学目标基本达成。

做好自我分析和评议。自我分析必须全面，评议则应有重点，要互相补充。要言之有物、言之有据，力求提高到理论的高度上进行评议。

评议会的组织者在进行总结时，除对共同意见作一般归纳外，对正确的意见，应予以加深与提高，对不正确的意见，应予以纠正，对不完整和遗漏的问题要补充，对争论的问题能作判断的应作结论，同时指出今后的努力方向。最后对评议会的本身也应作一评价，以不断提高评议的质量。

批改作业和辅导是课堂教学的后续环节。实习生批改作业要认真及时，评语要有针对性，避免落入俗套。字迹要清楚、端正。在辅导中，对学生要亲切、耐心，要善于启发，答疑要准确，不能不懂装懂。

此外，实习生在实习期间还要参加实习学校开展的教学研究活动和业务学习。

2. 班队工作实习

班队工作实习目的在于初步了解班主任、少先队工作的基本过程，学习班主任、少先队辅导员工作的基本方法，培养对小学生的感情，运用教育科学指导班队工作，培养独立从事班主任、少先队辅导员工作的能力。

实习生要认真学习《小学班主任工作暂行规定》和有关少先队工作条例，明确班主任、少先队辅导员工作的具体内容、目的和要求。认真倾听指导教师介绍，深入班级熟悉情况，能在一周之内叫出本班学生的名字。根据班内情况和学校对班队工作的要求，草拟好班队工作实习计划，送指导教师批准后执行。

实习生要根据实习计划，积极主动地做好班级日常管理和教育工作，经常与指导教师沟通，对较重大的偶发事件，要及时报告并妥善处理。要有计划地在指导教师参与的情况下开展班级活动。具体内容和要求如下：

（1）班队工作主要内容：①领导班集体。针对班级具体情况，进行集体教育，在实习期间每个实习生要上一次班级教育课，或独立组织一次主题班队会活动。②进行个别学生的教育工作。按实习小组分工，负责一个优秀生或学困生的个别教育活动，了解其学习情况、思想特点、健康状况、行为习性等，有针对性地进行指导、教育和帮助。③做好班主任的日常工作。如指导阅读、编黑板报、组织文体活动、班队活动、指导班委会工作、检查教室日志、批改学生周记、家访等。

（2）班队实习的工作步骤：①认真学习原班主任的工作方法与经验，听取有关班级情况的介绍，了解本学期班队工作计划，查阅有关学生学籍资料等，明确班主任、辅导员工作的目标要求。②认识全班学生，了解班内情况，了解班级学生干部的工作能力。③根据原班队的工作计划，结合实际情况，拟定班队工作实习计划，送原班主任和辅导员教师批准后执行。

④遇到问题应及时与实习小组研究，并向原班主任或辅导员汇报请示，以做到相互配合，保证教育要求的一致性。⑤要记好工作日记，注意积累有关教育活动资料。⑥做好班队工作实习的评议与总结。实习生应写出实习班队工作的专项总结，检查班队工作实习计划执行情况，由原班主任或辅导员主持召开评议会，实习小组全体成员参加，认真进行汇报和相互评议，然后由原班主任、辅导员对每个实习生做出综合评议，并形成书面意见。

3. 教育调查

调查了解小学教育课程改革与发展的现状；优秀教师先进事迹、教育教学经验；学校的办学特色；小学生发展状况。通过调查研究，更深入了解小学教育的现状与发展趋势，加深对教育方针的理解，掌握调查报告的基本内容和方法，培养从事调查研究的能力。

在实习期间还要选择 1～2 名小学生，通过观察、了解、谈话、分析，写出小学生观察报告。内容可全面也可就某一方面或某一问题展开。

4. 组织课外活动的实习

实习生应在指导教师指导下，积极组织班队活动和课外科技、文体活动。

每个实习生对教学和班队工作实习的情况都要详细记载在《实习手册》中。该手册将作为教育实习成绩综合评定的重要依据之一。

四、教育实习的形式

教育实习集中安排在海口市区重点小学和我系的“小学教育科研与实践合作单位”。实习以分组定点跟班的形式进行。即由3～4位实习生组成一个实习小组，承担实习班级实习期间主要的教育教学任务。实习小组设组长一名，负责小组整个实习活动的安排、组织。若干个实习小组，组成一个实习队，下一个实习点。设队长1名，负责全队的组织管理工作。每个实习队由教育实习领导委员会指派一名本系教师带队，全面负责该队的实习工作。

五、教育实习的阶段安排

第一阶段：实习准备阶段（第1～2周）

1. 联系并确定实习学校。

2. 取得各实习学校实习科目的教学进度。

3. 实习工作动员；以小组为单位组织学习实习计划。

4. 按分科内容研读教材、进行教学设计、编写教案及预教。

第二阶段：进点实习阶段（第3～10周）

1. 抵达实习点并跟班见习教育教学活动（听指导教师观摩课、交接课），熟悉教育对象、制订教学实习计划、在原任课教师的指导下修改教案和进行试讲。（第3周）

2. 实习学校领导向实习生作学校概况、管理制度、近期工作安排的报告，并向实习生提出具体要求。（第3周）

3. 实习生于正式上课前三天向原任课教师送交实习教案，请求审批，原任课教师听实习生试讲后批阅教案和批准上课。（第3周）

4. 实施教学和班队工作实习的各项任务。（第4～10周）

本阶段为实习工作全面展开阶段，实习小组内的实习生相互观摩听课，并在原任课教师或组长的组织下开展评议活动。评议若由组长主持，应邀请原任课教师参加。由小组成员进行自评互评，组长应做好记录。班队工作以轮流形式进行，即每个实习生实习一周，其余同学协助。

实习结束当周在实习小组与实习班级告别的基础上，以实习队为单位召开告别座谈会，认真听取实习学校领导、教师对实习工作的意见，并向实习点领导、全体师生表达谢意。（第10周）

第三阶段：实习总结阶段（第11～12周）

1. 返校；个人总结，小组总结；评选优秀实习生。

2. 完成教育调查报告、实习总结等的撰写；以实习队为单位交流；年级总结、表彰报告会。

3. 遴选优秀实习生向下一级学生做实习报告。

六、教育实习的组织

1. 教育实习领导委员会

在系主任领导下，由本系领导和各实习学校有关领导组成，设正、副主任委员。由领导委员会全面领导教育实习工作。其职责为：审核教育实习工作计划；确定安排实习学校；研究解决教育实习中存在的问题；检查教育实习质量和实习效果；做好实习后勤保障等。

2. 教育实习指导小组

由分管教学副主任任组长，课程与教学论教研室主任任副组长，各学科负责人、带队教师为成员组成教育实习指导小组，具体负责实习指导工作。主要职责为：制订教育实习的实施计划；接受教育实习领导委员会委派联系实习单位；编排实习小组，确定各实习点实习生及实习学校指导教师名单，并将实习计划送达实习学校；带队教育实习并及时研究解决实习中出现的问题；审定实习成绩；做好实习经费结算；组织教育实习工作经验交流和总结。

3. 实习学校

建立由分管校长、教务主任及有关学科组长、实习指导教师和我系带队教师等组成的教育实习领导小组，负责指导、安排实习工作，其主要工作任务如下：

（1）根据我系教育实习领导委员会以及教育实习计划的要求，制订本校指导实习的工作计划，动员师生员工积极热情支持实习工作，研究、解决实习中的有关问题。

（2）确定实习班级，并选派优秀教师担任实习生的教学实习和班队实习的指导教师，落实实习生教学内容、教学时间及班队实习的具体工作任务。

（3）安排好实习生食宿等基本生活条件，并解决备课试讲等教学工作场所。

（4）向实习生介绍学校概况和贯彻党的教育方针政策的实绩以及学生情况、新课程实施等情况，并依据本校实际向实习生提出有关具体要求。

（5）向实习生介绍本校优秀教师的先进思想、事迹，帮助实习生树立献身人民教育事业的崇高理想，培养从事教育工作的应有职业道德和责任心。

（6）为实习生组织 1 ~2 次教学观摩课和 1 ~2 次班队工作报告会。

（7）督促本校指导教师完成指导任务，给实习生评定实习成绩，并做出鉴定。

（8）要求实习生认真遵守教育实习纪律，对违反实习纪律，经规劝教育仍不改正者，应报系教育实习领导小组处理。

（9）关心实习生（尤其是女生）人身与财物的安全，不应让他们独自带小学生外出活动，以免由于经验缺乏，发生意外。

七、带队（指导）教师的职责

带队（指导）教师在教育实习过程中有着十分重要的作用，他们是实习计划的组织执行者，其知识水平、文化素养、工作态度、教学经验、工作方法、行为举止，直接影响着实习生实习工作的效果和质量。各学科指导教师，对所指导的实习生实习工作要全面负责，教书育人，确保教育实习计划的实施和实习任务的完成，确保教育实习的质量。

1. *本系带队教师*

每位带队教师一般负责一个实习点，并担负相应指导任务。其主要职责是：

（1）负责安排实习工作。如落实实习班级、课程内容、教学进度、课时计划、组织实施等；请实习学校领导和老师作学校情况、办学经验、班队工作经验介绍，请原任课教师举行观摩教学。

（2）指导实习生认真钻研教材，精心备课，指导、审查实习生编写的教案；组织督促检查课前试讲；指导实习生课堂教学；协助组织实习生相互听课、观摩教学和课后评议。

（3）协助指导、审查实习生制订班队工作见习和实习计划，指导实习生开展班级工作；指导实习生做好教育调查。

（4）评定实习成绩。指导实习生做好个人鉴定、小组评定和实习总结。

（5）负责实习生的思想教育工作。经常了解实习生的思想情况，进行思想教育，及时请示汇报和处理实习工作中发生的问题；安排好实习生的后勤生活工作。

2. 实习学校学科指导教师

（1）向实习生介绍实习班级学生的学习情况及特点；介绍本人的教学经验，指导帮助实习生准备教学。

（2）组织所担任学科的示范教学，供实习生观摩。

（3）指导实习生备课、编写教案和审定教案。

（4）听课、指导实习生试讲及课堂教学，参加和主持评议会，提出批评指导意见。

（5）评定实习生的教学实习成绩。

3. 实习学校班主任、辅导员教师

（1）向实习生介绍本班级的情况及班级教育工作计划与经验。

（2）指导实习生制订班队工作实习计划并帮助执行。

（3）帮助实习生组织班队活动，检查指导实习生具体处理各项班级教育工作，并召开评议会，提出批评指导意见。

（4）指导实习生进行个别学生的教育活动，并提供有关资料。

（5）评定实习生班队工作实习成绩。

八、教育实习的纪律要求

实习生实习过程中，既是学生，又是教师，具有双重身份。既要按照小学教师的标准当好教师，又要虚心向小学教师学习，当好学生。实习生在实习过程中，是学习和实践的主体，应充分发挥自己的主观能动性，运用所学的基础理论知识和技能，结合小学实际，在教中学，在学中教，边教边学，逐步缩小实习生与在职教师的距离，圆满完成教育实习的各项任务。

1. 实习生应热爱教育事业，热爱小学生，具有强烈的事业心和责任感。要按规定参加全部实习活动，熟悉教育实践大纲，按时完成计划中规定的各项实习任务。认真参加实习总结、考核与交流。

2. 自觉遵守实习学校的各项规章制度，为人师表，讲究礼貌，仪表端庄，衣着大方；言行举止，作风修养，要符合实习学校对教师工作、生活的要求，成为小学生的表率。严禁体罚小学生。

3. 服从实习学校的领导，尊敬实习学校的教师与学生，虚心接受带队教师及实习学校教师的指导，如有要求和意见，应通过正常渠道反映。小组成员之间应互相关心、团结友爱、互帮互助。

4. 爱护实习学校的公共财物。遵守实习小组制订的作息制度和规定，上课、参加活动不得迟到、早退和缺席，未经带队教师批准不得擅离实习点。增强安全意识，实习过程中，注意保护小学生及自身的人身安全。

5. 未经实习学校领导和指导教师批准，没有原班主任参与，不得组织班集体的旅游参观等活动。不准利用实习时间进行与实习内容无关的活动；严禁实习期间打牌、赌博、抽烟、酗酒。对违反规定造成恶劣影响或严重后果者，必须立即停止其实习，并报学校予以处理。

6. 实习期间实行坐班制。因病、因事不能参加实习，必须办理请假手续。一天以内由实习带队教师批准；一天以上经带队教师同意后，报实习学校实习领导小组批准；超过三天需向系教育实习领导小组请假。未履行相应程序请假者，按旷课处理。病、事假累计超过实习时间的四分之一者，不予评定实习成绩；旷课累计超过 8 课时，实习成绩按不及格处理。实习成绩不合格者必须重新进行教育实习，其实习费自理。

九、教育实习的总结

1. 在实习点实习期间，每周要以实习队为单位，举行一次例行总结交流。小组交流由组长自行掌握（原则上每天一次）。实习结束后，应在实习学校组织召开总结座谈会，邀请实习学校实习领导小组成员和全体指导教师对实习工作给予全面评估、批评反馈。

2. 实习结束返校后，每个实习生都要写出个人的实习总结报告，并在小组交流，最后载入《实习手册》，作为实习成绩的一部分。

实习总结内容为：工作一般过程，思想上、业务上的主要收获和优缺点；今后努力方向；对教育实习的意见和建议。要求内容具体，避免空洞；文字上力求简明扼要；一般以1500～2000字为宜。

3. 召开专题总结表彰报告会。大会发言代表：每个实习队选派1名；带队教师1名。

十、教育实习成绩的评定

实习成绩由教学实习、班队工作实习、教育调查、实习总结及实习表现等构成。各项成绩采取综合评定、五级制计分的办法，分为优、良、中、及格、不及格。

1. 教学与班队工作实习成绩评定标准

优（90～100分）：备课认真，对教材理解透彻，能独立分析和解决问题，圆满完成了预定的教学目的和任务，教学组织严密，教学方法恰当，教学效果好。

班主任工作态度积极认真，能圆满完成班主任实习任务，遵循教育原则，教育效果好。

良（80～89分）：备课认真，熟练把握教材，有较强的分析问题和解决问题的能力，能完成预定的教学目的和任务，教学组织比较严密，教学效果较好，教学方法上有一定欠缺。

班主任工作态度认真，能完成班主任实习任务，遵循教学原则，教育效果较好。

中（70～79分）备课认真努力，能把握教材，有一定的分析问题和解决问题的能力，能在指导教师的帮助下完成预定的教学目的和任务，教学组织尚好，教学效果尚好，教学方法上有较多欠缺。

班主任工作态度较认真，能在指导教师的指导下完成班主任实习任务，遵循一定教学原则，教育效果尚可。

及格（60～69分）：备课尚努力，分析问题和解决问题的能力明显不足，需要指导教师较多的帮助才能完成预定的教学目的和任务，教学组织比较困难，教学效果一般，教学方法上有较多欠缺。

班主任工作尚认真，但工作意识不强，只能一般地完成实习任务，教育效果一般。

不及格（59 分以下）：备课不认真，分析问题和解决问题的能力较差，不能完成预定的教学目的和任务，教学组织有较大困难，教学效果差。

班主任工作态度不够认真，不能完成实习任务，其言行在学生中有不良影响。

此外，实习中有严重违纪行为（如辱骂、体罚学生造成不良后果等），经规劝教育不改正者；或在政治思想、道德行为等方面有严重错误而造成不良影响者；有其他违法乱纪行为者，经实习学校实习领导小组提出，系教育实习领导委员会审批，以不及格论处。

2. 教育实习成绩评定方法

教学、班队工作实习成绩由实习点指导教师分别评定，并经实习学校教育实习领导小组审阅签章确认。教育调查、实习报告等成绩由本系带队教师评定。调查、报告等未完成，或马虎潦草、应付了事者应评为不及格。实习表现由实习小组评定。最后由系教育实习指导小组评定总成绩，并载入学籍档案。

教学和班队工作实习成绩均采用百分制。教学实习成绩为试教课的总平均成绩，然后列等。每个实习小组教学工作和班队工作实习成绩评为“优”、“良”的人数应分别控制在 20% 和 60% 以内；实习总成绩评为“优”、“良”者，分别控制在 20% 和 60% 以内。

海口市龙华小学—海南师范大学初等教育系“教师成长协作团”工作规划

为切实提升教师成长协作团活动的质量与水平，充分实现小学与大学资源整合，特制订本工作规划。

一、活动周期

教师成长协作团活动安排在大三下学期展开，周期为 2 个月。

二、职前教师活动任务

（一）本周期职前见习教师在龙华小学现职指导教师及初等教育系指导教师的引领下参与教育教学活动不少于 8 次。具体活动建议：

1. 听课 4 次，上课 4 次。经双方协商获得更多课堂教学实践机会者，上课次数可多于 4 次；

2. 听课、上课后，基于当次课堂教学现场与指导教师同步开展课后反思，创作反思文章至少 4 篇，并上传博客网；

3. 在实地观察教学现场的基础上，协作团学员每人创作教育故事 1 篇，在指导教师指导下完成教案设计 4 份，说课稿 4 篇。

4. 全程参与教学活动。不仅是上课，还要参与备课、作业、辅导等环节。

5. 用心观察学习小学教师班级管理和班队活动的组织。学习班级管理，学做班主任。写班级工作观察日记，或以班主任工作为主题的教育故事不少于 1 篇。

（二）活动期间选拔协作团优秀成员，面向龙华小学及海南师范学院初等教育系双方领导、师生及省内有关专家，汇报教学 1 次。

（三）本周期内，海南师范学院初等教育系与龙华小学就协作团发展问题召开研讨会 1 次。

三、初教系教师参与活动任务

1. 根据龙华小学需求为小学教师作专题讲座 1～2 次；

2. 每周深入龙华小学教学现场听课；

3. 指导职前教师撰写教育故事和教学反思；

4. 负责优秀实践成果收集与整理工作；

5. 与小学教师共同开展教学研讨活动；

6. 根据小学教师的需求提供相关服务。

四、学员活动管理

（一）各项常规活动管理

1. 听课要求

（1）关手机；（2）不打瞌睡；（3）不交头接耳；（4）不看与听课无关的书；（5）认真做好听课记录：全程追踪课堂教学过程，内容上涵盖教学环境、教学活动、教学事件等多个侧面的记述；真实、客观、详尽地笔录师生的一言一行。

2. 课堂教学实践要求

（1）提前做好当次课堂教学设计，写出教学详案，并就自己的教学思路与指导教师作必要的交流。（2）教学设计努力突出特色。（3）注重仪表。（4）按教学设计规范展开课堂教学。

3. 博客写作要求

（1）及时写作。每次活动后都要有反思，并写成文本。（2）有针对性。针对当次课堂教学状况或定向反思任务开展反思，而非谈论其他方面。（3）标题醒目。标题要反复推敲，语言凝练，一语揭示所论主题。（4）文通句顺。写作初稿要认真修改，不写错别字，不写病句，不错加、漏加标点符号。（5）以实名发表。（6）字数在300～800之间。（7）感情色彩适度。能够恰到好处地赞美，能够中肯地提出自己的建议。（8）理论性适中。反思能够参照一定的理论框架，但用词不艰涩。

4. 教育故事写作要求

（1）字数1000字左右；（2）面向教学实践；（3）主题鲜明；（4）避免文法、文句错误；（5）成稿及时，在博客上发表。

（二）汇报教学管理

1. 系内召开教学会议，选拔或推荐一些优秀成员做汇报课。选拔或推荐基于学员的日常课程与教学成绩，尤其参照本期活动的行为表现及成果质量。

2. 汇报教学重点突出本次协作的实践取向培养特色，侧重点为：（1）信息技术与课程整合教学；（2）双语教学，重点突出英语；（3）协作教学；（4）其他能够体现协作团成员专业发展成果的、创新性教学方式与学习方式的实践操作。

3. 汇报教学前学员与双方指导教师结对备课或集体备课。

4. 汇报教学前学员在初等教育系课程与教学研究室集体说课，重点说细说清本次汇报教学的特色及特色的呈现方式。

5. 参与汇报教学的成员整理课后教学反思博客及相关指导教师意见。

（三）实践成果管理

1. 听课记录载入学员档案；

2. 教学设计及详案载入学员档案，并选出优秀教学设计推荐到国家或省市正规刊物，争取发表；

3. 教学反思博客发表时间最迟不超过活动当周周日。本期活动结束后，按学员个体集订成册，载入学生档案；

4. 教育故事载入学员档案，并选出优秀教育故事推荐到国家或省市正规刊物，争取发表；

5. 班主任工作观察日记或教育故事将收集整理，载入档案。

6. 上述成果、课堂教学实践录像或照片，选出有代表性的系列成果加以汇编，并纳入海南师范大学初等教育系“实践取向职前教师培养模式”重点研究项目，作为前期资料存入有关研究档案。

海南师范大学初等教育系小学教育专业
小学教师职业技能训练大纲（试行）

小学教师职业技能是从事小学教育教学工作必须具备的最基本的职业技能，是教师业务素质的重要组成部分，是教师业务素质的行为表现。为了强化我系小学教师职业技能训练，提高小学教师培养质量，现依据原国家教委师范司颁发的《高等师范学校学生的教师职业技能训练基本要求（试行稿）》和《高等师范学校学生的教师职业技能训练大纲（试行）》的主要精神，制订本大纲。小学教师基本教学技能训练内容包括普通话和口语表达、书写规范汉字和书面与图形表达、课堂教学基本技能、班主任工作技能等四个部分。

模块一：普通话和口语表达技能训练

普通话是教师的职业语言，用普通话进行教育教学工作是合格教师的必备条件。小学生又是学习语言的关键时期，因此，讲一口流利的普通话是小学教师最基本的教学技能。同时教师的教育和教学工作还要求具有很强的口语表达能力，因此应进行专门的口语训练。普通话的技能是口语表达技能的基础，普通话没有达到一定的水平，无法进行口语表达技能的训练。在口语表达技能训练中，能够进一步提高普通话的水平。这两项技能训练从一年级开始安排。

考核办法：普通话按《普通话水平测试标准》进行测试，并要求取得相关等级证书。口语表达的考核由任课教师负责，主要考核朗读和讲演（或讲课）两项。成绩分为优秀、良好、及格、不及格四等。

一、普通话技能的训练

（一）训练目标

能用比较标准的普通话进行朗读、讲课和交谈。“普通话水平测试”一般应当达到二级乙等（文科生应达到二级甲等）及其以上等级。

（二）训练内容

1. 结合《现代汉语》课程的学习，树立和加强“推普”意识，了解普通话的形成，了解“推普”的重要意义，了解国家“推普”的方针、政策和任务。

2. 了解发音器官、发音部位和发音方法；掌握好《汉语拼音方案》；掌握普通话的声母、韵母、声调，掌握变调、轻声、儿化等。

3. 熟练掌握现代汉语3500个常用字所组词语的标准读音，学习《汉语拼音正词法基本规则》，能直呼音节，正确拼写汉语词语。

4. 用普通话朗读、对话。

5. 了解本地方言语音与普通话语音的主要差别和对应规律，能进行方音辨正。

6. 了解本地方言的词汇、语法与普通话的主要区别，能进行本地方言词汇、语法辨正。

（三）训练方式

1. 以《普通话水平测试朗读50篇》为材料，通过相应音像资料的自学、观摩或聘请普通话测试员予以指导，或参加学校主办的学习班等方式进行学习和训练。

2. 人手一册《现代汉语常用字表》，掌握记诵，进行不定期考核。

3. 开设《教师口语》课程。

二、口语表达技能训练

（一）训练目标

有较强的朗读、讲演和讲话能力，口语表达做到清晰、正确、得体，掌握教育、教学、交谈的口语特点，力求做到科学、简明、生动，具有启发性。

（二）训练内容

1. 朗读

（1）可以《普通话水平测试朗读50篇》为材料。

（2）要求：正确、清楚、流畅；恰当而充分地表达思想感情（或参照《普通话水平测标准》）。

2. 演讲

（1）可以《演讲与口才》杂志内容为材料。

（2）要求：主题鲜明，有针对性；材料生动，情理相生；有适当的体态语；语言流畅，语音标准。

3. 交谈

（1）开展小组活动，进行偶然性的或约会性的、拜访性的或采访性的、电话或普通的聊天训练。

（2）要求：善听、巧问、妙答。

4. 教学口语

（1）要求：规范，科学；条理清晰，重点突出；生动活泼，循循善诱；声音洪亮，快慢适中。

（2）复述、描述、概述、评述、解说等及其技能。

5. 教育口语

（1）要求：针对性、诱导性、说理性、感染性。

（2）说服、评论，指导等及其技能。

（三）训练方式

1. 开设《教师口语》课程。

2. 观摩朗读、演讲、交谈、辩论、教学口语、教育口语等音像资料。

3. 组织朗诵、演讲、辩论等比赛，或组织剧社。

模块二：书写规范汉字、书面与图形表达技能训练

汉字是记录汉语、传递信息的重要工具，也是教师教育工作的重要工具。能否写一手规范的好字（或比较好的字），直接关系到教育教学效果和教师的威信，因此必须加强书写规范、书写技能的训练，提高书写规范汉字的水平。同时，还应加强书面语言表达与图形（板画）表达的训练，养成良好的写作习惯，提高写作水平，能正确使用板书，会画简笔画。

考核办法：系里组织书写规范汉字和书面与图形表达技能基本功的考核。成绩评定分为优秀、良好、及格、不及格四等。

一、规范汉字掌握的训练

（一）训练目标

树立用字要规范的意识；做到写字规范正确，笔画清楚，整体美观；要掌握好3500个常用字，自觉纠正错别字。

（二）训练内容

1. 结合《现代汉语》课程的学习，了解国家语言文字工作的方针、政策，掌握汉字的规范标准。

（1）巩固汉字简化成果，坚持汉字简化方向；（2）了解汉字规范的重要意义。懂得什么是规范汉字，什么是不规范汉字；（3）了解小学教师把汉字写得规范正确的重要意义。

2. 掌握好现代汉语常用字。

（1）掌握常用字的笔画、笔顺和字形结构；（2）掌握《简化字总表》中的简化字；（3）会读、会写、会用《现代汉语常用字表》中所收的3500

个字；(4) 自觉纠正错别字，掌握容易读错的字、容易写错的字、容易写别的字、多音多义字。

（三）训练方式

1. 自学规范汉字的学习、练习资料；观摩有关的音像资料。

2. 系内要创造使用规范汉字的环境和氛围，学校教师要以身作则，各科教师要齐抓共管，如各科教师对学生作业、论文、实习教案中的错别字和不规范字都要给予纠正。

二、书写技能的训练

（一）训练目标

进一步培养良好的书写习惯，纠正已经形成的不良书写习惯。提高“三字”（钢笔字、粉笔字、毛笔字）的书写技能。硬笔以楷书的书写技能为主，兼顾行书。提倡写好毛笔字，尝试书法创作。

（二）训练内容

1. 了解小学教师掌握书写技能的重要性。

2. 掌握“笔画清楚，正确规范，熟练有力，匀称美观”的书写要求。

3. 掌握执笔、运笔的方法，纠正不正确动作和姿势。

4. 掌握汉字笔画的书写，间架结构的安排。纠正相关的书写毛病。

5. 掌握书写款式：卷面干净，留有天地，布局恰当，行款整齐。

6. 掌握选帖、读帖和临摹的基本知识和要领，培养对书法作品的鉴赏能力。

（三）训练方式

1. 开设《汉字书写》课程。自学、观摩书法学习的练习资料和有关音像资料。

2. 举办多种多样的有关书写技能的课外活动，如观摩、展览、比赛等等。

三、常用文体写作技能的训练

（一）训练目标

掌握教师常用文体的写作技能，所写文章内容符合文体要求，语言得体，语句通顺，标点符号正确无误。

（二）训练内容

1. 掌握工作计划、工作总结、申请报告、调查报告、各类信函等常用文体的写作知识（包括行款格式）和技能。

2. 学习范文，并习作若干篇。

3. 掌握常见语病的类型和改正方法。

4. 进一步掌握标点符号用法，纠正容易出现的错误。

（三）训练方式

1. 开设《写作》课程。

2. 各科教师对学生的书面表达要齐抓共管，对学生作业、论文、实习教案等都严格要求，发现问题要给予指正，要讲评，要作为评分的标准之一。

四、板画（简笔画）技能的训练

（一）训练目标及内容

熟练掌握基本动、植物的简笔画技巧；熟练掌握人物基本形态与动作的简笔画技巧；熟练掌握日常用品和几何图形的简笔画技巧；初步掌握写美术字及编排黑板报、设计黑板报报头的技能，能进行简单的简笔画创作。

（二）训练方式

利用美术课安排或开设选修课。

模块三：课堂教学基本技能训练

课堂教学基本技能是教师运用专业知识和教学理论进行教学设计、使用教学媒体、编制教学软件、组织课内外教学活动和进行教学研究等所采取的一系列教学行为方式。教学工作技能训练是在教育学、心理学和学科教育理论的指导下，以专业知识为基础进行的教学基本技能训练，是理论联系实际的实践活动。其主要内容包括进行教学设计的技能，使用教学媒体和编制教学软件的技能，课堂教学的技能，组织和指导学科课外活动的技能及教学研究的技能。

考核办法：采取定性与定量相结合的评价方法。按照每项教学技能的评价标准，训练时由学生自评和互评，作为平时训练成绩，占总考核成绩的

20%。单项教学技能训练结束后进行教学技能综合训练，由指导教师评价，占总考核成绩的80%。

一、教学设计技能的训练

（一）训练目标

理解教学设计的概念，了解教学设计的方法，通过训练掌握制订教学目标、分析和处理教材、了解学生、制订教学策略、制订教学计划和编写教案的方法。

（二）训练内容

1. 制订教学目标。了解教学目标的类别，掌握制订教学目标的方法和要求，重点掌握制订课堂教学目标的方法。

2. 分析和处理教材。通过训练初步学会分析教材的方法，能围绕教学目标组织和处理教材。

3. 了解学生。了解学生学习的特点，掌握分析学生学习的方法。

4. 制订教学策略。能根据教学目标、教学内容和学生实际选择教学方法和教学媒体。

5. 制订教学计划和编写教案。了解教学计划和教案的结构和要求，掌握制订教学计划和编写教案的方法，通过训练能写出合乎要求的教学计划和教案。

6. 作业的类型和设计。了解本学科学生作业的类型及设计的方法，能根据教学的需要选择和设计作业的内容。

（三）训练方式

1. 结合各学科《课程与教学论》相关内容进行训练。

2. 结合小学教材的具体内容进行训练。

二、现代教育技术与信息技术应用技能的训练

（一）训练目标

了解教学媒体的种类和功能，掌握现代教学媒体的使用方法及常用软件编制的方法。能根据教学内容和学生的特点选择、使用教学媒体，设计制作教学所需的教学课件及简易教具。

（二）训练内容

1. 掌握教学媒体及其教学特性。

（1）常规教学媒体及其教学特性：图书、实物、标本、模型、图画、挂图。

（2）现代教学媒体及其教学特性：投影、幻灯、录音、电视与录像、计算机。

2. 简易教具的制作方法。

3. 教学课件的编制与使用；投影片的种类和制作，录音教材制作；幻灯、电视录像教材和计算机辅助教学软件的应用。

4. 能将现代信息技术与学科内容整合，会利用网络资源。

（三）训练方式

1. 开设现代信息技术与学科内容整合课程。

2. 结合相关教学内容编制教学课件或利用网络资源。

3. 可参加“全国计算机应用技术中小学教师信息技术（简称 NIT）模块”考试。

三、课堂教学技能的训练

（一）训练目标

了解课堂教学中基本教学技能的类型，理解各项基本教学技能的概念。掌握各项教学技能的操作程序和要求，通过训练，学生能根据教学任务和小学生的特点把教学技能应用于教学实践。

（二）训练内容

1. 导入技能

（1）概念：在新的教学内容或活动开始时，教师引导学生进入学习的行为方式。

（2）类型：直接导入、旧知识导入、实例导入、直观教具导入、故事导入、问题导入、实验导入等。

（3）程序：集中注意→引起兴趣→激发思维→明确目的→进入课题。

（4）要求：针对教学内容和学生的特点，导入目的明确；能引起学生兴趣，有启发性；导入与新知识联系紧密，进入课题自然合理。

2. 板书板画技能

(1) 概念：教师利用黑板以凝炼的文字语言和图表符号等形式，传递教学信息的行为方式。

(2) 类型：提纲式、语词式、表格式、线索式、图示式、示意图、简笔画等。

(3) 要求：书写规范正确，有一定速度，示范性强；条理清晰，布局合理；形式多样，启发思维；文字、图表科学准确；板画简单明了，形象生动。

3. 演示技能

(1) 概念：教师根据教学内容特点和学生学习的需要，运用各种教学媒体把事物的形态、结构或变化过程等内容展示出来，指导学生理解和掌握知识、传递教学信息的行为方式。

(2) 类型：实物、标本、模型的演示；挂图的演示，幻灯、投影的演示；电视的演示和课堂实验的演示。

(3) 程序：心理准备→出示演示物→对演示物说明→讲解→总结→检查理解。

(4) 要求：对演示物精心选择；演示前提出问题和观察重点；演示时要指导学生观察，充分感知；多种媒体相互配合，综合利用；演示后及时总结，明确观察结果。

4. 讲解技能

(1) 概念：教师利用语言及各种教学媒体引导学生理解重要事实，形成概念、原理、规律、法则等行为方式。

(2) 类型：事实性知识的讲解，抽象性知识的讲解。

(3) 程序：事实性知识的讲解：提出问题、叙述事实、提示要点、检查理解。抽象性知识的讲解：①归纳法：提供感性材料→指导分析→综合概括巩固深化。②演绎法：提出概念→阐明术语→举出实例（正、反例）→巩固深化。

(4) 要求：明确目标、重点突出；运用丰富的实例（正、反例），联系已学过知识，引导学生分析概括，培养学习方法；及时巩固、应用，理论联系实际。

5. 提问技能

（1）概念：教师以提出问题的形式，通过师生的相互作用，检查学习、促进思维、巩固知识、运用知识、促进学生学习的行为方式。

（2）类型：回忆提问、理解提问、运用提问、分析提问、综合提问、评价提问。

（3）程序：引入阶段→陈述阶段→介入阶段→评价阶段。

（4）要求：设计多种水平的问题；问题重点突出，简明易懂，把握提问时机，给予启发和引导；给予分析和评价。

6. 反馈和强化技能

（1）概念：反馈是教师传出教学信息后，从学生那里取得对有关信息反应的行为方式。强化则是教师通过各种方法促进和增强学生的某一行为变化朝教师希望方向发展的行为方式。

（2）反馈的类型：课堂观察、课堂提问、课堂考查、实践操作。

（3）强化的类型：语言强化、符号（标志）强化、动作强化、活动强化。

（4）反馈和强化的要求：反馈及时准确，强化恰到好处；反馈形式灵活多样，强化方式适合学生特点，发现学生的微小进步，强化以表扬为主。

7. 结束技能

（1）概念：在完成一个教学内容或活动时、教师对知识进行归纳总结，使学生所学知识形成系统的行为方式。

（2）类型：归纳式、比较式、活动式、练习式、拓展延伸式。

（3）程序：简单回忆→提示要点→巩固练习或拓展延伸。

（4）要求：明确教学重点，提示知识要点；形成知识系统，使学生理解升华；及时巩固，强化学习；结束形式多样，增强学生兴趣。

8. 组织教学技能

（1）概念：在课堂教学中教师不断组织学生的注意，管理纪律，引导学习，建立和谐的教学环境，指导学生进行学习的行为方式。

（2）类型：管理性组织；指导性组织；诱导性组织。

（3）要求：明确目的，教书育人；了解学生，尊重学生；重视集体，形成风气；灵活应变，因势利导。

9. 变化技能

（1）概念：教师利用表情、动作等体态语，辅助口头言语传递教学信息和表达情感的行为方式。

（2）类型：动作变化、表情变化、眼神变化、声调变化。

（3）要求：根据教学内容和学生的特点确定变化的类型；每一种类型的应用要有助于学生的注意和传递教学信息；变化技能的应用要合理适度。

（三）训练方式

1. 训练的方法主要采用微型教学的方法，辅以观看名师课堂实录音像资料。

2. 观摩名师课堂教学。

四、组织和指导学科课外活动技能的训练

（一）训练目标

了解学科课外活动的特点、方法、组织形式及活动方案的设计，能组织和指导与本学科教学有关的课外活动。

（二）训练内容

1. 概念：教师根据学生的特点及培养学生能力的要求，组织、指导学生开展有关学科课外活动的教学行为方式。

2. 类型：课外兴趣小组、科技知识竞赛、读书报告会、小论文和小制作比赛、参观、调查等。

3. 常用的方法：观察和调查、实验和实践、讨论和评议、制作和创作。

4. 方案的设计：了解活动方案的构成和活动方案设计的方法。

5. 学科课外活动内容选择的要求：活动目的明确，有利于人才培养；活动内容的选择要适合青少年的特点；课内课外知识有机结合；教师具有辅导能力。

（三）训练方式

1. 观摩小学课外活动。

2. 组织开展模拟学科课外活动或结合教育实习自行设计一套方案。

五、学法指导技能的训练

（一）训练目标

了解学法指导的内容、学法指导的要求、学法指导的方式，能运用相关理论知识根据具体的教学内容进行科学的学法指导。

（二）训练内容

1. 发展智力的方法、完成课业的方法、学科学习的特殊方法。

2. 学法指导的要求：整体安排、组织自学、有机渗透、注重运用。

（三）训练方式

1. 学习理论，明确学法指导的内容及范围。

2. 选定适当的教学内容，并确定相应的学法指导内容，根据要求指导教学研究技能的训练。

六、教学研究技能的训练

（一）训练目标

了解教学研究的方法，能初步运用教育理论进行教学研究，探索教学改革，提高教学质量。

（二）训练内容

1. 教学研究课题的选择：了解教学研究课题；课题选择的方法及如何制订研究计划。

2. 教学研究的方法：调查研究、观察研究、行动研究、教育故事。

3. 研究资料的统计和分析：掌握统计描述的基本方法，了解统计检验的适用范围。

4. 研究论文撰写的方法：了解科研论文的结构和撰写科研论文的要求。

（三）训练方式

1. 开设《教育科研方法》课。

2. 观摩小学教育教学活动，提出研究课题，在教师的指导下由学生自己设计研究方案，搜集资料，统计分析，写出研究报告。

3. 结合教育见、实习中的教育调查或毕业论文进行训练。

七、校本课程开发技能训练

（一）训练目标

了解校本课程开发的一般程序，具备相应的课程开发观和初步的课程开发方案设计的能力。

（二）训练内容

1. 课程开发需要的评估。

2. 课程纲要（包括课程目标的制订、课程内容的确定、课程实施及评价的建议）的撰写。

3. 课程介绍的撰写。

（三）训练方式

1. 开设选修课。

2. 观摩小学校本课程教学。

3. 专题研究、案例分析并在教师指导下模拟设计开发方案。

模块四：班主任工作技能训练

班主任工作技能训练是教师职业技能训练的重要组成部分，掌握班主任工作技能是成为合格小学教师的必备条件之一。

班主任工作技能主要指对班级的组织管理，对学生进行思想品德教育和组织指导学生进行课外活动等方面的技能。它是以教育学、心理学等学科的基本理论为指导，理论与实践相结合的教学实践活动。具体包括：集体教育的技能、个体教育的技能、与任课教师和学生家长沟通的技能。

考核办法：可采取定性评价与定量评价相结合的方式。定性评价是指出学生在某项训练中的优缺点，以利于提高；定量评价则是根据训练的内容，对学生应掌握的技能进行全面测试，以检验训练的效果。考核成绩应记入学习档案。

一、集体教育技能的训练

（一）训练目标

了解建设班集体的基本环节，掌握组建班集体的主要方法；了解在小学开展各种活动的形式和内容，并能实际组织各种活动；了解小学生日常行为规范的基本要求，掌握对其训练的一般方法。

（二）训练内容

1. 组建班集体的技能

（1）制订班级工作计划：包括学期计划、月计划、周计划和具体活动计划。每项计划包括：工作内容、时间安排、实施步骤与要求以及应该注意的问题等。

（2）确立班级奋斗目标：包括近期目标、中期目标和长期目标。

（3）选拔、培养和使用学生干部：学生干部选拔的基本方式是民主选举；培养的方法是在实际工作中指导；使用的方法是支持、鼓励、发挥特长。

（4）协调好正式群体与非正式群体的关系。

（5）培养优良班风：正确运用表扬、批评、奖励、惩罚等教育手段，形成正确的舆论导向，通过活动形成学生正确的是非观念和集体荣誉感，严格管理、严格要求，使学生养成良好的行为习惯，促进优良班风的形成。

（6）组织与指导班会和少先队活动。第一，了解班会的类型：日常班会和主题班会；掌握组织与指导班会的基本步骤。第二，帮助少先队制订工作计划，指导他们开展好各项活动，协助少先队组织正确地进行组织发展工作。

2. 组织各种活动（科技和艺体活动等）的技能

（1）组织和指导小学生参加课外活动。第一，课外活动的种类，主要有科技活动、文学艺术活动和体育活动等。第二，课外活动的形式，可以分为全班性的集体活动、小组活动、个人活动。第三，课外活动的要求：坚持自愿的原则，鼓励和发挥学生的独立性与创造性，班主任应具有科技、音乐、美术、体育等某方面的基本知识和基本技能。

（2）组织和指导小学生参加社会实践。第一，社会实践的主要形式：到工矿、社区、农村、部队、学校进行社会考察、体验生活、参加劳动、军事训练，也包括走访各类英模人物。第二，组织和指导社会实践的要求：必须具有明确的目的性和针对性。要掌握组织社会实践的方法：选择实践场所，联系有关单位。做好实践活动前的具体准备工作，在偶发事件发生的时候，能够妥善地进行处理。

（3）组织和指导小学生参加校内外其他集体活动：活动的内容主要是日常思想教育活动和各种社会公益活动；组织这类活动，必须根据学生的思想热点或带有倾向性的问题来确定活动的主题，并根据内容选好活动的形式。同时，引导学生积极参与，使活动的过程成为学生接受教育的过程。

3. 对学生进行日常行为规范训练的技能

（1）熟悉小学生日常行为规范的内容。

（2）小学生日常行为规范训练的要求：既要有共性教育，又要针对不同学生的特点，采取不同的训练方法，因人施教。上述几种训练方法既可单独使用，又可综合使用。

（三）训练方式

1. 结合《教育学》课程的学习，组织观看班主任工作的音像资料。

2. 推荐班主任工作方面的读物，并开展阅读、书评、演讲等教育活动。

3. 开设科技、音乐、美术、体育等方面的知识讲座。

4. 就班集体建设中的某些问题走访、信访优秀班主任，或请他们来校讲课、座谈。

5. 在见习或实习期间，观摩 1～2 项小学班主任组织的活动，并且提出自己的活动设想，在实习中，将“组织活动”列入计划，并且评定成绩。

6. 根据目前小学生的思想热点，设计并模拟一次主题班会。

7. 在实习中，实习生参与班级行为规范训练计划的制订，并根据小学生存在的某些问题有针对性地制订教育实施方案。

二、个体教育技能的训练

（一）训练目标

了解学生个体思想和心理变化的特点，掌握对他们进行教育的几种主要方式方法。

（二）训练内容

1. 了解学生的技能

（1）观察学生。观察的形式可分为自然状态下观察和特定条件下观察两种。要根据观察的内容确定观察的形式。对观察到的第一手资料，要随时记录下来，并将有价值的信息分门别类地建立学生情况卡片，定期进行整理分析，从中寻找带有普遍性和规律性的东西，使对学生的教育更具针对性。

（2）与学生谈话。谈话的形式可分为正式和非正式谈话两种；谈话前要做好充分的准备；掌握谈话的方法；谈话后要对学生进行观察，检验谈话的效果；运用谈话法还可以与其他教育方法（如“交朋友”、共同参与某项活动等）相结合。

（3）分析书面材料。包括学生填写的各种表格，学籍卡片、日记、周记、入队申请书，班主任的操行评定、班级日志、班级荣誉册等等。

分析方法：系统分析法或数理统计法。

（4）调查访问。具体形式有个别交谈、问卷调查、座谈会、书信往来、家访等。调查访问力求做到实事求是，全面深入，对所了解到的情况要进行认真、客观的分析和研究，排除人为的因素，以便对学生个体或群体做出公正、准确的判断与评价。

2. 心理辅导的技能

（1）了解小学生的生理和心理特点以及心理障碍产生的原因。

（2）掌握心理辅导的主要方法和技术。

（3）在对学生进行心理辅导的过程中，要与其他教育方法相结合。

3. 操行评定的技能

（1）操行评定的时间。一般可分为期末评定和毕业鉴定。

（2）操行评定的内容。期末评定和毕业鉴定力求全面地对学生德智体美劳几方面的状况做出公正的评价，并提出今后的努力方向，以激励学生发扬优点，克服缺点，争取更大的进步。

（3）操行评定的方法。学生自评、互评、小组鉴定、班主任评定。

4. 处理偶发事件的技能

（1）了解偶发事件的特点。

（2）掌握处理偶发事件的一般方法。

（三）训练方式

1. 开设相关讲座，打好理论基础。

2. 结合《小学生心理学》课程的教学模拟训练、案例研究。

3. 与小学生开展“交朋友”活动，选择几个不同类型的学生，作为研究对象。

4. 针对目前小学生存在的思想困惑和心理变化趋势，设计一份调查问卷，或实地调查，将收集到的信息作分析，并写出分析报告。

5. 在班级中，开展“一句话评语”的活动，即学生之间以一句格言或谚语的形式，互相评价、提醒、激励。通过这种活动，使师范生掌握这种评语的特点，并学会组织这种活动。

三、与任课教师、学生家长沟通技能的训练

（一）训练目标

了解班主任与任课教师、学生家长关系的基本特点和相互配合的教育意义；掌握与其沟通的几种主要方法，努力获得任课教师和家长对班主任工作的支持。

（二）训练内容

1. 与任课教师的沟通

（1）主动向任课教师介绍本班学生的基本状况，向学生介绍任课教师的教学情况。

（2）定期邀请任课教师座谈，交流学生的听课及学习情况，帮助任课教师解决问题；听取教师对班级工作的意见和建议。

（3）邀请任课教师参加班级活动，增加师生之间的相互了解，加深感情。

2. 与学生家长的沟通

（1）家访。明确家访的目的，订好家访的计划，了解家长的个性特点，做好与家长谈话的各项准备工作；考虑可能出现的问题和家访后应做的工作。

（2）信访（包括电话访问）。做好主要内容的设定。书信的字迹应认真工整；用语准确诚恳；要体现出对家长的尊重和希望家长配合的态度。

（3）家长会。第一，规模：全体学生的家长会和部分学生的家长会。第二，形式：座谈会、汇报会、家长委员会。第三，时间：开学初、期中考试后，学期结束前。第四，家长会的准备工作：确定会议的主题，收集各种

资料，预先通知家长，构思发言等等。第五，家长会后的工作。针对学生的表现，及时与家长取得联系，激励和表扬学生的进步。

（三）训练方式

1. 在同学之间开展模拟训练。假设某班学生的基本状况，以班主任的身份向任课教师做介绍；模拟家访。将两种模拟实况录像，并在学生中开展讲评活动。

2. 走访优秀班主任，请他们介绍与任课教师和家长沟通的经验、体会以及应注意的问题。

3. 在实习期间，如有条件，可参与原任小学班主任的家访，以取得家访的实际经验。

本大纲对小学教师职业技能训练的各部分内容，都提出了明确的训练目标、训练内容以及训练方式和考核要求（实施细则另定）。在实施训练中可根据各部分训练内容的特点，进行合理的安排，以形成系统的、各部分之间有机联系的训练链。

技能训练是实践性很强的教学活动。对学生进行教师职业技能训练，应在理论的指导下加强实践环节，指导教师要在精讲有关职业技能的基本知识、组成要素和操作程序的基础上，重点指导学生进行系统的实践，使学生在实践中不断改善、不断趋于整体协调和完善，以获得稳定的教师职业技能。训练中的讲授与实践的学时比例宜为1:2。

为了便于学生对各项教学技能的感知和理解，在教师职业技能训练中，要提供必要的音像示范资料或直接示范活动，对学生进行各种教师职业技能的示范定向，及时反馈训练效果。要重视利用多种形式充分调动学生参加教师职业技能训练的积极性，让学生通过参加实践、讨论、评论，积极主动地投入训练。在实践过程中还应使用声像设备对其实践过程进行记录和反思，使学生的教学技能不断改善和趋于稳定。

海南师范大学初等教育系
小学教育专业小学教师教育实践能力训练
“十·打实”系列活动实施方案

序号	项 目	活动内容规划	责任机构	活动方式
1	毛笔字、粉笔字、钢笔字以及见简笔画训练，可根据学生的实际情况适当拓展到其他绘画种类。	①课堂训练课； ②比赛； ③学生书画展； ④课程考核； ⑤报告讲座。	学生会宣传部 书画协会 团委文教部	课程 比赛 报告讲座
2	普通话训练以及相关的朗诵、演讲与口才技能培养。	①教师口语课； ②普通话水平测试； ③相关比赛。	学生会学习部 读书俱乐部	课程 考试 比赛
3	信息技术与学科整合的能力和理论。	①信息技术类课程； ②课件制作比赛； ③网页设计大赛等。	学生会网络部	课程 比赛
4	专业理论知识的学习、教育故事撰写、学生参与课外学术科研的能力和兴趣的培养。	①教育科研方法课程； ②学校学生科研立项； ③暑期社会实践活动； ④毕业论文； ⑤教师成长协作团； ⑥教育故事撰写； ⑦小学名师讲坛； ⑧学生专业博客交流。	团委学术实践部	课程 比赛
5	求职实践能力和就业指导；小学教师的职业仪表、职业道德、职业规范以及职业规划指导。	①报告讲座； ②小学教师职业礼仪大赛； ③学生勤工俭学活动； ④小学教育见习； ⑤社会实践活动。	团委学术实践部 学生会外联部	报告讲座 社会实践 比赛

（续表）

序号	项　目	活动内容规划	责任机构	活动方式
6	学生双语教学能力训练，学有余力学生的其他语种的学习指导。	①专业外语课； ②英语演讲比赛； ③英语演讲比赛； ④双语教学比赛； ⑤观看英文电影，阅读书籍； ⑥英语短剧演绎。	学生会学习部 漫步英语协会	课程 比赛
7	学生课堂教学能力训练。	①学科教学论课堂； ②小学教育见习； ③教学技能大赛； ④家教服务； ⑤观摩课； ⑥报告讲座； ⑦教案设计比赛。	团委学术实践部 外联部	课程 报告讲座 比赛 社会实践
8	小学学校和班级的管理方法、艺术和规律，小学班队活动的组织、指导和监督考核。	①相关课程学习； ②小学教育见习； ③教师成长协作团； ④班队活动设计比赛。	学生会学习部	课程 社会实践 比赛
9	小学教师才艺特长展示，学生艺术、体育特长训练。	①学校田径运动会； ②体育比赛； ③文艺演出； ④才艺展示； ⑤文化活动普及。	学生会文艺部 体育部 女生部	比赛 演出
10	小学教育专业情意的教育与培养。	①小学教育见习； ②小学名师讲坛； ③教师成长协作团； ④专业情意专题教育活动； ⑤观摩课； ⑥优秀小学教师学习活动。	团委文教部	社会实践 报告讲座

主要参考文献：

论文类：

[1] 何齐宗．全球视野的教师理念——联合国教科文组织教育文献研究之一［J］．高等教育研究，2008（1）

[2] 吴秋芬．教师专业性向与教师专业发展［J］．教育研究，2008（5）

[3] 陈向明．实践性知识：教师专业发展的知识基础［J］．北京大学教育评论，2003（1）

[4] 杨之岭，林冰．詹姆士·波特论“师资培训三段法”［J］．外国教育动态，1980（4）

[5] 吴德芳．论教师的实践智慧［J］．教育理论与实践，2003（4）

[6] 吴咏诗．终身学习——教育面向21世纪的重大发展［J］．教育研究，1995（12）

[7] 高文．认知学徒制：一种基于情境的有效学习模式［J］．外国教育资料，1998（5）

[8] 龚振黔．实践特性新探［J］．贵州社会科学，1997（1）

[9] 黄海澄．价值哲学三题［J］．西北师大学报（社会科学版），1991（5）

[10] 赵昌木．论教师成长［J］．高等师范教育研究，2002（5）

[11] ［美］舒尔曼．理论、实践与教育的专业化［J］．王幼真、刘捷编译．比较教育研究，1999（3）

[12] 杨涤．教师专业教育模式：以理论与实践的关系为中心［J］．外国教育研究，2000（6）

[13] 李琼，袁丽．变革中的国际教师教育及其发展趋势：国际教师教育研讨会综述［J］．比较教育研究，2006（11）

[14] 刘捷．建构与整合：论教师专业化的知识基础［J］．课程·教

材·教法，2003（4）
[15] 夏鹏翔. 日本战后小学教师的培养——以东京学艺大学为例[J]. 外国教育研究，2003（5）
[16] 朱旭东，周钧. 美国教师质量观及其保障的机制、管理和价值分析[J]. 比较教育研究，2006（5）
[17] 洪明. 美国教师教育变革与发展的主要趋势[J]. 比较教育研究，2003（7）
[18] 李涤非. 美国教师教育改革中的实践性导向[J]. 辽宁教育研究，2005（5）
[19] 邓涛，单晶. 近二十年来美国教师教育的改革与发展[J]. 外国教育研究，2003（5）
[20] 王少非. 校本教师教育的国际经验及其对我们的启示[J]. 全球教育展望，2001（7）
[21] 李保强. 教学目标体系建构的理论反思[J]. 教育研究，2007（11）
[22] 廖哲勋. 论中小学课程结构的改革[J]. 教育研究，1999（7）
[23] 朱水萍，Peta Heywood. 教师成长初期的教育实践能力培养——基于澳大利亚拉筹伯大学教育实践课程考察的启示[J]. 宁波大学学报（教育科学版），2007（2）
[24] 王传金，王琳. 论未来教师实践性知识的习得[J]. 教育理论与实践，2007（10）
[25] 周钧，李小薇. 关于高质量教师教育的阐释——评《有效教师教育》[J]. 高等教育研究，2008（1）
[26] 朱宁波，张丽. 国内外教师实践性知识研究述评[J]. 辽宁师范大学学报（社会科学版），2007（5）
[27] 何晓芳，张贵新. 解析教师实践知识：内涵及其特性的考察[J]. 教师教育研究，2006（5）
[28] 王南湜. 辩证法与实践智慧[J]. 哲学动态，2005（4）
[29] 吴义昌. 国内教师实践性知识研究综述[J]. 上海教育科研，

2007（11）
［30］田慧生．略论教学环境的系统、要素与结构［J］．教育评论，1993
［31］辛继湘．论交往教学模式与学生主体性发展［J］．湖南师范大学社会科学学报，1999
［32］郭思乐，柯森，李巧萍，梁永丰．学校内部教育环境与学校形象设计研究［J］．教育研究，2000
［33］黄甫全．当代教学环境的实质与类型新探：文化哲学的分析［J］．西北师大学报（社会科学版），2002
［34］陈鹏，黄厚良，郭毓东，陶飞．论高校教师的心理素质及高尚人格力量的塑造［J］．经济师，2004
［35］张俭民，肖云龙．主体间性：师生交往关系的本质属性［J］．黑龙江高教研究，2006
［36］洪松舟．论教师教育实践课程的失效与重构［J］．黑龙江高教研究，2007
［37］李孔珍．教师教育课程不容忽视的内容：实践性课程［J］．课程．教材．教法，2007
［38］高发照．我国小学教师职前培养的历史、现状与问题研究［D］．山东师范大学硕士学位论文，2006

著作类：

［1］刘捷．专业化：挑战21世纪的教师［M］．北京：教育科学出版社，2002
［2］叶澜主编．教师角色与教师发展新探［M］．北京：教育科学出版社，2001
［3］徐辉主编．教师教育研究与评论［M］．杭州：浙江大学出版社，2006
［4］教育部师范司编．教师专业化的理论与实践［M］．北京：人民教育出版社，2001
［5］吴卫东．教师专业发展与培训［M］．杭州：浙江大学出版

社. 2005

[6] 李秉德主. 教学论 [M]. 北京：人民教育出版社，1991

[7] 皮连生主编. 学与教的心理学.（第三版）[M]. 上海：华东师范大学出版社，2003

[8] 施良方，崔允漷主编. 教学理论：课堂教学的原理、策略与研究 [M]. 上海：华东师范大学出版社，1999

[9] 王文静. 情境认知与学习 [M]. 重庆：西南师范大学出版社，2005

[10] 王玉樑. 价值哲学新探 [M]. 西安：陕西人民教育出版社，1993

[11] 王建军. 课程变革与教师专业发展 [M]. 成都：四川教育出版社，2004

[12] [美] 约翰·S·布鲁贝克. 高等教育哲学 [M]. 杭州：浙江教育出版社，1987

[13] [日] 佐藤学. 课程与教师 [M]. 北京：教育科学出版社，2003

[14] [英] 纽曼. 大学的理想 [M]. 徐辉中译. 杭州：浙江教育出版社，2001

[15] 金美福. 教师自主发展论：教学研同期互动的教职生涯研究 [M]. 北京：教育科学出版社，2005

[16] 陈永明主编. 国际师范教育比较 [M]. 北京：人民教育出版社，1999

[17] 张华. 课程与教学论 [M]. 上海：上海教育出版社，2000

[18] 吴康宁. 教育社会学 [M]. 北京：人民教育出版社，1998

[19] 王策三主编. 教学认识论 [M]. 北京：北京师范大学出版社，2002

[20] [日] 佐藤学. 教师这一难题——反思性教学实践 [M]. 世织书房，1997

[21] 雅斯贝尔斯. 什么是教育 [M]. 邹进译. 北京：三联书店，1991

[22] 李鹏程．当代文化哲学沉思［M］．北京：人民出版社，1995
[23] 第斯多惠．德国教师培养指南［M］．袁一安译．北京：人民教育出版社，2001
[24] 王长纯．比较初等教育［M］．北京：首都师范大学出版社，2004
[25] 王少非主编．新课程背景下的教师专业发展［M］．上海：华东师范大学出版社，2005
[26] 吕洪波．教师反思的方法［M］．北京：教育科学出版社，2006